Friedrich Weissensteiner
Die Frauen der Genies

Friedrich Weissensteiner

Die Frauen
der Genies

Deuticke

INHALT

VORWORT

Die sechs frauen, deren Leben ich in diesem Buch auf knappem Raum darzustellen versuche, kamen aus den verschiedensten sozialen Milieus und unterschieden sich (grundlegend) durch intellektuellen Zuschnitt, Bildung, Charakter, Temperament, Erlebnisfähigkeit und Weltsicht. Sie hatten jedoch eines gemeinsam: Jede von ihnen war eine kürzere oder längere Zeit mit einem Mann verheiratet, der durch seine außergewöhnliche, geniale Schöpferkraft auf dem Gebiet, auf dem er tätig war – in der Musik, der Literatur, den Naturwissenschaften –, Unsterblichkeit erlangt hat. Jede dieser Frauen hat auf eine eigene Lebensgestaltung verzichtet, ihre individuellen Wünsche und Bedürfnisse zurückgestellt und ihre Lebensaufgabe darin gesehen, dem Werk des Ehemannes zu dienen. Sie hatten kein oder verzichteten auf ein eigenes Profil, sie leisteten »Schattenarbeit« als Hausfrauen, Sekretärinnen und Mitarbeiterinnen, nicht selten bis zur Selbstaufgabe. So manche von ihnen entsagte einer künstlerischen oder wissenschaftlichen Karriere.

Die erzwungene oder selbst auferlegte Rolle, die sie

spielten oder spielen mussten, trugen diese Frauen mit Geduld, demütiger Schicksalsergebenheit, opferbereiter Hingabe oder rastloser Fürsorglichkeit.

Constanze Mozart, die älteste von ihnen, war das, was man in der Frauenliteratur heute als »Schattenfrau« bezeichnet. Über ihre Ehe liegen von eigener Hand keine schriftlichen Äußerungen vor. Ihr Charakterbild mussten sich die Mozart-Forscher aus den Briefen ihres Mannes zusammensetzen, und sie haben ihr dabei recht übel mitgespielt. Mozart hat seine Frau jedenfalls geliebt und mit ihr sechs Kinder gezeugt. Das spricht zweifellos für sie.

Christiane Vulpius, die Ehefrau Goethes, war ein vom Schicksal schwer geprüftes Geschöpf, das noch heute unser Mitleid verdient. Herkunfts- und bildungsmäßig weit unter ihrem dichterfürstlichen Gemahl stehend, dem sie in devoter Liebe zugetan war und dem sie alle Widerwärtigkeiten des Alltags aus dem Weg räumte, wurde sie von der Weimarer Hofgesellschaft verachtet und geächtet und ging doch unbeirrt ihren Weg als Lebensgefährtin eines Genies. Ihr jüngst veröffentlichter Briefwechsel mit ihrem Gemahl beweist, dass sie einen gesunden Menschenverstand hatte und sich trotz aller häuslichen Verpflichtungen und Anforderungen Freiräume zu schaffen verstand.

Auch das Leben von Mileva Marić, der Ehefrau Albert Einsteins, war tragikumwittert. Die begabte Mathematikerin und geistig ebenbürtige Gefährtin des berühmten Physikers musste auf eine wissenschaftliche Karriere verzichten und wurde auf ihre Rolle als Hausfrau und Mutter beschränkt. Von ihrem Ehemann verlassen, wenn auch nicht im Stich gelassen, starb sie einsam und in ärmlichen Verhältnissen.

Könnte man diese drei Frauen, wenn man eine Klassifizierung wagen will, im weitesten Sinn als »Schattenfrauen« bezeichnen, so waren die übrigen drei aus anderem Holz geschnitzt.

Cosima Bülow ging mit Richard Wagner eine ehebrecherische Beziehung ein, fügte sich widerspruchslos seinen Ansprüchen und identifizierte sich völlig mit seinem »göttlichen Werk«. Nach dem Tod des egozentrischen Musikgenies machte sie sich in Bayreuth zur Gralshüterin seines Werkes und setzte zwei ihrer lange Jahre unterdrückten Charaktereigenschaften frei: ihre Herrschsucht und ihre rassistischen Vorurteile.

Die schillernde Alma Mahler-Werfel unterwarf sich in jungen Jahren dem Herrenmenschen Gustav Mahler, spielte für ihn die Rolle des fürsorglichen Hausmütterchens und opferte ihm zuliebe sogar ihr künstlerisches Talent. Zur Frau gereift, drehte sie den Spieß um und machte sich ihrerseits den Dichter Franz Werfel untertan, den sie als matronenhafte Muse zur Abfassung zahlreicher viel gelesener Romane animierte.

Liebe- und hingebungsvoll, aber mit bestimmtem Behauptungswillen widmete sich Katia Mann dem Werk ihres Ehemanns. Sie schenkte ihm sechs Kinder und war der ausgleichende Mittelpunkt, der Ruhepol der Familie. Katia Mann scheint mit ihrer Aufgabe, sich an der Seite eines weltberühmten Schriftstellers ganz zurückzunehmen, zufrieden gewesen zu sein. Und doch rang sie sich in ihren »Ungeschriebenen Memoiren« zu dem viel sagenden Satz durch: »Ich habe in meinem Leben nie tun können, was ich hätte tun wollen.«

Mit einem Genie in ehelicher Verbundenheit durch das Leben zu gehen, erfordert ein beträchtliches Maß an weiblicher Selbstverleugnung. In diesem Buch ist es nachzulesen.

Wolfpassing, im Februar 2001,
Dr. Friedrich Weissensteiner

Rätselhafte Eheliebste

CONSTANZE MOZART

WOLFGANG AMADEUS MOZART stand im 22. Lebensjahr, als er am 23. September 1777 zum ersten Mal ohne den fürsorglichen, geschäftstüchtigen Vater zu einer für sein weiteres Leben bedeutungsvollen Tournee aufbrach. Er reiste nicht allein. In der Kutsche, in der er von Salzburg aus nach Westen fuhr, saß neben ihm die Mutter. Leopold Mozart hatte darauf bestanden, dass sie den Sohn begleitete.

Er wusste, warum. Wolfgang, der sich als Komponist von Kirchenmusik, Sinfonien, Klaviersonaten und Streichquartetten längst einen Namen gemacht hatte, war schlicht und einfach weltfremd. Er ging sorglos mit dem Geld um, war – zumindest im Urteil des Vaters – leichtfertig, zu offenherzig und gutmütig und in geschäftlichen und organisatorischen Dingen völlig unerfahren. An seiner Weltfremdheit war allerdings nicht er selbst, sondern der gestrenge Herr Papa schuld. Leopold Mozart hatte von seinem musikalischen Wunderkind den Alltag ferngehalten. Auf den gemeinsamen Reisen durch halb Europa fungierte er nicht nur als Wolfgangs

Ratgeber, sondern als umsichtiger und umtriebiger Organisator, der buchstäblich alles managte, vom Essen über die Besuchs- und Konzertprogramme bis hin zum Nachtquartier. Auch für diese Reise hatte er alles vorsorglich geplant und festgelegt: die Reiseroute, die diversen Aufenthalte, das Reiseziel (Paris) und, last but not least, die Reiseabsicht. Wolfgang sollte bei allen möglichen Veranstaltungen viel Geld verdienen oder, noch besser, bei einer wohlbestallten aristokratischen Familie ein gut dotiertes, dauerhaftes Engagement finden.

Mozart junior mag aufgeatmet haben, als er nach etlichen Stunden Fahrt das Territorium des Fürsterzbistums Salzburg hinter sich ließ. Das junge Genie war mit dem Salzburger Landesherrn, Fürsterzbischof Hieronymus Graf Colloredo, ganz einfach nicht mehr zurechtgekommen. Der hohe Geistliche, in dessen Diensten Wolfgang Amadeus stand, hatte ihn herablassend behandelt und ihn, der sich seines Eigenwertes bewusst geworden war, einen »liederlichen Kerl« gescholten, einen »Lausbuben«, für den er »hundert andere bekäme, die ihn besser bedienten als er«.

Wolfgang Amadeus Mozart wollte sich das nicht länger bieten lassen. Er dürstete nach Freiheit, er war entschlossen, sich aus den Zwängen der väterlichen Bevormundung und des fürsterzbischöflichen Regimentes zu lösen.

DIE REISE LÄSST sich nicht gut an. In München findet der junge Komponist kein Gehör für seine Anliegen und Wünsche, und auch in Augsburg, der nächsten Station, ergeht es ihm nicht besser. Dort entschädigt ihn allerdings der Kontakt mit seiner Cousine Maria Anna Thekla, der Tochter seines Onkels Franz

Alois Mozart, für die größtenteils zurückhaltende, geradezu hochmütige Aufnahme durch einige Honoratioren der Stadt. Die um zwei Jahre jüngere Verwandte, das »Bäsle«, imponiert ihm. Er findet sie »schön, vernünftig, lieb, geschickt und lustig«. Sie taugten recht sehr zusammen, schreibt er dem Vater, denn sie sei auch ein bisschen schlimm und sie foppten die Leute miteinander. Wolfgang und Thekla taten zu ihrem Vergnügen nicht nur das. Sie fanden auch aneinander Gefallen. Manches spricht dafür, dass das Bäsle Mozarts erste Geliebte war.

Nach seiner Abreise aus Augsburg schrieb er ihr Briefe, die sich so deuten lassen, auch wenn zahlreiche seiner Biographen davon nichts wissen wollen. Sie haben die diesbezüglichen Anspielungen einfach nicht zur Kenntnis genommen oder sie als »derb-komische Spaßmachereien«, als »närrische Possenreißereien« abgetan. Sie passen nicht in ihr Mozart-Bild. Eine Zeit lang wurden die erotischen Anzüglichkeiten und fäkalsprachlichen Auslassungen in den Bäsle-Briefen überhaupt ignoriert oder mit vornehmer Noblesse übergangen. Zugegeben: diese lasziven, unterleibsbezogenen Wort- und Reimgebilde verstoßen gegen die Maßstäbe bürgerlichen Anstandes. Aber in diesen Briefen reflektieren sich auch Mozarts ungebärdiger Humor und sein ungezügelter Spieltrieb, zwei Charaktermerkmale, die wesenhaft zu seiner Persönlichkeit gehören.

Nun ist es aber höchste Zeit, aus einem dieser Briefe zu zitieren. »Sie werden vielleicht glauben oder gar meynen ich sey gestorben!« schrieb er der Cousine am 28. Februar 1778 aus Mannheim. »ich sey Crepirt? – oder verreckt? – doch nein! meynen sie es nicht, ich bitte sie; denn gemeint und geschissen ist zweyerley! wie könnte ich denn so schön schreiben wenn ich tod wäre? – wie wäre das möglich? ... Nun aber habe ich die

Ehre, sie zu fragen, wie sie sich befinden und sich tragen? – ob sie noch offens leib sind? – ob sie etwa gar haben den grind? – ob sie mich noch ein bischen können leiden? – ob sie öfters schreiben mit einer kreiden? – ob sie noch dann und wan an mich gedencken? – ob sie nicht bisweilen lust haben sich aufzuhencken? – ob sie etwa gar bös waren? auf mich armen narrn; ob sie nicht gutwillig wollen fried machen, oder ich lass bei meiner Ehr einen krachen! doch sie lachen – – victoria! – – unsre arsch sollen die friedens=zeichen seyn! – ich dachte wohl, dass sie mir nicht länger widerstehen könnten. ja, ja, ich bin meiner sache gewis, und sollt ich heut nach machen einen schiss, obwohl ich in 14 Tägen geh nach Paris. Wenn sie mir also wolln antworten, aus der stadt Augsburg dorten, so schreiben sie mir baldt, damit ich den brief erhalt, sonst wenn ich etwa schon bin weck, bekomme ich statt einen Brief einen dreck ...« Und so weiter und so fort. Ad infinitum.

Auf Mannheim, das Mutter und Sohn am 30. Oktober 1777 erreichten und wo sie sich bis März des nächsten Jahres aufhielten, ruhten die künstlerischen Hoffnungen Wolfgangs und selbstverständlich auch jene des ehrgeizigen, zielstrebigen Vaters. Die Hauptstadt der Kurpfalz war zu dieser Zeit ein Zentrum der Musikpflege. Die Mannheimer Hofkapelle, die Oper, das Ballett besaßen, vom kunstsinnigen Kurfürsten Karl Theodor eifrig gefördert, weit über den deutschen Sprachraum hinaus hohes Ansehen.

Wolfgang Amadeus Mozart hoffte, am Hof Karl Theodors eine feste Anstellung zu erhalten. Seine Bewerbung wurde vom Hofkapellmeister Christian Cannabich, dessen Tochter Rose er Klavierunterricht erteilte, tatkräftig unterstützt. Der Kurfürst gab sich huldvoll, zögerte aber die Entscheidung hinaus. So vergingen die Wochen, der

Winter zog ins Land, und da das Geld knapp wurde, mussten Mutter und Sohn in ein billiges Privatquartier übersiedeln, um sich über Wasser halten zu können. Wolfgang schien es nicht sonderlich zu stören. Er genoss das ungezwungene Leben eines freischaffenden Künstlers, gab Musikstunden, komponierte über Auftrag, nahm an Gala-Konzerten teil und schrieb dem Vater launige Briefe, in denen er zum ersten Mal in seinem Leben dessen Ansichten und Plänen widersprach, eigenständige Ideen und Projekte entwickelte.

Leopold Mozart reagierte darauf klug und versöhnlich, aber mit sachlicher, zielstrebiger Bestimmtheit. Einer der Briefe Wolfgangs, mit 17. Januar 1778 datiert, ließ ihn besonders aufhorchen. »Künftigen Mittwoch werde ich etliche täge nach kirchheim Poland zu der Prinzessin von oranien gehen«, schrieb ihm der Filius. »Man hat mir hier so viells gutes von ihr gesprochen dass ich mich endlich entschlossen habe.« Ein befreundeter holländischer Offizier sei von ihr anlässlich der Überbringung der Neujahrswünsche gescholten worden, dass er ihn nicht mitgebracht habe, berichtete Wolfgang. Die Prinzessin sei eine außerordentliche Musik-Liebhaberin. Deshalb habe er vier Arien abschreiben lassen und werde ihr auch eine Sinfonie schenken. Sie habe ein niedliches Orchester und veranstalte jeden Tag eine Akademie. Mozart im Originalton weiter: »Die Copiatur von den arien werden mich auch nicht viel kosten, denn die hat mir ein gewisser H: weber, welcher mit mir hinüber gehen wird, abgeschrieben. ich weis nicht habe ich schon von seiner tochter geschrieben oder nicht«, merkte er dann wie zufällig, aber mit beziehungsvoller Absicht an, »sie singt halt recht vortrefflich, und hat eine schöne reine stimm. es geht ihr nichts als die action ab, dann kann sie auf jedem theater die Prima donna

machen. sie ist erst 16 jahr alt. ihr Vatter ist ein grund-
ehrlicher deutscher Man, der seine Kinder gut erzieht …«

Wolfgang Amadeus Mozart war mit jener Familie bekannt geworden, die sein weiteres Leben schicksalhaft
begleiten sollte. Der Notenkopist, Bassist und Souffleur
am Mannheimer Hoftheater Fridolin Weber war ein be-
gnadeter Musiker, aber keineswegs ein mit irdischen
Glückgütern gesegneter Mann. Er hatte Mühe, seine
Familie und sich selbst mehr schlecht als recht durch
das Leben zu bringen. Seine vier Töchter, die allesamt
musikalisch hoch begabt waren, wollten versorgt und
ihrer Begabung entsprechend ausgebildet sein. Das ge-
ringe Einkommen des Familienvaters reichte dafür kaum
aus. Die Weber-Töchter machten dennoch ihren Weg.
Drei von ihnen, Josepha, Aloysia und Sophie, wurden
Opernsängerinnen, und auch Constanze, die später Mozarts Frau wurde, ist öffentlich aufgetreten. Für die damals Fünfzehnjährige hatte das Musikgenie freilich überhaupt nichts übrig. Mozart scheint sie einfach übersehen
zu haben. Hingegen hatte es ihm die um ein Jahr ältere
Aloysia angetan. Aloysia begleitete ihn mit dem Vater nach Kirchheimpolanden, wo sie Proben ihrer Gesangskunst zum Besten gab. Wolfgang war beeindruckt.
»Abends gingen wir nach Hof«, berichtete er dem Papa.
»Das war Samstag; da sang die Mademoiselle Weber drei
Arien. Ich übergehe ihr Singen – mit einem Wort vortrefflich!« Und: »Die Mademoiselle Weber sang in allem
dreizehnmal und spielte zweimal Klavier, denn sie spielt
gar nicht schlecht. Was mich am meisten wundert ist,
dass sie so gut Noten liest. Stellen Sie sich vor, sie hat
meine schweren (!) Sonaten, langsam, aber ohne eine
Note zu fehlen, prima vista gespielt«, schwärmte er dem
Vater vor, um abschließend festzustellen, dass es ihm
ein unaussprechliches Vergnügen bereite, mit grund-

ehrlichen, gut katholischen und christlichen Leuten Bekanntschaft gemacht zu haben. Was die Gesangskunst von Aloysia Weber betraf, pflichtete die Mutter dem Sohn bei. »Es ist wahr, sie singt unvergleichlich«, schrieb sie dem Gatten, beklagte sich aber darüber, dass der Sohn bei anderen Leuten lieber sei als bei ihr.

Wolfgang brachte nach Abschluss seiner Kurztournee zur Prinzessin Caroline von Nassau-Weilburg mit Vater Weber und Tochter noch ein paar Tage in Worms zu, ehe er wieder nach Mannheim zurückkehrte.

Ob Aloysia seine Gefühle erwidert hat? Mit hoher Wahrscheinlichkeit nicht. Er muss ihr zwar als musikalischer Anreger viel bedeutet haben, als Liebhaber kam er für sie jedoch nicht in Frage. Offenbar war er ihr physisch zu wenig attraktiv. Aloysia, die ihrem Wesen nach eine Primadonna war und auch eine wurde – sie war an den Opernhäusern in Wien, Hamburg und Amsterdam tätig –, wies den ungestümen Werber ab und heiratete im Oktober 1780 den Schauspieler am Wiener Hoftheater und Maler Joseph Lange, von dem sie sich nach fünfzehnjähriger Ehe trennte.

WIR HABEN DEN Ereignissen vorgegriffen. Kaum ist Mozart wieder in Mannheim, fasst er den kühnen Gedanken, mit der Familie Weber eine Reise nach Italien zu unternehmen, um die heiß geliebte Aloysia dort als gefeierte Sängerin zu etablieren. »Ich habe diese bedruckte Familie so lieb, dass ich nichts mehr wünsche, als dass ich sie glücklich machen könnte; und vielleicht kann ich es auch; mein rath ist dass sie nach Italien gehen sollten«, schreibt er dem Vater und fügt hinzu: »und der Gedanke, einer armen familie ohne sich schaden zu thun, aufzuhelfen, vergnügt mich in der ganzen seele.«

Der Brief des Sohnes schlägt in Salzburg wie eine Bombe ein. Wie? Wolfgang will sich, anstatt nach Paris zu gehen, zum Gönner aufspielen, mit Aloysia Weber und ihrer Familie nach Italien reisen? Der bloße Gedanke daran verschlägt Leopold Mozart den Atem, raubt ihm den Schlaf. Wolfgang, für dessen Wohl und Karriere er sein ganzes Leben gearbeitet hat, für den er sich ein Leben an der Seite einer reichen Adeligen erträumt hat, will sein Schicksal an eine arme Musikertochter ketten? Ist er denn ganz von Sinnen? Der Vater setzt sich hin und schreibt dem Sohn einen langen Brief, in dem er versucht, ihn mit Vernunftgründen aus seinen Illusionen und Träumen zu reißen. »Der Vorschlag, mit dem H: Weber und notabene 2 Töchtern herumzureisen hätte mich beynahe um meine Vernunft gebracht. Liebster Sohn! wie kannst du dich doch von so einem abscheulichen dir zugebrachten Gedanken auch nur auf eine Stunde einnehmen lassen … « heißt es darin unter anderem. Und dann spielt Leopold Mozart seine ganze väterliche Autorität aus und befiehlt dem Sohn mit kategorischer Entschiedenheit, sich nach Paris aufzumachen. »Fort mit dir nach Paris«, ruft er ihm zu, »das bald. Setze dich großen Leuten an die Seite – aut Caesar aut nihil.« (Alles oder nichts.)

Das väterliche Schreiben bringt den sorglosen Plänemacher zur Besinnung. Er begehrt zwar ein wenig auf, konstatiert trotzig, dass die Zeiten vorbei seien, da er dem Papa das Nasenspitzel geküsst habe. Aber das gute Einvernehmen zwischen den beiden ist bald wiederhergestellt. Wolfgang Amadeus fügt sich dem Willen des erfahrenen, lebenstüchtigen Vaters. Er geht nach Paris.

Die Mutter packt die Habseligkeiten zusammen. Am Abend des 13. März 1778 nimmt das Musikgenie tränenreichen Abschied von der Familie Weber. Tags darauf verlassen die Mozart in der Chaise eines Fuhrwerksunternehmers Mannheim.

Die neuntägige Reise ist mit riesigen Strapazen und Unannehmlichkeiten verbunden. Die Straßen sind schlecht, die Nachtquartiere schmutzig und unbequem. Am letzten Reisetag wird das bis dahin gute Wetter so schlimm, dass der Wind sie »fast erstickt und der Regen ersäuft hätte«, wie Mutter Mozart dem Gatten mitteilt. Sie seien waschnass geworden und hätten kaum schnaufen können. Auch Wolfgang ist von der langen Reise arg mitgenommen. »Ich hab mich mein Lebtag niemals so ennuiert«, klagt er dem Vater. »Sie können sich leicht vorstellen, was das ist, wenn man von Mannheim und von so vielen lieben und guten Menschen wegreisen und dann ... ohne Menschen, ohne eine einzige Seele, mit der man umgehen oder reden könnte, leben muss.«

Auf sein Verhältnis zur Mutter, die ihn begleitete, die die Strapazen mit ihm teilte, ihm alle materiellen Sorgen abnahm, wirft diese Bemerkung kein gutes Licht. »Die Stimme der Mutter hat nicht in sein Partitursystem gehört«, urteilt einer seiner Biographen.

Anna Maria Mozart und ihr Sohn Wolfgang beziehen in der französischen Hauptstadt ein mehr als bescheidenes Quartier. Es besteht aus einem Zimmer mit zwei Betten. Die Mutter ist zutiefst unglücklich ... »Was meine Lebensart betrifft«, klagt sie dem Gatten, »ist solche gar nicht angenehm, ich sitze den ganzen Tag allein im Zimmer wie in Arrest, welches noch darzue so dunkel ist und in ein kleines Höffel geht, dass man den ganzen Tag die Sonn nicht sehen kann und nicht einmal weiß, wie das Wetter ist. Mit harter Mihe kann ich bei einen einfallenden Lichten etwas weniges stricken ...«

Da in dem kleinen, elenden Loch kein Platz für ein Klavier ist, muss Wolfgang außer Haus komponieren. Anna Maria ist in der fremden Stadt völlig sich selbst überlassen. Erst als sie nach ein paar Wochen in ein anderes Quartier übersiedeln, fühlt sie sich ein wenig wohler. Unmittelbar nach dem Wohnungswechsel erkrankt sie, erholt sich wieder, wird zur Ader gelassen, erleidet einen gesundheitlichen Rückfall und scheidet am 3. Juli 1778 im Alter von achtundfünfzig Jahren aus dem Leben. Wolfgang teilt die Todesnachricht zuerst einem Freund der Familie mit, den er bittet, den Vater schonend darauf vorzubereiten. Dann erst schildert er ihm einfühlsam ihr Sterben.

Nach dem Tod der Mutter ist Wolfgang Amadeus Mozart zum ersten Mal in seinem Leben völlig auf sich allein gestellt. Er übersiedelt in das Haus seines Gönners, des Diplomaten und bevollmächtigten Ministers von Sachsen-Gotha, Baron Friedrich Melchior Grimm, mit dem er sich aber bald überwirft.

Der Aufenthalt in Paris hat nicht gehalten, was sich Vater und Sohn von ihm versprochen haben. Leopold Mozart drängt auf baldige Rückkehr nach Salzburg. Wolfgang kommt dem väterlichen Wunsch nur ungern nach.

Auf der Heimreise hält er sich wochenlang in Straßburg und Mannheim auf und macht dann zum Missvergnügen des Vaters auch noch Station in München, wo er unverzüglich die Familie Weber aufsucht, die sich mittlerweile dort niedergelassen hat. Sein Herz schlägt nach wie vor für Aloysia, die sich in kurzer Zeit in der Stadt an der Isar als Künstlerin durchgesetzt hat. Abermals wirbt er um sie, aber die Primadonna erteilt ihm eine schmerzhafte Abfuhr. Verzweifelt schreibt er an den Vater: »… Heute kann ich nichts als weinen – ich habe ein gar zu empfindsames Herz … Ich habe von Natur aus eine schlechte Schrift, das wissen Sie, denn ich habe niemals schreiben gelernt, doch habe ich mein Lebtag niemals schlechter geschrieben als diesmal; denn ich kann nicht – mein Herz ist gar zu sehr zum Weinen gestimmt! Ich hoffe, Sie werden mir bald schreiben und mich trösten …« (Brief vom 29. Dezember 1778)

Der Vater soll ihn trösten. Der aber weiß gar nicht, was passiert ist. Hätte er den Grund für Wolfgangs Traurigkeit geahnt, wäre ihm leichter ums Herz gewesen.

Am 15. Jänner 1779 trifft der junge Musikus nach vierzehnmonatiger Abwesenheit wieder in seiner Geburtsstadt ein. Nicht eben in heiterster Stimmung. »Ich schwöre Ihnen bei meiner Ehre, dass ich Salzburg und die Inwohner (ich rede von geborenen Salzburgern) nicht leiden kann. Mir ist ihre Sprache, ihre Lebensart ganz unerträglich«, hat er dem Vater eine Woche vorher geschrieben. Was soll's? Der Versuch, sich freischaffend zu betätigen, ist fehlgeschlagen. Er hat sich finanziell übernommen, eine schwere Schuldenlast drückt ihn. Er muss sich wieder verdingen.

Unmittelbar nach seiner Rückkehr bewirbt sich Wolfgang Amadeus Mozart um den Posten eines Hof- und Domorganisten. Der Fürsterzbischof zeigt sich gnädig. Er stellt ihn wieder in seinen Dienst, mit dem Auftrag, »neben den Verrichtungen sowohl im Dom als auch bey Hof die Kirche auch mit neuen von ihm verfertigten Kompositionen zu versorgen«.

In den nächsten beiden Jahren ist der junge Komponist unermüdlich tätig, schreibt Sinfonien, Violin- und Klaviersonaten, Menuette, Serenaden, Streichquartette, Messen und besucht eifrig Theateraufführungen, bei denen er unter anderen auch Emanuel Schikaneder kennen lernt, den Schauspieler und Prinzipal einer Wanderbühne.

Wolfgang Amadeus Mozart möchte eine Oper schreiben, sein musikdramatisches Genie unter Beweis stellen. Aber dazu ist in Salzburg keine Gelegenheit. Da erreicht ihn eines Tages vom kurfürstlichen Hof in München der Auftrag, für den Karneval 1780/81 die opera seria *Idomeneo* zu schreiben.

Mozart macht sich mit Feuereifer an die Arbeit, erbittet vom Fürsterzbischof einen sechswöchigen Urlaub und reist nach München, um mit dem Orchester und den Sängern das Werk einzustudieren. Die Zusammenarbeit erweist sich als sehr fruchtbringend. Mozart setzt seine Ideen – kürzere Texte, exaktere Formulierungen, größere dramatische Glaubwürdigkeit – durch. Die Aufführung ist ein Erfolg. Wolfgang Amadeus Mozart hat seinen eigenen Stil als Opernkomponist gefunden.

Aus der sechswöchigen Beurlaubung sind vier Monate geworden. Der fünfundzwanzigjährige gefeierte Komponist trägt sich mit dem Gedanken, nicht nach Salzburg zurückzukehren. »… Mir wird bei meiner Ehre nicht Salzburg, sondern der Fürst, die stolze Noblesse, alle Tage unerträglicher. Ich würde also mit Vergnügen erwarten, dass er mir schreiben ließe, er brauche mich nicht mehr«, lässt er den Vater wissen.

Fürsterzbischof Hieronymus Colloredo, der unterdessen für kurze Zeit mit seinem Hof und seiner Hofkapelle seine Zelte in Wien aufgeschlagen hat, will auf Mozarts Dienste jedoch nicht verzichten. Er befiehlt ihm, sich ohne Verzögerung in der Kaiserstadt einzufinden. Mozart kommt der Aufforderung unverzüglich nach. Am 16. März 1781 um neun Uhr morgens trifft er »mutterseelenallein in einer Postchaise« in Wien ein.

Die kaiserliche Residenzstadt an der Donau ist ihm nicht fremd. Er hat bereits als Sechsjähriger auf einer Konzertreise mit den Eltern und der Schwester in Schönbrunn vor Maria Theresia und ihrer Familie mit seinem Klavierspiel Aufsehen erregt. Zuletzt war er im Jahre 1773 in Wien gewesen, in der Hoffnung, eine Anstellung als Hofcompositeur zu finden. Vergebens. Maria Theresia hatte das Ansuchen abschlägig beschieden.

Die Herrscherin lebt nicht mehr, als Mozart 1781 wieder Wiener Boden betritt. Sie ist ein paar Monate zuvor, am 29. November 1780, gestorben. Unter ihrem Nachfolger, Kaiser Josef II., weht in der Stadt jetzt politisch und kulturell ein neuer, ein frischer Wind, von dem sich der rebellisch gesinnte junge Mann viel verspricht.

Wie die meisten anderen Mitglieder des Salzburger erzbischöflichen Hofstaates muss er im Haus des Deutschen Ritterordens in der Nähe des Stephansdoms Quartier nehmen. Er wird vom Erzbischof kühl empfangen und herablassend behandelt. Ein Musiker zählt nicht viel in der Sozialstruktur des 18. Jahrhunderts. Mozart muss an der Bedienstetentafel speisen – »ich habe wenigstens die Ehre, vor den Köchen zu sitzen«, schreibt er mit ironischem Unterton dem Vater –, Colloredo verbietet ihm, durch öffentliche Auftritte zusätzlich Geld zu verdienen. Wolfgang Amadeus Mozart fühlt sich in seiner Künstlerehre gekränkt, muckt auf, widersetzt sich den Anordnungen des Erzbischofs. Der Bruch mit seinem Dienstgeber ist unvermeidlich, und er ist diesmal endgültig. Nach einer Reihe von hässlichen Szenen quittiert Mozart mit einem vom Oberstküchenmeister des Erzbischofs, Graf Karl Arco, verabreichten, sprichwörtlich gewordenen Tritt in den Hintern den Salzburger Hofdienst.

Wolfgang Amadeus Mozart ist entschlossen, in Wien als freier Mann und selbstständiger Komponist zu leben. Der Vater fällt beinahe in Ohnmacht, als ihm der dickköpfige, selbstbewusste Sohn das mitteilt. Noch mehr bestürzt ihn die Nachricht, dass Wolfgang bei Cäcilia Weber Unterkunft genommen hat. »Die alte Mad: Weber war so gütig mir ihr haus zu offeriren – da habe ich mein hüpsches Zimmer; bin bei dienstfertigen leuten, die mir in allen, was man oft geschwind braucht, und wann man alleine ist haben kann an die hand gehen«, streut der Sohn wie zufällig in das folgenschwere Schreiben vom 9. Mai 1781 ein.

VATER UND MUTTER Weber sind im September 1779 mit ihren Töchtern nach Wien übersiedelt, wo Aloysia an der Oper ein Engagement gefunden hat. Fridolin Weber ist kurz nach der Übersiedlung nach einem Schlaganfall verstorben, Aloysia hat geheiratet. Die berechnende, zänkische, trunksüchtige Mutter ist mit ihren drei minderjährigen Töchtern vom Kohlmarkt Nr. 7 in eine im zweiten Stock gelegene Wohnung in der Nähe der Peterskirche gezogen. Da ihre finanzielle Situation nach dem Tod des Gatten nicht eben rosig ist, versucht sie durch die Untervermietung von Zimmern ihr monatliches Einkommen ein wenig aufzubessern.

Mozart muss schon bald nach seiner Ankunft in Wien erfahren haben, dass auch die Familie Weber ihr Domizil in der Kaiserstadt aufgeschlagen hat. Wann er Kontakt mit ihr aufgenommen hat, wissen wir nicht genau. Jedenfalls hat er sich Anfang Mai 1781 bei Frau Weber und ihren Töchtern eingemietet.

Vater Leopold ist über die Entwicklung der Dinge im höchsten Grade unglücklich und drängt auf einen Wohnungswechsel. Wolfgang denkt zunächst gar nicht daran, dem väterlichen Begehren zu entsprechen. Er bewohnt ein freundliches Zimmer, Mutter Weber umsorgt ihn. »Die alte Mad: Weber ist eine dienstfertige Frau«, schreibt er nach Salzburg. »Bis ich ein gutes, wohlfeiles und gelegenes Logis ausfindig gemacht habe, gehe ich nicht weg«, beharrt er. Er habe es bequem, könne das Mittag- und Abendessen in der Wohnung einnehmen. Das erspare ihm Zeit, die seiner Arbeit zugute komme. Auch habe er ein Klavier zur Verfügung. Wenn ihm ein solches in einer Wohnung nicht zur Verfügung stehe, nütze sie ihm nicht, »dermalen weil ich eben zu schreiben habe und keine Minute zu versäumen ist«, erklärt er dezidiert. Das sind vordergründige Argumente und Ausflüchte. Wolfgang hat sich in Constanze Weber verliebt. Aber das verheimlicht er dem Vater, darüber verliert er kein Sterbenswörtchen.

Leopold Mozart kennt seinen Sohn wie seine eigene Westentasche. Er weiß, dass er ihm nicht immer die ganze Wahrheit berichtet. Die Fama hat ihm zugetragen – er hat seine Informanten in Wien –, dass sich zwischen Constanze und Wolfgang etwas tut. Ja, es gibt sogar Gerüchte über eine bevorstehende Heirat. Als er eine diesbezügliche Bemerkung macht, bestreitet Wolfgang vehement, Eheabsichten zu hegen. »Wenn ich mein lebetag nicht aufs heyrathen gedacht habe; so ist es gewis izt!« schreibt er dem Vater. »Denn (ich wünsche mir zwar nichts weniger als eine reiche Frau) wenn ich izt wirklich durch eine heyrath mein glück machen könnte, so könnte ich unmöglich aufwarten, weil ich ganz andere dinge im kopf habe. – gott hat mir mein talent nicht gegeben, damit ich es an eine frau henke, und damit mein junges leben in unthätigkeit dahin lebe. – ... ich habe gewis nichts über den ehestand, aber für mich wäre er dermalen ein übel.«

Er sei zwar mit den Weberischen ein paar Mal im Prater gewesen, er wolle auch nicht sagen, dass er mit der »Mademoiselle trotzig sei und nichts rede«, aber verliebt sei er nicht. »Ich narriere und mache Spaß mit ihr, wenn es die Zeit zulässt«, beteuert er, ... »sonst weiter nichts. Wenn ich die alle heiraten müsste, mit denen ich gespaßt habe, so müsste ich leicht zweihundert Frauen haben«, beschließt er launig sein Schreiben.

Zu diesem Zeitpunkt (25. Juli 1781) wohnt Wolfgang bereits länger als zweieinhalb Monate im Hause Weber. Ist zwischen ihm und Constanze tatsächlich noch nichts vorgefallen? Haben die beiden verliebten jungen Leute nur Händchen gehalten, einander nur geneckt?

Anfang September 1781 übersiedelt der Liebhaber, der eifrig mit der Komposition der Oper *Die Entführung aus dem Serail* beschäftigt ist, in ein enges, in der Nähe gelegenes Zimmer am Graben. Obwohl er von seiner Arbeit völlig in Anspruch genommen ist, versäumt er es doch nicht, Constanze täglich zu besuchen. Er geht zwar auch bei seinen adeligen Gönnern ein und aus, aber er sehnt sich nach Häuslichkeit, nach einem »ordentlichen Leben«, wie er es selbst formuliert. Er braucht jemanden, der für ihn da ist, der ihm den beschwerlichen Alltag abnimmt, für ihn kocht, sich um seine Kleidung kümmert, seine Wäsche wäscht. Er braucht eine Frau. Auch ein Genie ist ein Mensch mit sexuellen Bedürfnissen. »Die Natur spricht in mir so laut wie in Jedem andern, und vielleicht lauter als in Manchem großen starken limmel«, schreibt er dem Vater, und in diesem Brief vom 15. Dezember 1781 gesteht er ihm endlich auch seine Liebe zu Constanze. »Nun aber – wer ist der Gegenstand meiner Liebe? Erschröcken Sie auch da nicht, ich bitte Sie. Doch nicht eine Weberische?« nähert er sich mit zwei Fragen umständlich dem großen

Geständnis, das ihm gewiss nicht leicht gefallen ist, um dann mit der Nachricht herauszuplatzen: »Ja, eine Weberische – aber nicht Josepha, nicht Sophie – sondern Constanze, die mittelste.«

Die älteste sei eine faule, grobe, falsche Person, die es dick hinter den Ohren habe, berichtet er dann dem Vater, die jüngste sei noch zu jung, um mehr zu sein als ein gutes, aber leichtsinniges Geschöpf. Seine Constanze freilich sei die Gutherzigste, die Geschickteste und mit einem Wort die Beste unter den drei Geschwistern. Und damit sich der Vater einen Begriff von ihrem Aussehen und ihrem Charakter machen kann, stellt er sie ihm gleich auch vor. »Sie ist nicht hässlich, aber auch nicht weniger als schön. Ihre ganze Schönheit besteht in zwei kleinen schwarzen Augen und in einem schönen Wachstum«, beschreibt er zunächst ihr Äußeres. »Sie hat keinen Witz, aber gesunden Menschenverstand genug, um ihre Pflichten als Frau und Mutter erfüllen zu können«, lobt er dann ihre hausfraulichen Eigenschaften. »Sie ist nicht zum Aufwand geneigt, das ist grundfalsch«, urteilt er. »Im Gegenteil ist sie gewohnt, schlecht gekleidet zu sein, denn das wenige, was die Mutter ihren Kindern hat tun können, hat sie den zwei andern getan, ihr aber niemalen. Das ist wahr, dass sie gern nett und reinlich, aber nicht propre gekleidet wäre. Und das meiste, was ein Frauenzimmer braucht, kann sie selbst machen. Und sie frisiert sich auch alle Tage selbst. Versteht die Hauswirtschaft, hat das beste Herz von der Welt – ich liebe sie, und sie liebt mich vom Herzen! Sagen Sie mir, ob ich mir eine bessere Frau wünschen könnte?«

Wolfgang Amadeus Mozart hat offenbar die Frau gefunden, die seinen Vorstellungen entspricht, mit der er seinen Traum von einem trauten Heim verwirklichen kann. Er ist entschlossen, sie zu heiraten. Aber noch ist es nicht soweit. Noch türmen sich Schwierigkeiten auf, sind Hindernisse zu überwinden. Jetzt schaltet sich Madame Weber ein. Sie hat längst den Braten gerochen, sie betrachtet ihre Töchter als Heiratsobjekte, mit denen sie ein gutes, einträgliches Geschäft machen kann und will. Im Falle Aloysias ist ihr das bereits gelungen. Herr Lange, der gut situierte Bräutigam, hat sich in einem Ehevertrag verpflichten müssen, der Mutter eine jährliche Rente von 700 Gulden zu zahlen. An eine solche Vereinbarung denkt sie auch jetzt. Der Vormund ihrer Töchter, ein Herr Johann Thorwart, seines Zeichens Finanzkontrollor am kaiserlichen Hoftheater, nimmt die Sache in die Hand. Er nötigt Mozart ein Eheversprechen ab, in dem sich dieser verpflichtet, Constanze innerhalb von drei Jahren zu ehelichen. Falls dies nicht geschieht, muss er der Mutter eine Abfindung von jährlich 300 Gulden bezahlen. Die Braut will von dieser schriftlichen Abmachung partout nichts wissen. Sie zerreißt den Vertrag vor den Augen der Mutter.

Es kommt zu weiteren seltsamen, schwer durchschaubaren Vorkommnissen. Cäcilia Weber macht der Tochter das Leben schwer, Constanze benimmt sich auf einer Gesellschaft daneben. Sie lässt sich von einem fremden Herrn die Waden messen! Der Liebhaber ist empört, rügt sie. Sie reagiert brüsk, sagt ihm ins Gesicht, dass sie mit ihm nichts mehr zu tun haben will. Ist es ein abgekartetes Spiel? Will man das Mitleid des Bräutigams erregen, seine Eifersucht schüren?

Noch Schlimmeres folgt. Constanze verlässt die Wohnung der Mutter und zieht zur Baronin Martha Waldstätten, einer Gönnerin Mozarts. Cäcilia Weber ist darüber hell empört. Sie will die widersetzliche Tochter von der Sittenpolizei zurückholen lassen. Der ehren-

Constanze Mozart, geb. Weber. Ölgemälde von Hans Hansen, 1802

hafte Komponist aus Salzburg will seine Geliebte vor dieser Schande durch eine rasche Heirat bewahren. Er bittet den Vater flehentlich um seine Zustimmung. »Ich muss Sie bitten, um alles in der Welt bitten: Geben Sie mir Ihre Einwilligung, dass ich meine liebe Constanze heiraten kann ... Wer eine Frau bekommt, wie ich eine bekomme, der kann gewiss glücklich sein. – Wir werden ganz still und ruhig leben und doch vergnügt sein«, heißt es in seinem Brief vom 27. Juli 1782.

Da der Vater sich nicht erweichen lässt, setzt der Sohn nach. Er könne gegen die Heirat gar nichts haben, eröffnet er ihm, »denn sie ist ein Ehrliches braves Mädchen von guten Eltern und ich bin im Stand ihr brod zu verschaffen – wir lieben und wir wollen uns«. (Schreiben vom 31. Juli 1782)

Der Vater zögert, die Zeit drängt. Als aus Salzburg keine zeitgerechte Antwort kommt, entschließt sich Wolfgang Amadeus Mozart zum selbstständigen Handeln. Am 2. August 1782 beichten und kommunizieren die Brautleute bei den Theatinern (das Theatinerkloster und die -kirche standen Wipplingerstraße 21, Tiefer Graben 22).

Zwei Tage später findet im Stephansdom die Heirat statt. Als Trauzeugen der Braut fungieren Johann Thorwart und der k. k. niederösterreichische Landrat Karl Cetto von Kronsdorf, der Arzt Franz Gilowski ist Trauzeuge des Bräutigams. Außer diesen Personen wohnen nur noch Cäcilia Weber und Constanzes jüngste Schwester Sophie der Zeremonie bei. »Als wir zusamm verbunden wurden«, berichtet der nunmehrige Ehemann dem Vater, »fieng so wohl meine Frau als ich an zu weinen; – davon wurden alle, sogar der Priester gerührt. – und alle weinten, da sie zeuge unserer gerührten herzen waren. Unser ganzes Hochzeitsfest bestund aus einen soupèe welches uns die frau Baronin v: Waldstätten gab – welches in der that mehr fürstlich als Baronisch war ...«

Der knappe Bericht lässt etliche Fragen offen. Zu welcher Tageszeit fand die Hochzeit statt? Gab es Zaungäste? Warum nahm keiner von Mozarts Gönnern an der Vermählung teil? Waren sie nicht geladen oder blieben sie aus anderen Gründen fern? War es eine stille Hochzeit, und wenn nicht, welche (Orgel) Musik wurde gespielt? Warum hat Mozart für seine eigene Hochzeit nichts komponiert?

Die Zustimmung des Vaters traf erst einen Tag nach der Vermählung ein. Nach der Nachricht, dass die Baronin Waldstätten für das Brautmahl gesorgt hatte, sprach er ihr dafür seinen verbindlichsten Dank aus. Sein Brief vom 23. August 1782 enthält auch eine Charakteristik des Sohnes, die aus seinem Mund besonders schwer wiegt. »... ich würde ganz beruhigt sein«, heißt es da, »wenn ich nur nicht bei meinem Sohn einen Hauptfehler entdeckte, und dieser ist, dass er gar zu geduldig oder schläferig, zu bequem, vielleicht manchmal zu stolz, und wie Sie dies alles zusammen taufen wollen, womit der Mensch ohntätig wird; oder er ist zu ungeduldig, zu hitzig und kann nichts abwarten. Es sind zween einander entgegenstehende Sätze, die in ihm herrschen – zu viel oder zu wenig und keine Mittelstraße.«

Hochzeitsreise gab es keine. Constanze und Wolfgang wohnten am 6. August einer von Willibald Gluck veranstalteten Vorstellung der *Entführung* im Hofburgtheater teil und waren bei ihm ein paar Tage später in seinem Haus auf der Wieden zum Mittagmahl geladen. Die Mutter besuchten sie im Heiratsmonat nur zweimal, wobei es nicht ohne Zank abging. Später fanden sie sich bei ihr nur zum Namens- oder Geburtstag ein, »denn ich habe in der Tat die Meinige nicht so bald geheiratet, um in Verdruss und Zank zu leben, sondern um Ruhe und Vergnügen zu genießen!«, fand der Schwiegersohn. Das Verhältnis zur Mutter hat sich später gebessert.

Das jungvermählte paar bezog im Dezember 1782 eine geräumige Wohnung und führte ein recht vergnügliches, unbeschwertes Leben. Ein Hausball, der in den beiden leer stehenden Nebenzimmern der Wohnung abgehalten wurde, dauerte von sechs Uhr abends bis morgens sieben Uhr. Bei weiteren Faschingsveranstaltungen, etwa einer Redoute – der leidenschaftliche Tänzer Mozart trat dabei als Harlekin auf –, kam die unternehmungslustige Constanze, die ersten Mutterfreuden entgegensah, voll auf ihre Rechnung. Wolfgang veranstaltete Akademien und Konzerte, die sogar der Kaiser durch seine Anwesenheit auszeichnete, und sorgte sich rührend um sein »schwangeres Weiberl«. Er unternahm Wanderungen und Ausflüge mit ihr. Von einem in den Prater Anfang Mai 1783 berichtete er dem Vater in gelöster, überschwänglicher Stimmung: »… Das Wetter ist gar zu schön, und im Prater ist es heute gar zu angenehm. Wir haben heraus gespeist und bleiben also noch bis abends acht oder neun Uhr. – Meine ganze Gesellschaft besteht in meinem schwangeren Weiberl – und ihre in ihrem nicht schwangern, aber fetten, gesunden Mannerl …«

Der erste Mozart-Sprössling, ein Bub, erblickte am 17. Juni 1783 das Licht der Welt. Der überglückliche Vater sandte folgende Jubelmeldung nach Salzburg: »Ich gratuliere, Sie sind Großpapa! Gestern früh, den 17ten, um halb sieben Uhr ist mein liebes Weib glücklich mit einem großen, starken und kugelrunden Buben entbunden worden. Um halb zwei Uhr nachts fingen die Schmerzen an, folglich war es mit dieser Nacht um alle

Ruhe und Schlaf für beide getan. Um vier Uhr schickte ich um meine Schwiegermutter und dann um die Hebamme; um sechs Uhr kam sie in Stuhl, und um halb sieben war alles vorbei. Meine Schwiegermutter bringt nun alles das Üble, was sie ihrer Tochter ledigerweise zugefügt hat, nun wieder mit allem Guten herein – sie bleibt den ganzen Tag bei ihr.« Das Kind werde, so weiter im Bericht, von einer Amme gesäugt werden und den Namen Raimund Leopold erhalten.

Etwas mehr als einen Monat nach der Geburt ihres ersten Kindes brach das Ehepaar Mozart zu dem längst geplanten, aber immer wieder hinausgeschobenen Besuch beim Vater nach Salzburg auf. Ihren kleinen Sohn übergaben sie der Pflege einer in der Vorstadt wohnenden Familie, eine Entscheidung, die sich bitter rächen sollte. Das Kind verstarb am 19. August unter nicht näher bekannten Umständen. Als die Eltern Ende November nach Wien zurückkehrten, ruhte der Leichnam des Buben bereits ein Vierteljahr auf dem Friedhof St. Ulrich, der längst nicht mehr besteht. Ob sie erst jetzt vom Tod des Kindes erfahren haben? Jedenfalls muss es ein schwerer Schlag für das Elternpaar gewesen sein.

Der mehrmonatige Besuch in Salzburg war aus familiärer Sicht eine große Enttäuschung. Leopold Mozart und Nannerl, die Schwester Mozarts, begegneten Constanze mit unverhohlener Animosität. Die gegenseitigen Vorurteile konnten nicht abgebaut werden.

Künstlerisch war der Aufenthalt durchaus erfolgreich. Mozart arbeitete unentwegt, die Uraufführung seiner *C-moll-Messe* (Köchelverzeichnis Nr. 427) in der St. Peterskirche, bei der Constanze eine der beiden Sopranpartien sang, war ein musikalisches Ereignis besonderer Art.

Im Jänner 1784 wechselten die Mozarts wieder einmal das Quartier. Diesmal schlugen sie ihr Domizil in einem stattlichen Haus am Graben auf, das dem Buchdrucker Johann Thomas von Trattner gehörte. Der »Compositeur«, dessen Ansehen in der Kaiserstadt von Jahr zu Jahr wuchs, war von morgens bis abends rastlos tätig. Keine Minute des Tages blieb ungenützt. Er erteilte Musikunterricht, gab Konzerte, veranstaltete Akademien und komponierte bis tief in die Nacht hinein.

Die geistigen und körperlichen Anstrengungen, die ihm der Vater seit seiner Kindheit aufgebürdet hatte und denen er sich später aus eigenem Antrieb unterwarf, hatten gesundheitliche Folgen. Wolfgang Amadeus Mozart wurde immer wieder von Krankheiten heimgesucht. 1762 hatte er eine Nasen- und Rachenentzündung, in den folgenden Jahren wurde er von fieberhaften Infekten und rheumatischen Gelenksentzündungen geplagt, 1767 erkrankte er an den Pocken, 1771 überstand er eine infektiöse Leberentzündung. Jetzt, im Sommer 1784, warf ihn eine Darmgrippe aufs Bett. Er wurde ärztlich versorgt und von Constanze – so darf man annehmen – betreut.

Constanze, die wieder schwanger war, wurde am 21. September 1784 von einem Knaben entbunden, der in der Peterskirche auf den Namen Carl Thomas getauft wurde. Taufpate war Johann Trattner. Carl war der ältere der beiden Söhne, die das frühe Kindesalter überlebten. Im Gegensatz zum jüngsten Mozart-Sohn, Franz Xaver Wolfgang (1791–1844), der ein mittelmäßiger Musiker wurde, trat er nicht in die Fußstapfen des Vaters. Er schlug eine Beamtenlaufbahn ein und starb 1858 in Mailand.

Constanze Mozart brachte in neun Ehejahren sechs Kinder zur Welt. Neben den drei bereits genannten Söhnen noch einen weiteren Knaben (Johann Thomas

34

Carl Thomas und Franz Xaver Wolfgang Mozart.
Ölgemälde von Hans Hansen, um 1798

Leopold, geb. 1786), der nicht einmal einen Monat alt wurde, und zwei Töchter. Maria Theresia (geb. 1787) starb im Alter von acht Monaten, Maria Anna (geb. 1789) am Tag der Geburt. Die vielen Schwangerschaften und der frühe Tod der vier Kinder haben Constanze körperlich und seelisch schwer zugesetzt und das eheliche Zusammenleben wahrscheinlich belastet.

Die Frau des großen Komponisten war nicht zu beneiden. Kaum hatte sie das Wochenbett verlassen, vollzog der ruhelose Gatte den nächsten Wohnungswechsel. Seit der Heirat vor zwei Jahren war es bereits die fünfte Übersiedlung, die sie über sich ergehen lassen musste, und ebenso viele sollten noch folgen. Auch wenn die Quartiere räumlich nicht weit auseinanderlagen, war jeder Umzug mit Unannehmlichkeiten verbunden, die hauptsächlich die Ehefrau belasteten.

Von Constanze gibt es darüber keine Äußerung. Über ihr Eheleben mit Wolfgang Amadeus Mozart sind ihrerseits keine schriftlichen Aussagen auf uns gekommen. Die Mozart-Forscher mussten sich ihr Charakter-Bild aus den Briefen ihres Mannes zusammensetzen. Sie haben ihr dabei übel mitgespielt, ihr vorgeworfen, leichtfertig und leichtsinnig gewesen zu sein, unausgeglichen, flatterhaft, vergnügungs- und verschwendungssüchtig. Sie sei der Prototyp des Weibchens gewesen, habe die Größe ihres Mannes nicht erkannt, zwischen den Ehepartnern habe es keine geistigen, sondern lediglich triebhafte erotische Bindungen gegeben. Diese Vorwürfe stehen im Widerspruch zum Urteil des ersten Mozart-Biographen, des Musikschriftstellers Franz Xaver Niemetschek, der sie als liebende, anpassungsfähige Ehefrau bezeichnet, die großen Einfluss auf ihren Gatten gehabt habe und ihn vor so manchen übereilten Entscheidungen bewahrte. Niemetschek, dem Constanze die Erziehung ihrer beiden am Leben gebliebenen Söhne anvertraute, mag voreingenommen gewesen sein. Tatsache ist, dass Mozart seine Constanze innig liebte und die Ehe, zumindest in den ersten acht Jahren, überaus glücklich war.

DIE WOHNUNG, DIE Wolfgang und Constanze im September 1784 mieteten, entsprach großbürgerlichen Ansprüchen. Sie bestand aus vier Zimmern (darunter einem Salon mit einer vom Hofstuckateur Alberto Camesina geschaffenen Stuckdecke), zwei Kabinetten und einer Küche. Mozart, der dem Kartenspiel frönte und gerne Billard spielte, richtete sich hier ein eigenes Billardzimmer ein und stattete die Wohnung mit kostbaren Möbeln aus (die Wohnung im »Figarohaus«, Domgasse 5/Schulerstraße 8 ist heute eine Mozart-Gedenkstätte). Er hielt viel auf Stand und Kleidung.

Im Februar 1785 kam Leopold Mozart nach Wien und nahm bei seinem Sohn Quartier. Er blieb zwei Monate.

Dem anspruchsvollen Vater wurde bereits am Tag nach seiner Ankunft ein künstlerischer Hochgenuss zuteil. Im Salon der Mozart-Wohnung erklangen die drei letzten der sechs Quartette, die Wolfgang dem verehrten Meister Haydn widmete. Haydn, der persönlich anwesend war, war tief beeindruckt. »Ich sage vor Gott als ein ehrlicher Mann, Ihr Sohn ist der größte Komponist, den ich von Person und dem Namen nach kenne. Er hat Geschmack und überdies die größte Kompositionswissenschaft«, urteilte er dem Vater gegenüber. Haydns Lob tat dem alten Herrn wohl. Es war die Bestätigung dafür, dass sich die Arbeit, die er in seinen Sohn investiert hatte, Früchte trug.

In den folgenden Tagen und Wochen nahm Leopold Mozart an zahlreichen Veranstaltungen teil, bei denen

Wolfgang die erste Geige spielte, war zu Diners in den Palästen der Hocharistokratie geladen und wurde zu guter Letzt auch noch – wie der Sohn im Jahr zuvor – Mitglied einer Freimaurerloge. Sein Wien-Aufenthalt, der am 24. April 1785 zu Ende ging, war anstrengend, aber lohnend. Leopold Mozart hatte sich auch davon überzeugen können, dass die Ehe des Sohnes klappte und dass die Familie von den Einkünften Wolfgangs passabel leben konnte»... Ich glaube, dass mein Sohn, wenn er keine Schulden zu bezahlen hat, jetzt 2000 fl. in die Bank legen kann; das Geld ist sicher da, und die Hauswirtschaft ist, was Essen und Trinken betrifft, im höchsten Grade ökonomisch«, schrieb er an seine Tochter, die im Jahr zuvor, am 15. April 1784, geheiratet hatte und nun in St. Gilgen lebte. Constanze scheint also doch keine so üble Hausfrau gewesen zu sein, wie sie in der Literatur dargestellt wird.

Im Haus in der unmittelbaren Nähe des Stephansdomes, dem Quartier, in dem er es in Wien am längsten aushielt, komponierte Mozart mehrere Klavierkonzerte (C-Dur, Köchelverzeichnis 467 und 503, d-Moll, KV 466) und die Oper *Die Hochzeit des Figaro*, die erste seiner Opern, die er ohne Auftrag schuf. Sie wurde am 1. Mai 1786 im Nationaltheater nächst der k. k. Burg uraufgeführt und stieß trotz ihrer politischen Brisanz auf das Interesse des Publikums. Zur Enttäuschung Mozarts wurde sie in Wien nach der Premiere nur noch achtmal aufgeführt. Durchschlagender war der Erfolg in Prag. Der *Figaro* fand in der Stadt an der Moldau begeisterte Aufnahme. Wolfgang und Constanze, die der Aufführung beiwohnten, wurden in der Stadt herzlich begrüßt, der Komponist stürmisch gefeiert.

Ein paar Monate nach der Rückkehr von ihrer ersten Prag-Reise erkrankte Leopold Mozart schwer, am 28. Mai

1787 starb er. Am Begräbnis nahm der Sohn nicht teil. Das Erbe, das sich auf eintausend Gulden belief, ließ er sich in der für ihn günstigeren Wiener und nicht in der Salzburger Währung auszahlen. Er halte es für seine Pflicht, ließ er die Schwester wissen, »auf sein Weib und Kind zu denken« (Brief vom 16. Juni 1787).

Wolfgang Amadeus Mozart plagten um diese Zeit bereits finanzielle Nöte. Es waren nicht die ersten und es sollten nicht die letzten sein. Da er sich die Nobelwohnung in der Schulerstraße nicht mehr leisten konnte, übersiedelte er mit der Familie in ein Quartier außerhalb der Stadtmauern. Dort setzte er die Arbeit an der Auftragsoper *Don Giovanni* fort, deren Uraufführung für Ende Oktober in Prag geplant war. Mozart brach mit seiner hochschwangeren Frau zu Beginn des Monats dorthin auf, schrieb die Oper fertig und leitete die Probenarbeiten. Etwa vierzehn Tage nach der mit Begeisterung aufgenommenen Premiere kehrte das Ehepaar nach Wien zurück. Vom Kaiser mit einem jährlichen Anfangsgehalt von 800 Gulden zum k. k. Hofkompositeur bestellt, zog es ihn wieder zurück in die Innenstadt.

Warum dieser neuerliche Wohnungswechsel? Constanze stand kurz vor der Geburt ihres vierten Kindes. Es fällt schwer anzunehmen, dass ihr die Übersiedlung unter den gegebenen Umständen leicht gefallen ist. Nahm sie die Entscheidung willenlos hin oder begehrte sie auf? Wir wissen es nicht.

Wolfgang Amadeus Mozart war zweifellos ein schwieriger Partner. Er war unstet und zerstreut (so jedenfalls charakterisiert ihn Niemetschek), von ruheloser Quecksilbrigkeit, häufigen Stimmungsschwankungen unterworfen, eine manisch-depressive Persönlichkeit, wie manche medizinische Gutachten auf Grund von zeitgenössischen Berichten über sein Verhalten zu beweisen versuchen. Seine innere Größe reflektierte sich jedenfalls nicht in seinem äußeren Erscheinungsbild. Er überspielte sein Genie bei passenden und unpassenden Gelegenheiten mit Clownerien und Kasperliaden, schlüpfte gerne in das Gewand des Narren. Sein Schwager, der gebildete Burgschauspieler Joseph Lange, dazu in seiner Autobiographie: »Nie war Mozart weniger in seinen Gesprächen und Handlungen als großer Mann zu erkennen, als wenn er gerade mit einem wichtigen Werk beschäftigt war. Dann sprach er nicht nur verwirrt durcheinander, sondern machte mitunter Späße einer Art, die man nicht an ihm gewohnt war, ja er vernachlässigte sich sogar absichtlich in seinem Betragen ... Entweder verbarg er vorsätzlich aus nicht zu enthüllenden Ursachen seine innere Anstrengung unter äußerer Frivolität oder er gefiel sich darin, die göttlichen Ideen seiner Musik mit den Einfällen platter Alltäglichkeit in scharfen Kontrast zu bringen und durch eine Art von Selbstironie sich zu ergötzen.«

Sophie, die Schwester Constanzes, beschreibt seine Unrast mit den ihr zur Verfügung stehenden sprachlichen Mitteln so: » ... Selbst wenn er sich in der Frühe die Hände wusch, ging er dabei im Zimmer auf und ab, blieb nie ruhig stehen, schlug dabei eine Ferse an die andere und war immer nachdenkend. Bey Tische nahm er oft eine Ecke seiner Serviette, drehte sie fest zusammen, fuhr sich damit unter der Nase herum ... und öfters machte er dabei noch eine Grimasse mit dem Munde ... Auch sonst war er immer in Bewegung mit Händen und Füßen, spielte immer Etwas, z. B. mit seinem Chapeau, Taschen, Uhrband, Tischen, Stühlen, gleichsam Clavier.«

Die Schriftstellerin Karoline Pichler, deren elterlicher Salon ein geistiger Mittelpunkt im josephinischen

Wien war, berichtet, sie habe einmal in Anwesenheit Mozarts eine Passage aus dem *Figaro* gespielt, als Mozart an das Klavier trat, sie bat, im »Basse fortzuspielen« und aus dem Stegreif wunderschön zu variieren begann. Plötzlich hörte er auf zu spielen und »begann in seiner närrischen Laune, wie er es öfters machte, über Tisch und Sessel zu springen, wie eine Katze zu miauen und wie ein ausgelassener Junge Purzelbäume zu schlagen …«

Constanze wird wohl auch im häuslichen Bereich das Auf und Ab seiner Stimmungslagen zu spüren bekommen haben. Es ist gewiss nicht leicht, mit einem Genie verheiratet zu sein.

MITTE OKTOBER 1788 nahmen die materiellen Sorgen im Hause Mozart zu. Die Musikforscher nennen für die finanzielle Misere des Musikgenies mehrere Gründe. Mozart, so behaupten sie, konnte mit dem Geld nicht umgehen. Er führte ein aufwändiges Leben, liebte den Luxus, hatte eine Vorliebe für teure Kleidung, hielt sich, selbst als die Mittel nicht mehr ausreichten, Bedienstete. Sein Hang zum Risiko verleitete ihn beim Billard- und Kartenspiel zu viel zu hohen Einsätzen: er hatte Spielschulden, die in den Kreisen, die ihn förderten, als ehrenrührig galten. Er verlor das Vertrauen dieser Gesellschaftsschichten. Adel und Bürgertum wandten sich von ihm ab. Er geriet in eine gesellschaftliche Isolation (tatsächlich verkehrte er in den letzten Jahren vor seinem Tod nur noch mit Theaterleuten und Musikern), die ökonomische Folgen hatte. Der Zustrom zu seinen Konzerten ließ nach, die Subskriptionslisten leerten sich.

Der Rückgang der Einspielergebnisse bei diesen Veranstaltungen ist teilweise wohl aber auch auf die Zeit-

ereignisse zurückzuführen: der Türkenkrieg der Jahre
1788–91 verschlechterte die wirtschaftliche Lage und
war mit Sparmaßnahmen im kulturellen Bereich verbunden. Dazu gesellten sich ab Sommer 1789 im eng-
sten familiären Bereich die hohen Kosten für die Kur-
aufenthalte Constanzes in Baden bei Wien.

Mozart machte Schulden, bombardierte seinen Logen-
bruder, den Kaufmann Michael Puchberg, und andere
ihm bekannte Personen mit Bettelbriefen. Er selbst
unternahm Konzertreisen (1789 über Prag, Dresden,
Leipzig nach Berlin, 1790 nach Frankfurt zur Krönung
Leopolds II. zum römisch-deutschen Kaiser, 1791 nach
Prag) in der Hoffnung auf eine Besserung seiner finanziellen Notlage. Diese Erwartungen erfüllten sich nicht.

Mozart schrieb von den verschiedensten Stationen
seiner Reisen Briefe an sein »liebstes bestes Weiberl«,
die seine Liebe zu und seine erotische Bindung an die
Gattin dokumentieren ...»Alle Augenblicke betrachte
ich Dein Porträt und weine, halb aus Freude, halb aus
Leide!«, heißt es da etwa.»Erhalt mir Deine mir so werte Gesundheit und lebe wohl, Liebe! Habe keine Sorge
meinetwegen, denn auf dieser Reise weiß ich nichts von
Ungemach, von Verdrießlichkeit. Nichts außer Deiner
Abwesenheit, welches, da es nun nicht anders sein kann,
nicht zu ändern ist.« (Budweis, April 1789). Und dann
einmal ganz unverblümt:»... wie kannst Du denn glauben, ja, nur vermuten, dass ich Dich vergessen hätte? –
Wie würde mir das möglich seyn? – für diese Vermu-
tung sollst Du gleich die erste Nacht einen derben
Schilling auf Deinen liebens-küssenswürdigen Aersch-
gen haben ...« (Berlin, 19. Mai 1789). Und vier Tage später noch ein wenig deutlicher:»... den 1:t Juny werde
ich in Prag schlafen, und den 4:t ? – *bei meinem liebs-*
ten weiberl; – richte Dein liebes schönstes nest recht

sauber her, denn mein bübderl verdient es in der That,
er hat sich recht gut aufgeführt und wünscht sich nichts
als Dein schönstes (.....) zu besitzen ...«

Aber Mozart schlug auch ernsthafte Töne an. Er sorgte sich um die Gesundheit Constanzes und ermahnte
sie zu anständigem Verhalten. Offenbar war er damit
nicht ganz einverstanden.

»Liebes Weibchen, ich habe eine menge bitten an
Dich«, heißt es im diesbezüglichen Schreiben vom
16. April 1789:

»1.mo — bitte ich Dich, dass Du nicht traurig bist;

2.do — dass Du auf *Deine Gesundheit achtest*
und der Frühlingsluft *nicht trauest.*

3.^{tio} — dass Du nicht alleine zu fuße – am liebsten
aber – gar nicht *zu fuße* ausgehest.

4.to — dass Du meiner Liebe ganz versichert sein
sollst; – keinen Brief habe ich Dir noch
geschrieben, wo ich nicht Dein liebes portrait vor meiner gestellt hätte.

5.to — bitte ich Dich, nicht allein auf *Deine* und
Meine Ehre in Deinem Betragen Rück-
sicht zu nehmen, sondern auch auf den
Schein. – seye nicht böse auf diese Bitte. –
Du musst mich diesfalls noch mehr lie-
ben, weil ich auf Ehre halte.

6.to — et ultimo bitte ich Dich in Deinen Briefen
ausführlicher zu sein ... ob die Langischen
bisweilen kommen? – ob an dem Portrait
fortgearbeitet wird? – wie Deine Lebensart
ist? – Lauter Dinge die mich natürlicher
Weise sehr interessieren. –
Nun lebe wohl, liebste, beßte ...«

MITTE JULI 1789 erkrankte Constanze schwer. Über die Art der Erkrankung rätseln die Mozart-Forscher bis heute. Die Gattin des Komponisten war wieder einmal schwanger. Wahrscheinlich handelte es sich um ein Unterschenkelgeschwür, das von einer mit der Schwangerschaft verbundenen Venenentzündung herrührte. Der Gatte war tief besorgt, sein Arbeitseifer beeinträchtigt. Der Hausarzt der Familie, Dr. Thomas Franz Closset, verordnete eine Kur in Baden, die Constanze alsbald antrat. Wolfgang besuchte sie dort, schrieb ihr Briefe, von denen nur einige erhalten geblieben sind. Mitte August 1789 fühlte er sich bemüßigt, ihr gehörig ins Gewissen zu reden: ...»Mich freut es ja, wenn Du lustig bist – gewiss – nur wünschte ich, dass Du Dich bisweilen nicht so gemein machen möchtest«, rügte er sie. »Mit N. N. machst Du mir zu freie ... ebenso mit N. N. als er noch in Baden war ... Ein Frauenzimmer muss sich immer in Respekt erhalten – sonst kömmt sie in das Gerede der Leute. – Meine Liebe! Verzeihe mir, dass ich so aufrichtig bin, alleine meine Ruhe erheischt es sowohl als unsere beiderseitige Glückseligkeit – erinnere Dich, dass Du einmal selbst eingestanden hast, dass Du zu nachgebend seist. Du kennst die Folgen davon. Erinnere Dich auch des Versprechens, welches Du mir tatst – o Gott – versuche es nur, meine Liebe. Sei lustig und vergnügt und gefällig mit mir – quäle Dich und mich nicht mit unnötiger Eifersucht – habe Vertrauen in meine Liebe. Du hast ja doch Beweise davon! Und Du wirst sehen, wie vergnügt wir sein werden. Glaube sicher, nur das kluge Betragen einer Frau kann dem Mann Fesseln anlegen ...«

Wer verbirgt sich hinter diesem N. N. (Nomen nescio)? Doch nicht schon Franz Xaver Süßmayr, Mozarts Kompositionsschüler und Notenkopist? Süßmayr be-

Wolfgang Amadeus Mozart am Klavier.
Unvollendetes Ölgemälde von Joseph Lange, 1789

gleitete Constanze jedenfalls mit Wissen und Zustimmung des Gatten bei den meisten Kuraufenthalten in den nächsten beiden Jahren. Das Musikgenie hielt nicht viel von ihm, machte sich über ihn lustig. Es trug der Gattin auf, ihm in seinem Namen ein paar tüchtige Ohrfeigen zu geben, ihm einen Nasenstüber zu versetzen, ein Auge auszuschlagen oder sonst eine andere sichtbare Wunde zuzufügen, »damit der Kerl nicht einmal das, was er von euch empfangen, ableugnen kann« (Brief vom 7. Oktober 1791).

Spricht aus diesen Zeilen nur Schalkhaftigkeit oder doch eine gehörige Portion Galgenhumor? Constanze hatte mit Süßmayr, der nach dem Tode Mozarts das unvollendet gebliebene *Requiem* fertig stellte, möglicherweise ein Liebesverhältnis. Manche Forscher gehen sogar so weit zu vermuten, dass er der Vater von Constanzes letztem Kind war. Der Sohn erhielt die Vornamen Franz Xaver Wolfgang und wurde am 26. Juli 1791 geboren. Zwei Monate später machten sich Franz Xaver Süßmayr, Wolfgang Amadeus Mozart und Constanze gemeinsam auf den Weg nach Prag, wo Mozart am 6. September die Uraufführung seiner Oper *La clemenza di Tito* dirigierte. Das Baby blieb höchstwahrscheinlich in der Obhut der Großmutter in Wien zurück.

Nach der Rückkehr aus Prag dirigierte Mozart am 30. September 1791 mit großem Erfolg die Uraufführung der *Zauberflöte* im Freihaustheater auf der Wieden. Das Bühnenwerk, das bis heute alle anderen Mozart-Opern an Popularität übertrifft, stand allein im Oktober 1791 zwanzig Mal auf dem Spielplan. Nach dem halben Misserfolg des *Titus* in Prag war die triumphale Aufnahme der Oper, die seine letzte sein sollte, in der Kaiserstadt an der Donau Balsam auf seine wunde Seele. »Was mich am meisten freut, ist der stille Beifall. Man sieht recht,

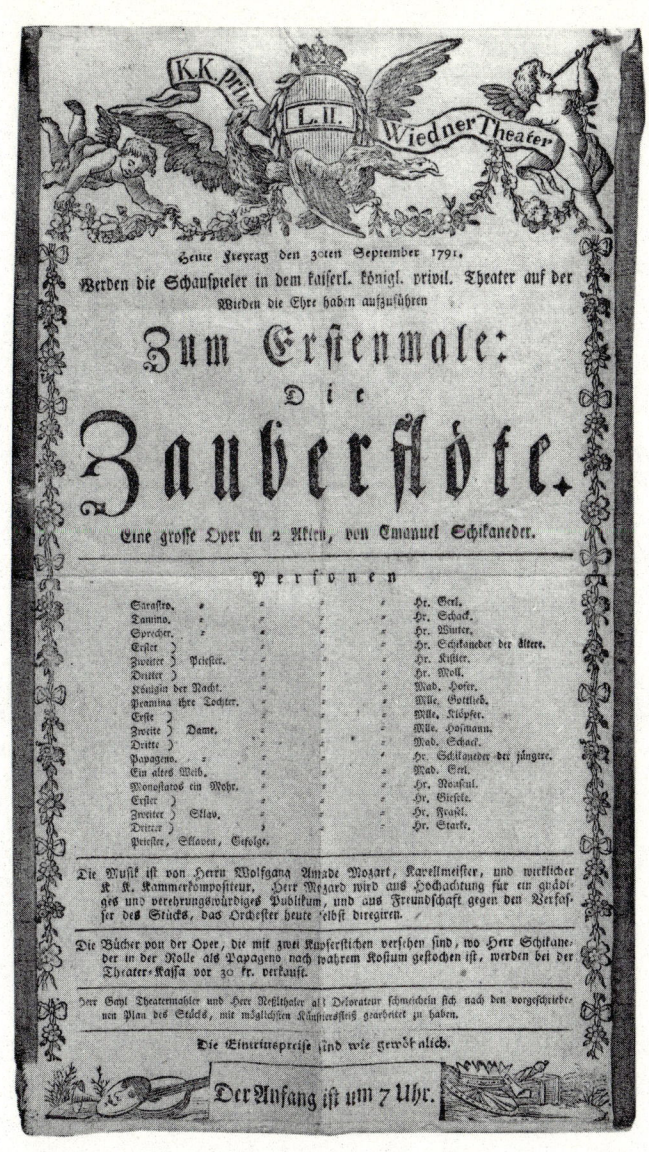

Theaterzettel der Uraufführung der Oper
Die Zauberflöte, 1791

wie sehr und immer mehr diese Oper steigt«, schrieb Mozart am 7./8. Oktober an Constanze, die er Anfang des Monats zur Kur nach Baden gebracht hatte und um die Monatsmitte wieder zurückholte. Er selbst war eifrig mit dem Auftragswerk des *Requiems* beschäftigt, verkaufte seinen »Klepper« (er hatte das Pferd auf ärztliches Anraten für tägliche Ausritte angekauft), spielte Billard, schmauchte seine Pfeife, war bei bestem Appetit und erfreute sich offenbar guter Gesundheit. Über seinen Gesundheitszustand hat Wolfgang Amadeus Mozart selten geklagt, auf sein körperliches Wohlbefinden kaum geachtet. Die viele Arbeit, die Reisen und die Sorge um seine materielle Sicherheit hatten im letzten Jahr vor seinem Tod an seinen Kräften gezehrt, ihn seelisch schwer belastet.

Das ende kam rasch und unerwartet. Am 18. November 1791 dirigierte Wolfgang Amadeus Mozart seine *Kleine Freimaurer Kantate* (Köchelverzeichnis Nr. 623), die er zur Einweihung des neuen »Tempels« der Loge »Zur neugekrönten Hoffnung« komponiert hatte. Zwei Tage später fühlte er sich nicht wohl und musste zu Bett. Constanze rief sofort den Hausarzt, der eine »Geschwulst an Händen und Füßen und eine beynahe gänzliche Unbeweglichkeit derselben« feststellte. Der Patient wurde zur Ader gelassen, man verabreichte ihm Brech- und schweißtreibende Mittel, eine nach dem Stand der damaligen Medizin durchaus übliche Behandlungsmethode. Da sich sein Zustand von Tag zu Tag verschlechterte, zog Dr. Closset, eine allseits geachtete medizinische Kapazität, den Primararzt des Allgemeinen Krankenhauses, Dr. Mathias Edler von Sallaba, der Behandlung bei. Es war bereits zu spät. Das Leben Mozarts war nicht mehr zu retten. Verzweifelt rief Constanze ihre jüngste Schwester Sophie (verh. Haibel) zu Hilfe. Von ihr stammt der einzige Bericht über Mozarts Sterben und Tod, der auf uns gekommen ist. Sie hat ihn erst dreiunddreißig Jahre später mit Billigung Constanzes verfasst. Vieles von dem, was sie niederschrieb, erscheint glaubhaft, vieles hat man (mit Recht) angezweifelt.

Sophie erhielt von Constanze den Auftrag, einen Priester zu holen, es war aber offenbar keiner bereit zu kommen. Mozart war Freimaurer. Der Hausarzt war im Theater und musste das Ende der Vorstellung abwarten, ehe er an das Totenbett eilen konnte.

Wolfgang Amadeus Mozart starb am 5. Dezember 1791 fünf Minuten vor ein Uhr in seiner letzten Wohnung in der Rauhensteingasse Nr. 8 im 36. Lebensjahr. Außer seiner Frau und seiner Schwägerin war noch Süßmayr zugegen, als eines der größten musikalischen Genies der Menschheitsgeschichte seinen letzten Atemzug tat. Als Todesursache verzeichnet das Totenbeschau-Protokoll »hitziges Frieselfieber«. Die moderne Medizin nimmt an, dass es sich um akutes Herzversagen im Gefolge eines schweren rheumatischen Fiebers handelte.

Der Leichnam wurde im Sterbehaus aufgebahrt, am 6. Dezember um drei Uhr nachmittags nach St. Stephan gebracht und dort in der Kreuzkapelle eingesegnet. Nach Einbruch der Dunkelheit wurde der Sarg, dem nur ein paar Trauergäste bis zum Stubentor folgten, auf den etwa vier Kilometer entfernten Friedhof von St. Marx in einem Leichenwagen überführt und am nächsten Morgen in einem Schachtgrab beigesetzt. Alle diese Modalitäten entsprachen der josefinischen Gottesdienst- und Begräbnisordnung. Constanze nahm an den Trauerfeierlichkeiten nicht teil. Auch das gehörte zu den damals üblichen Gepflogenheiten.

DIE IN IHREN letzten Ehejahren häufig kränkelnde, achtundzwanzigjährige Constanze hat ihren ersten Gatten um mehr als ein halbes Jahrhundert überlebt. Wolfgang Amadeus Mozart hinterließ seiner Frau, die erst siebzehn Jahre nach seinem Tod sein Grab suchte, aber nicht mehr fand, nicht nur Schulden in der Höhe von 3000 Gulden, sondern ein riesiges musikalisches Erbe, dessen ungeheuren Wert sie freilich nicht abschätzen konnte. Als Sachwalterin seines Nachlasses war sie sowohl von ihrer geistigen Kapazität wie von ihrem künstlerischen Verständnis her überfordert. Sie verschenkte Autographen, verkaufte Partituren, organisierte Benefizkonzerte und wurde mit den Jahren wohlhabend. Die meisten Dokumente, die ihrem Ruf hätten schaden können, hat sie offenkundig vernichtet. Über ihre erste Ehe ist kein einziges Dokument aus ihrer Hand erhalten geblieben.

Die materielle Grundlage ihrer Existenz bildete eine jährliche Rente von 266 Gulden, die ihr vom Kaiserhof zugesprochen wurde. Mit der Untervermietung eines Teiles ihrer Wohnung verschaffte sie sich eine zusätzliche, wenn auch karge Einnahmequelle. Einer ihrer Mieter, der Legationssekretär der dänischen Botschaft Georg Nikolaus Nissen, wurde ihr Liebhaber. Die langjährige Liaison mündete 1809 im Dom zu Pressburg in eine kirchlich legalisierte Ehe. Nissen, ein begeisterter Mozart-Verehrer, half seiner Frau bei der Verwaltung des Erbes. Gemeinsam war das Ehepaar eifrig darum bemüht, Constanzes erste Ehe und das Leben und Schaffen Mozarts legendär um- und auszugestalten. Im Jahre 1810 übersiedelte die Mozart-Witwe mit ihrem zweiten Gemahl nach Kopenhagen. Als Nissen 1820 in Pension ging, ließ sich das Ehepaar in Salzburg nieder, wo mittlerweile die Herrschaft der Fürsterzbischöfe ein Ende

Georg Nikolaus von Nissen. Ölgemälde von
Ferdinand Jageman, 1809

gefunden hatte. Stadt und Land gehörten nun zum Territorialbesitz des Hauses Habsburg.

Nissen ordnete und trug Material für eine Mozart-Biographie zusammen, deren Drucklegung er jedoch nicht mehr erlebte. Er starb am 24. März 1826. Das umstrittene Werk erschien zwei Jahre nach seinem Tod. Constanze Mozart-Nissen war zum zweiten Mal Witwe geworden. Sie übersiedelte (zum wievielten Male schon?) in das Domherrenhaus (Mozartplatz 5), nahm ihre verwitwete Schwester Sophie bei sich auf, hielt zu ihren Söhnen Kontakt, fuhr jährlich ein paar Wochen zur Kur nach Bad Gastein und empfing würdevoll Besucher aus aller Welt. 1829 tischte die »reizende, wohlerzogene« Dame dem englischen Musikverleger und Komponisten Vincent Novello, der eine Mozart-Biographie zu schreiben beabsichtigte, und dessen Frau Mary ein paar Details aus dem Leben ihres ersten Mannes auf, die sie aus der Erinnerung inkorrekt wiedergab oder bewusst verfälschte. Sie haben in der Mozart-Literatur zu langen Erörterungen geführt.

Constanze Mozart starb am 6. März 1842 im Alter von achtzig Jahren. Sie wurde auf dem Sebastianfriedhof im Grab Leopold Mozarts, des ungeliebten Schwiegervaters, beigesetzt. In Salzburg, der Stadt, der ihr ruheloser, genialer erster Gemahl den Rücken gekehrt hatte, fand sie ihre letzte Ruhestätte. Der Lebenskreis einer Familie, in deren Ruhm sie auf ihre Weise mit einbezogen ist, war damit geschlossen.

Haus-, Küchen- und Bettschatz

CHRISTIANE GOETHE-VULPIUS

12. JULI 1788: In Weimar, dem damals etwa
sechstausend Seelen zählenden thüringischen Residenz-
städtchen des Herzogtums Sachsen-Weimar-Eisenach,
einem Land, das insgesamt nicht mehr als einhundert-
zwanzigtausend Einwohner zählt, macht sich eine drei-
undzwanzigjährige Frau von ihrer ärmlichen Wohnung
in der Luthergasse zum herzoglichen Park an der Ilm
auf. Sie will dort den Geheimrat Johann Wolfgang von
Goethe treffen, der ein paar Wochen zuvor von einer
Italienreise zurückgekehrt ist. In Weimar hat sich das
rasch herumgesprochen.

Der Herr Geheimrat, ein Freund des regierenden Herzogs Carl August, ist ein einflussreicher Mann. Er soll
sich beim Landesfürsten für ihren Bruder Christian
August verwenden. Christian hat zwar Jura studiert,
aber seine Liebe gehört der Literatur. Er schreibt Gedichte, hat Lustspiele und Ritterromane veröffentlicht.
Er möchte vom Schreiben leben. Aber er muss bald zur
Kenntnis nehmen, dass das nicht möglich ist. Christian
befindet sich gegenwärtig in Süddeutschland, wo er
Kontakte zu Theatergruppen zu knüpfen versucht und

sich um eine Anstellung als Hofmeister oder Sekretär bemüht, die ihm ein fixes Einkommen sichern soll.

Vor seiner Abreise aus Weimar hat er die Schwester gebeten, Herrn von Goethe, der sich schon einmal für ihn eingesetzt hat, nach dessen Rückkehr eine Bittschrift zu überreichen.

Als der Herr Geheimrat an diesem sommerschönen Tag auf seinem Spaziergang des Weges kommt, tritt sie an ihn heran, macht einen gekonnten Hofknicks und überreicht ihm das Schreiben des Bruders. Goethe steht schon dreizehn Jahre im Dienste des Herzogs, und Christiane ist gebürtige Weimarerin. Aber die beiden sind einander noch nicht begegnet. Zumindest nicht bewusst, nicht wissentlich. Sie sind durch Standesunterschiede und -schranken, durch einen sozialen Graben, voneinander getrennt. Der neununddreißig Jahre alte, von Kaiser Josef II. geadelte Höfling, der bei seinem Italienaufenthalt seine erste intime Liebeserfahrung gemacht hat, mustert die junge Frau, die ein wenig verschüchtert und befangen vor ihm steht. Sie ist nicht schön, aber sie hat ein hübsches, rundliches Gesicht, das ein wenig herb wirkt, sie ist volllippig, schwarzäugig und hat fülliges, dunkelbraunes Haar, das ungebändigt in die Stirn fällt. Gefällt sie ihm? Offenbar. Denn noch an diesem Tag macht er sie zu seiner Geliebten. Den 12. Juli feiern die beiden später als den Tag ihres Liebesbundes. Und Goethe reimt in seinen *Römischen Elegien*: »Lass dich, Geliebte, nicht reun, dass du so schnell dich ergeben, / Glaub' es, ich denke nicht frech, denke nicht niedrig von dir.«

WER WAR DIESE Christiane Vulpius, die in den nächsten achtundzwanzig Jahren an der Seite Goethes lebte, als Geliebte zunächst, als Partnerin dann, als Ehefrau zuletzt?

*Christiane Vulpius. Kreidezeichnung von Friedrich
Bury, 1800*

Sie kam, wir sagten es schon, in Weimar zur Welt, am 1. Juni 1765, als Tochter eines Amtsarchivars, der sich schlecht und recht durch das Leben schlägt. Das Gehalt ist dürftig. Es reicht kaum aus, um die Familie zu ernähren, die Frau, drei Kinder, zwei Tanten, unverheiratete Schwestern des Vaters. Christiane wird wohl an so manchem Tag Hunger gelitten haben.

Über ihre Kindheit wissen wir rein gar nichts. Wie auch? Wen kümmerte damals das Leben von fürstlichen Untertanen?

Hat sie je eine Schule besucht? Es gibt keinen Hinweis darauf. Lesen und Schreiben konnte sie aber. Vielleicht hat es ihr der ältere Bruder beigebracht, der das Weimarer Gymnasium besuchte, höchstwahrscheinlich auf einem vom Herzog gestifteten Freiplatz. 1774, als Christiane neun Jahre alt ist, heiratet der Vater zum zweiten Mal. Sie bekommt eine Stiefmutter und bald darauf eine Stiefschwester. Drei weitere kommen in den nächsten Jahren dazu. Christiane wird wohl auf sie aufgepasst, als Kindermädchen fungiert haben. Ihre Arbeitsbereiche sind der Haushalt, die Garten- und Feldarbeit.

1782 – sie ist jetzt siebzehn – wird der Vater wegen eines Amtsvergehens entlassen, eingekerkert, bald darauf wieder freigesetzt. Die Entlassung wird in eine Suspendierung umgewandelt. Die Familie ist in ärgster Bedrängnis. Nicht die Gattin, sondern die älteste Tochter ergreift nun die Initiative. Sie bittet um Gnade für den Vater, für die Familie. Als Kammerpräsident des Herzogs wird Goethe mit dem Fall befasst. Zu einer Begegnung des hohen Beamten mit der Bittstellerin scheint es nicht gekommen zu sein. Vater Vulpius wird ein lächerliches jährliches Gnadengehalt zugesprochen, das nicht einmal für das Gnadenbrot ausreicht. Christianes

Stiefmutter ist krank, zwei Geschwister sterben, die Miete kann nicht bezahlt werden, der Familie droht die Delogierung. Diese Situation zwingt Christiane zu einem ungewöhnlichen Schritt: sie verdingt sich, nimmt Arbeit an und leistet damit einen Beitrag zum Unterhalt der Angehörigen. Viele Möglichkeiten, außerhalb des Herzogshofes und seines Einflussbereiches Geld zu verdienen, gibt es in Weimar nicht. Die Handwerks- und Gewerbebetriebe der Stadt arbeiten größtenteils für den Hof. Manufakturen, die Vorläufer der Fabriken, eine wirtschaftliche Neuerung, die sich um diese Zeit durchsetzt, gibt es nicht. Erst 1782 wird eine Kunstblumenwerkstatt gegründet, ein kleiner Frauenbetrieb, der jungen Mädchen die Gelegenheit bietet, sich handwerklich zu betätigen. Sie wird von zwei Frauen geleitet, hinter denen der Weimarer Schöngeist und Unternehmer Friedrich Justin Bertuch steht. Christiane Vulpius gehört wahrscheinlich zu jenen Mädchen, die zur ältesten Belegschaft zählen. An vier Tagen in der Woche näht sie Stoffblumen, die aus Paris importiert werden, auf Frauenröcke, Hüte, Häubchen und Haarbänder, auf Tücher, Handschuhe, Handarbeitskörbchen und andere textile Materialien. Das verlangt Geschicklichkeit und Fleiß. Sie verdient nicht viel, aber sie bessert mit ihrem Lohn das kärgliche Familienbudget auf. Und da der Betrieb floriert und ausgebaut wird, kann sie zumindest für ein paar Jahre mit einem gesicherten Einkommen rechnen.

Die Putzmacherin ist mit ihrer Beschäftigung zufrieden, auch wenn so mancher Weimarer Bürger über diese Art von Arbeit die Nase rümpft. Frauen gehören ins Haus. Ihre vordringlichste Aufgabe ist es, Kinder auf die Welt zu bringen und zu erziehen. Diese Ansicht ist gesellschaftliche Norm. Weibliche Berufstätigkeit ist unerwünscht und verachtenswert. Aber was soll's? Christiane ist dazu gezwungen.

1784 erbt sie gemeinsam mit dem Bruder von ihrer Großmutter einen Hausanteil und erwirbt das Bürgerrecht von Weimar. Zwei Jahre später stirbt der Vater. Der Bruder vollendet sein Jusstudium, kehrt nach Weimar zurück und widmet sich literarischer Tätigkeit. Seine Gedichte werden im Gothaer Theateralmanach abgedruckt, Johann Wolfgang von Goethe nimmt davon Kenntnis. Er gewährt dem Verfasser Unterstützung, ehe er im September 1786 zu seiner Italienreise aufbricht.

Christiane nimmt Anteil am Schaffensprozess des Bruders. Die Lustspiele, die Ritter- und Abenteuergeschichten, die er schreibt, erwecken ihr Interesse. Dem Theater wird zeitlebens ihre Liebe gehören.

AUCH NACHDEM SIE Goethes Geliebte geworden ist, geht Christiane ihrer Arbeit in der Bertuch'schen Nähstube weiter nach. Das Liebesverhältnis muss geheim bleiben. Die Öffentlichkeit erfährt davon tatsächlich monatelang nichts. Im geräumigen Haus am Frauenplan, das ihm vom Herzog zur Verfügung gestellt worden ist – er wird es ihm erst mit Datum vom 18. Dezember 1801 schenken – weiß nur Goethes verschwiegener Schreiber und Vertrauter Philipp Seidel über das Intimverhältnis Bescheid. Im Hause Christianes wird wohl die Tante davon gewusst haben. Das stundenlange nächtliche Fernbleiben der Nichte kann ihr nicht verborgen geblieben sein.

Die Heimlichkeit der Beziehung hat Christiane zweifellos mehr belastet als den Liebhaber. Sie muss sich im Schutz der Dunkelheit – möglicherweise verkleidet und vermummt – in das Haus stehlen, dann wieder den Weg zurück in ihr Zimmer nehmen und am nächsten Tag bei

Das Goethehaus am Weimarer Frauenplan.
Stich von Ludwig Schütze nach einer Zeichnung
von Otto Wagner, 1827

der Arbeit in der Blumenwerkstatt volle Leistung bringen. Sie trägt auch ein großes Risiko. Was, wenn das Verhältnis publik wird und Johann Wolfgang sie im Stich lässt? Dann steht sie in der Stadt vor allen Leuten als Gedemütigte da, verlacht, verhöhnt und verachtet. Wir wissen nicht, ob sie sich solche Gedanken gemacht hat, aber es ist nicht auszuschließen.

Goethe tut alles, um sein Liebesverhältnis vor der Öffentlichkeit zu verbergen. Er lebt zurückgezogen, verschweigt sich, macht nur dann und wann einen Ausflug, eine kleine Reise, korrespondiert mit Freunden und Bekannten und genießt im übrigen die Liebesstunden mit Christiane. Die beiden müssen sexuell recht viel Spaß miteinander gehabt haben. »Uns ergötzen die Freuden des echten nacketen Amors / Und des geschaukelten Betts lieblicher knarrender Ton«, gießt Goethe seine Liebeslust in Verse. Auch Rechnungen aus dieser Zeit, die auf uns gekommen sind, belegen die Kopulierfreudigkeit des Paares. »Bett beschlagen, 6 Paar zerbrochene Bänder dazu mit Nageln... ein Neu gebrochenes Bette beschlagen... noch ein Neu Bette beschlagen zum unterschieben«, heißt es da etwa.

Herbst und Winter vergehen, das Frühjahr zieht ins Land. Jetzt erst sickert das Gerücht von der Liaison des ungebildeten Blumenmädchens mit dem kultivierten, hoch angesehenen Hofbeamten und Dichter durch. Dass sie so lange unbemerkt geblieben ist, ist ein wahres Wunder. Denn in Weimar kannte jeder jeden, in den engen Gassen sieht man durch die vorhanglosen Fenster direkt in die Wohnungen. Die Neugier ist groß und macht vor niemandem Halt, auch nicht vor der Hofgesellschaft. Jeder Schritt des Herzogs, seiner Familie und seines Gefolges, jede Geste, jede Lebensäußerung wird beobachtet, registriert, weitergegeben und ausführlich betratscht. In unserem Fall ist es Caroline, die Gemahlin Johann Gottfried Herders, der seit 1776 als Prediger in Weimar wirkt, die am 8. März 1789 an ihren in Rom weilenden Gatten schreibt: »Ich habe nun das Geheimnis von der Stein selbst, warum sie mit Goethe nicht mehr recht gut sein will. Er hat die junge Vulpius zu seinem Klärchen und lässt sie oft zu sich kommen usw. Sie verdenkt ihm dies sehr. Da er ein so vorzüglicher Mann ist, auch schon 40 Jahre alt, so sollte er nichts tun, wodurch er sich zu den anderen so herabwürdigt.«

Charlotte von Stein erfährt vom Verhältnis des Dichters durch ihren Lieblingssohn Fritz, der im Haus Goethes erzogen worden ist und dort ein und aus geht. Er habe »die junge Vulpius« allein im Gartenhaus seines Gönners angetroffen, berichtet er der Mutter.

Charlotte von Stein, die langjährige Vertraute und Seelenfreundin Goethes, ist im Alter von dreiundzwanzig Jahren auf Wunsch ihrer Eltern eine Standesehe mit dem herzoglichen Oberstallmeister Josias von Stein eingegangen. Sie hat ihm in acht Jahren sieben Kinder geboren, aber die eheliche Verbindung entbehrt der Harmonie. Der Gemahl behandelt seine kühle Frau, die sich vom Hoffräulein zur Hofdame mit perfekten Manieren entwickelt hat, respekt- und rücksichtsvoll. Doch das Ehepaar lebt sich zunehmend auseinander. Herr von Stein speist zumeist bei Hof und ist häufig auf Dienstreisen unterwegs. Charlotte ist viel allein, fühlt sich einsam. Das ändert sich, als Charlotte, sechsundzwanzigjährig, nach Weimar kommt. Zwischen dem Dichter und der sieben Jahre älteren Hofdame entsteht und entfaltet sich eine körperlose, asexuelle Beziehung, die ganz auf das Geistige, auf seelische Gemeinsamkeit aufgebaut ist. Charlotte von Stein ist für Goethe die Herrin, die »hohe Frau«, die er minnesängerisch verehrt. Sie erzieht, sie prägt ihn, formt ihn um, verändert seine Lebensführung. Goethe, der fast täglich mit ihr beisammen ist, schreibt ihr unzählige Briefe, widmet ihr Gedichte, schwört ihr unverbrüchliche Treue. »Meine Seele ist fest an die Deine angewachsen«, beteuert er. »Ich mag keine Worte machen; Du weißt, dass ich von Dir unzertrennlich bin und dass weder Hohes noch Tiefes uns zu scheiden vermag...«

Ein Jahrzehnt währt die Partnerschaft. Dann verlässt Goethe Weimar, ohne Frau von Stein ein Wort zu sagen, und kehrt als Verwandelter, als Liebeserfahrener zurück. Charlotte missfällt die Veränderung seines Wesens, die sie schon bei der ersten Wiederbegegnung registriert. »Er ist sinnlich geworden«, konstatiert sie betroffen. Seinen Liebesbeteuerungen schenkt sie keinen Glauben. Der Bruch ihrer Beziehung zeichnet sich ab. Durch Goethes Liaison mit Christiane Vulpius wird er endgültig.

JETZT, IM FRÜHJAHR 1789, als sie der Sohn davon unterrichtet, ist sie einesteils tief betroffen und andererseits hellauf empört. Charlotte von Stein hat ihre Lebensmitte überschritten. Sie kränkelt, der Gatte leidet nach einem Schlaganfall an Depressionen. Die tiefe seelische Bindung an den jungen Dichter hatte ihrem Leben neuen Sinn gegeben. Dass Goethe mit einer Frau aus der Weimarer Unterschicht eine Beziehung unterhält, verstößt gegen alle Regeln höfischen Lebens, gegen jedwede Konvention. Sie fühlt sich vor den Augen der Hofgesellschaft kompromittiert, lächerlich gemacht. Christiane Vulpius ist für sie ein junges, ungehobeltes Ding, auf das die standesbewusste Dame hochmütig herabschaut. Sie fühlt sich durch Goethes Liaison sozial und geistig gedemütigt. Sie macht ihm

Vorwürfe, klagt ihn des Verrates ihrer Beziehung an. Der von der Sexualität übermannte Vierzigjährige will davon nichts wissen. »Und welch ein Verhältnis ist es?« fragt er sie. »Wer wird dadurch verkürzt? Wer macht Anspruch an die Empfindungen, die ich dem armen Geschöpf gönne? Wer an die Stunden, die ich mit ihr zubringe?« Dem »armen Geschöpf« gehört jetzt seine Zuneigung, seine Liebe.

Nicht nur Frau von Stein, die nicht ansteht, Christiane als ein leichtsinniges Geschöpf, als eine Mätresse und Hure zu bezeichnen, ist über Goethes Liebesverhältnis entrüstet. Die ganze vornehme Weimarer Adelsgesellschaft ist es. Sie will es nicht wahrhaben, sie kann es nicht fassen, dass ein Mann mit so hoher Bildung, so reichen Geistesgaben und so vielen Talenten, ein schöpferisches Genie von Gnaden, sich mit einem so gewöhnlichen Geschöpf liiert, das kaum des Schreibens mächtig ist, dem es an der geringsten Bildung fehlt, das keine Konversation machen kann, das jeglichen gesellschaftlichen Schliffes entbehrt. Man kann sich das Zusammenleben zweier Menschen von so verschiedener sozialer Herkunft, Mentalität und Interessenslage ganz einfach nicht vorstellen. Man kennt Christiane Vulpius zwar nicht so genau, aber man verachtet und schmäht sie, fällt verbal über sie her. Für die einen ist sie Goethes Magd, seine Haushälterin, seine dicke Hälfte. Und das sind noch zurückhaltende Beurteilungen. Andere drücken sich direkter und saftiger aus. Für sie ist die Vulpius ein rundes Nichts, eine toll gewordene Blutwurst, ein in jeder Hinsicht verabscheuungswürdiges Wesen.

Das Urteil der Mitwelt wurde von der Nachwelt blindlings übernommen. Thomas Mann, der sich als Goethes künstlerischer Erbe betrachtete, spricht von ihr als »sehr hübsch und gründlich ungebildet« und bezeichnet sie abfällig als »un bel pezzo di carne« (ein schönes Stück Fleisch). Robert Musil steht ihm um nichts nach, wenn er in seinem *Mann ohne Eigenschaften* einem seiner Charaktere das unschöne Wort von der »bekannten Sexualpartnerin des alternden Olympiers« in den Mund legt.

Wie ungerecht diese Urteile doch alle sind, wie glatt, herablassend und unzutreffend. Christiane Vulpius, diese einfache, urwüchsige Frau, war für Johann Wolfgang von Goethe keine bloße Bettgenossin, sondern eine Frau, die er liebte, eine Lebensgefährtin, die ihn umsorgte, die den Alltag von ihm fernhielt, die ihm den Rücken freihielt für sein Werk. Sie passte sich (ihm) nicht an, sie blieb, die sie war, und er machte auch gar nicht erst den Versuch, sie zu ändern. »Sollte man wohl glauben«, äußerte er sich im Jahre 1808, »dass diese Person schon zwanzig Jahre mit mir gelebt hat? Aber das gefällt mir eben an ihr, dass sie nichts von ihrem Wesen aufgibt, und bleibt, wie sie war.«

Johann Wolfgang von Goethe wollte keinen Blaustrumpf als Frau. »Belesen, politisch und schreibselig«, schrieb er ihr einmal, seien »Eigenschaften, die Du Dir nicht anmaßest«. Christiane war für ihn sein »kleines Erotikon«, sein »Küchen- und Hausschatz«. Ein männliches und ein weibliches Genie unter einem Dach vertragen sich schlecht. Das wusste er nur zu genau.

Das urteil der Weimarer Adelsgesellschaft über sein Verhältnis mit Christiane lässt ihn seelisch nicht unberührt, aber der Frankfurter Bürgersohn macht sich wenig daraus. Er kümmert sich nicht um die Meinung von adeligen Spießern. Die Hofleute, mit denen er zu verkehren gezwungen ist, sind für ihn »Kröten und Basilisken«. Immer wieder fordert er sie lustvoll durch seine Lebensführung heraus. Nach seiner Rückkehr aus Italien ist er fest entschlossen, sich keinen dienstlichen Zwängen mehr zu unterwerfen. Er will als Künstler leben, frei und ungezwungen.

Im Sommer 1789, als sich herausstellt, dass Christiane schwanger ist, nimmt er sie zu sich ins Haus. Mit dieser Entscheidung demonstriert er öffentlich, dass er gewillt ist, mit ihr in freier Liebe zu leben. Er stellt sich damit außerhalb des Gesetzes, er missachtet das kirchliche Ehesakrament. Denn an eine Heirat denkt er nicht im Entferntesten. Er will sich in keine Norm zwängen lassen. Wie mag Christiane zu Mute gewesen sein, was hat sie gefühlt und empfunden, als es ihr zur Gewissheit wurde, dass sie ein Kind von ihm unter dem Herzen trägt? Unehelicher Beischlaf gilt in Weimar (und nicht nur dort) als Unzucht. Er ist gesetzlich verboten und wird unnachsichtig bestraft. Bußgelder und Gefängnisstrafen sind dafür vorgesehen. Die Schwangere muss vor der Kirchenbehörde bei der Eintragung des Kindes in das Taufregister unter Strafandrohung den Namen des Mannes angeben, der sie geschwängert hat. Und zwar eidlich, mit erhobener Schwurhand.

Der Geheimrat und vertraute Freund des Herzogs von Sachsen-Weimar-Eisenach im herzoglichen Gefängnis? Nein, das denn nun doch nicht. Der Herr Geheimrat kann es sich richten. Wie übrigens auch die Hofschranzen, die er so sehr verachtet. Die strengen (Moral)Gesetze gelten für sie nicht. Die gesellschaftliche Oberschicht darf, was die anderen, die weniger Hochgestellten, die Unadeligen, die Armen nicht dürfen. Der Herzog selbst hält sich seine Mätressen. Wie übrigens die meisten Potentaten im 18. Jahrhundert, allen voran König Ludwig XIV. von Frankreich, der »Sonnenkönig«, und sein

Nachfolger Ludwig XV., der ihn in dieser Beziehung noch bei weitem übertrifft. Niemand ficht das an. Es ist eine Selbstverständlichkeit.

Johann Wolfgang von Goethe wendet sich in seiner Privatsache an seinen Amtskollegen im Geheimen Consilium, Christian Gottlieb von Voigt, der die ganze Angelegenheit mit einem Federstrich regelt.

Der Herr Geheimrat hätte auch anders handeln können. Er hätte seinem »armen Geschöpf« eine Wohnung mieten, sie dort nach Belieben, je nach Zeit und Laune, aufsuchen, er hätte sie mit Geld abfinden können. Die Gesellschaft hätte ihm das verziehen. Aber er tut das nicht. Johann Wolfgang von Goethe steht zu seiner außerehelichen Vaterschaft. Er inszeniert und praktiziert im Jahr des Ausbruchs der Französischen Revolution seine kleine persönliche Revolte gegen die Weimarer Adelsgesellschaft.

Der Fürstenhof nimmt sein Verhalten nicht widerspruchslos hin. Herzogin Louise, vom Gemahl vielfach betrogen, macht mit eifriger Unterstützung der Frau von Stein Stimmung gegen den Dichter. Sie lässt Goethe ausrichten, »sie fände es sonderbar, dass er ihr sein Kind alle Tage vor der Nase herumtragen« lasse. Sie spricht interessanterweise nicht von Goethes unehelichem Kind und verliert auch kein Wort über die Mutter, die sie aus tiefstem Herzen verachtet. Aber sie wird es zu verhindern wissen, dass sich im Zentrum Weimars, in einem der schönsten Häuser der Stadt, unchristliches Familienleben einnistet. Sie setzt Carl August unter Druck, und der Gemahl gibt nach. Er verfügt den Umzug seines vertrauten Freundes aus dem Haus am Frauenplan in die so genannten Jägerhäuser vor den Mauern der Stadt, in denen er ihm zwei Wohnungen zur Verfügung stellt.

Die Maßnahme kommt einer Demütigung, einer tiefen Kränkung gleich. Johann Wolfgang von Goethe nimmt sie hin. Er verzichtet nicht auf seine Ämter und Würden, er kündigt dem Herzog nicht seine Freundschaft auf, er sucht nicht anderswo Unterschlupf. Er bleibt in Weimar. Christiane löst ihren Haushalt auf, Goethes gesamter Hausrat, seine umfangreichen Sammlungen, seine Bibliothek, die Möbel werden in das neue Quartier übersiedelt. Philipp Seidel, das bewährte Faktotum, und die langjährige Köchin werden entlassen, zwei Diener und der Maler und Kupferstecher Johann Heinrich Lips, der später Bildnisse von Christiane anfertigt, kommen mit. Mit der Gefährtin ziehen die Stiefschwester und eine Tante in die Jägerhäuser ein. Ein Sieben-Personen-Haushalt etabliert sich. Anfang November 1789 ist der Umzug vollzogen.

Fühlt sich Goethe in seinem neuen Domizil wohl? Er mimt jedenfalls Zufriedenheit. »Ich freue mich über die anmutige freie Lage, die schönen Räume und mancherlei Bequemlichkeit«, schreibt er dem Herzog und vergisst nicht darauf, ihm dafür seinen Dank abzustatten.

In seinem Inneren sieht es freilich anders aus. Christiane erkrankt. Er sorgt sich um sie, ist selbst indisponiert. Schließlich hält er es im Hause nicht mehr aus und entflieht nach Jena. Am 25. Dezember 1789 wird er zurückgerufen. Christiane hat einen Sohn geboren. Unter welchen Umständen und Begleiterscheinungen entzieht sich unserer Kenntnis. Der Herr Geheimrat verliert in seinen Aufzeichnungen, seinem Tagebuch, seinen Briefen, kein Wort darüber. Er hütet seine Privatsphäre wie ein Staatsgeheimnis. Selbst der Mutter in Frankfurt gegenüber verschweigt er sich.

Das Kind wird zwei Tage nach der Geburt in der Sakristei der Jakobskirche auf den Namen August Walter getauft. Die Patenschaft übernimmt der Herzog, der dem Taufakt jedoch fernbleibt. Auch der Vater nimmt daran nicht teil. Johann Wolfgang von Goethe hält nicht viel von kirchlichen Handlungen. Er steht ihnen verständnislos und ablehnend gegenüber. Als Taufpatin fungiert Christianes Tante.

In den nächsten dreizehn Jahren wird Christiane noch vier Kinder gebären. 1791 kommt ein Sohn tot zur Welt, ein weiterer Sohn (1795) und zwei Töchter (1793 und 1802) überleben die ersten drei Wochen nicht. Als Todesursache ist in den Totenbüchern von Weimar alles Mögliche vermerkt (Streckfluss etc.). Nach Ansicht der modernen Medizin dürfte der Rhesus-Faktor der Eltern, der nicht zusammenpasste, der Grund für den frühen Tod der Kinder gewesen sein.

Der Schmerz der Mutter über diese furchtbaren Schicksalsschläge wird groß gewesen sein. Belegt ist er nicht. Aber das ist wohl auch nicht notwendig. Vom Vater gibt es ein paar schriftliche Äußerungen. »Dem kleinen Mädchen seine Rolle war kurz«, schreibt er nach dem Tod des dritten Kindes der Mutter nach Frankfurt, und nach dem Heimgang des vierten trifft er in einem Brief an Charlotte von Schiller die Feststellung: »Der arme Kleine hat uns gestern schon wieder verlassen, und wir müssen nun suchen, durch Leben und Bewegung diese Lücke wieder auszufüllen.«

MIT SEINER NEUEN Rolle als Familienvater und den ungewohnten Lebensumständen kann sich Johann Wolfgang von Goethe nur schwer anfreunden. Er schätzt die Geselligkeit, er ist daran gewöhnt, im großen Stil zu leben. Jetzt muss er das Haus mit Personen teilen, die er nur vom Hörensagen kennt (Christianes Stiefschwester und Tante), die sich außer-

*Christiane Vulpius mit Sohn August. Aquarell von
Heinrich Meyer, um 1792/93*

halb seines geistigen Gesichtskreises bewegen. Das Geschrei des Säuglings stört ihn. Er gerät in eine Krise, aus der er sich durch eine neuerliche Italienreise zu befreien versucht. In der ersten Märzhälfte 1790 verlässt er Weimar.

Diesmal fesselt ihn Italien nicht. In der Fremde wird ihm klar, »wie sehr er an das Mädchen geknüpft ist« und welch große Zuneigung er für das »kleine Geschöpf in den Windeln« verspürt. Am 18. Juni kehrt er zurück, aber schon fünf Wochen später muss er den Herzog zu den Manövern nach Schlesien begleiten. Er hat damit ganz und gar keine Freude. »… und ich habe gewiss keine eigentlich vergnügte Stunde, bis ich mit Euch zu Nacht gegessen und bei meinem Mädchen geschlafen habe«, schreibt er an Herder. »Wenn Ihr mich lieb behaltet, wenige Gute mir geneigt bleiben, mein Mädchen treu ist, mein Kind lebt, mein großer Ofen gut heizt, so hab' ich nichts weiter zu wünschen.«

Johann Wolfgang von Goethe, das rastlose, freiheitsliebende Genie, sehnt sich nach häuslichem Glück und nach Geborgenheit. Beides ist ihm nach seiner Rückkehr für die nächsten eineinhalb Jahre beschieden. Es ist ein glücklicher Abschnitt seines Lebens, der glücklichste jedenfalls im Zusammenleben mit Christiane. Er widmet sich allerlei Vergnügungen, erfreut sich der Liebe und guten Essens. Auf eine gute Küche hält er etwas. Der Schöpfer des *Faust* (der ihn sein ganzes Leben beschäftigt) isst und trinkt viel, manchmal sogar zu viel. Zwei bis drei Liter Wein pro Tag lässt er nicht selten durch seine Kehle rinnen. Die Lebensgefährtin muss ihm alles besorgen und zubereiten: das Wildpret, die Hasen, Gänse, Tauben und Hühner, den Schwartenmagen, das Pökelfleisch, den Käse, die Butter, den Spargel, die Artischocken, das Obst, die Meeresfrüchte.

Er schätzt nicht nur Christianes urwüchsige Liebeskraft, sondern auch ihre Kochkunst.

Christiane ist eine außerordentlich tüchtige Frau. Sie ist sparsam und fleißig, sie scheut keine Arbeit. Sie putzt und fegt, wäscht, bleicht, näht und bügelt, betreut den Garten, versorgt das Geflügel, zieht Wein ab, kauft das Brennmaterial ein, beheizt das Haus und führt über alle Ausgaben genau Buch. Sie ist in der Tat ein wahrer Hausschatz.

Der Hausherr spielt in der wohlgeheizten Stube nicht nur das Hausväterchen, mit der Mütze auf dem Kopf, den Oberkörper in ein Volljäckchen gehüllt, die Füße in Pantoffeln, wie es der Direktor des Weimarer Gymnasiums in seinen Tagebüchern genüsslich beschreibt. Er beschäftigt sich mit Botanik, der Geologie, der Farbenlehre, den Naturwissenschaften insgesamt. Aber er ist auch viel außer Haus. Er besucht Bälle, nimmt an Feiern in Bürgerhäusern teil und speist des Öfteren zu Mittag bei Hof. Der Herzog überträgt ihm die Oberdirektion des Hoftheaters. Das gute Einvernehmen ist wiederhergestellt. Carl August gestattet dem Freund nach drei Jahren die Rückkehr in das Haus am Frauenplan. Aber bevor er dort endgültig wieder einziehen kann, muss Goethe es umbauen lassen und zuvor mit dem Herzog als »Künstler und Gast« am Feldzug Österreichs und Preußens gegen das Frankreich der Revolution teilnehmen. Goethe tut es mit gemischten Gefühlen. Christiane lässt ihn ungern ziehen. Das Wetter ist miserabel, in der Armee bricht die Ruhr aus, er sehnt sich nach zu Hause. Am 10. September 1792 schreibt er einen schmachtenden Liebesbrief an Christiane: »Du weißt, dass ich Dich herzlich lieb habe«, heißt es da unter anderem. »Wärst Du nur jetzt bei mir! Es sind überall große breite Betten, und Du solltest Dich nicht beklagen, wie es manchmal zu Hause geschieht …« Und weiter: »Behalte mich ja lieb! Denn ich bin manchmal in Gedanken eifersüchtig und stelle mir vor: dass Dir ein anderer besser gefallen könnte, weil ich viele Männer hübscher und angenehmer finde als mich selbst.« »Mach nur, dass unser Häuschen recht ordentlich wird, für das Andere soll schon gesorgt werden«, härmt sich der Ärmste dann noch ab. Um seine Bequemlichkeit ist der Herr Geheimrat allemal besorgt.

DAS »HÄUSCHEN« IST noch im vollen Umbau begriffen, als er nach Weimar zurückkehrt. Die umfangreichen Renovierungs- und Erweiterungsarbeiten benötigen Zeit. Er bleibt einige Monate, arbeitet an der *Farbenlehre*, verfasst das Epos *Reineke Fuchs* und begibt sich dann wieder in das Feldlager zu Carl August. Vorher besucht er die Mutter in Frankfurt, die er erst jetzt davon unterrichtet, dass er mit Christiane zusammenlebt und einen Sohn hat. Christiane verweilt unterdessen mit August, der die Blattern gut überstanden hat, ein paar Tage in Jena. Aus dieser Zeit (Mai 1793) ist uns ihr erster Brief an den Geliebten überliefert (die auf uns gekommene Korrespondenz umfasst etwa 600 Schreiben, aber zahlreiche Briefe sind vernichtet worden oder verloren gegangen).

Die Briefe der Lebensgefährtin und Frau des größten deutschen Dichters sind auf ihre Art einmalig. Christiane fällt das Schreiben schwer. Sie hält den Federkiel ungelenk in der groben Hand, taucht ihn zu tief in das Tintenfass, kratzt damit über das Papier, streicht durch, schreibt in unregelmäßiger, schräger Handschrift Buchstaben, Wörter und Sätze nieder. Satzzeichen kennt sie, um die Rechtschreibung kümmert sie sich nicht. Sie schreibt, wie ihr der Schnabel gewachsen ist in ihrer thüringischen Mundart. Porzellan ist bei ihr Borzlan, Kirschen sind Kärschen, Efijenge soll Iphigenie heißen. Johann Wolfgang von Goethe macht sich nichts daraus, er sieht es ihr nach, es erheitert ihn. Seine Haushälterin ist keine Schriftgelehrte. Über Frauen hat er seine eigene Meinung. »Wir lieben an einem jungen Frauenzimmer ganz andere Dinge als den Verstand«, wird er 1824 zu Johann Peter Eckermann sagen. »Wir lieben an ihnen das Schöne, das Jugendliche, das Neckische, das Zutrauliche, den Charakter, ihre Fehler, ihre Capricen und Gott weiß was alles Unaussprechliche sonst.« Ob er dabei (auch) an seine Christiane gedacht hat?

Wenn Christiane beim Schreiben auch gegen alle Sprachregeln verstößt, stilistisch sind ihre Briefe ausdrucksstark, lebendig, voller Emotionalität und Mutterwitz. In ihnen spiegelt sich ihr Charakter, ihre Naturliebe, ihr weiblicher Instinkt, ihre Sexualität, ihre Unerschrockenheit, ihre Lebenslust, ihre Liebe zu ihm, den sie, wenn überhaupt, nur mit »Lieber Geheimrat« anspricht. Im Text gebraucht sie dann das vertraute Du. Geliebt hat sie ihren Geheimrat jedenfalls von ganzem Herzen. Ihre Briefe sind dafür ein beredtes Zeugnis. »Itzo fehlt mir nichts als Du, mein Lieber«, schreibt sie ihm am 7. Juni 1793, »dass mich mit Dir freuen könnte und ich Dich an mein Herz drücken könnte und Dir sagen könnte, wie ich Dich immer herzlicher liebe und Du mein einziger Gedanke bist, denn jede Freude ist nur halb, wenn Du nicht dabei bist.« »Ich sehne mich aber recht nach Dir; wenn es möglich ist, komm ja bald wieder. Leb wohl mein Einziger«, ruft sie ihm zwei Monate später zu (8. August). Jahre später drückt sie ihre Liebe noch formschöner aus. »Des Abends ist mein letzter Gedanke an Dich und des Morgens ist es wieder der erste«, formuliert sie. »Es ist mir heute so zu Muthe, als könnte ich es nicht länger ohne Dich aushalten... Ohne Dich ist mir alle Freude nichts... Kurz, wenn Du nicht da bist, ist es alles nichts.« (Brief vom 2. Oktober 1797) 1794 sind die Umbauarbeiten im Haus am Frauenplan abgeschlossen. Das Gebäude mit seiner breiten Empfangstreppe, den prachtvoll ausgestatteten Räumen, den schönen Deckengemälden, den Nachbildungen antiker Plastiken und den wertvollen Kunstsammlungen gehört jetzt ihm. Der Herzog hat es ihm zum Geschenk gemacht. Es ist ein Haus zum Repräsentieren, in dem der »Dichterfürst« huldvoll seine Gäste empfängt. Sie kommen auch, um ihre Aufwartung zu machen, Künstler, Gelehrte, Staatsmänner, Höflinge. Sie werden zur Mittagstafel eingeladen, zum Tee, zum Souper. Der Hausherr speist mit ihnen, führt geistreiche Gespräche, inszeniert seinen Ruf, seinen Ruhm.

Die »Haushälterin«, die im Alkoven das Bett mit ihm teilt, ist nicht dabei. Sie darf wohl die Vorbereitungen treffen, die Arbeit tun, die für die Abwicklung der Empfänge nötig ist, die Speisen zubereiten, die Tafel herrichten, den Wein aussuchen, der kredenzt wird, aber zeigen darf sie sich nicht. Goethe hält sie von seinen Besuchern fern, versteckt sie geradezu vor ihnen. Sie nimmt es offenbar ohne Widerspruch hin. Ist es zwischen ihnen abgesprochen? Christiane hat es nicht gelernt, sich in höfischer Gesellschaft und unter gebildeten Leuten zu bewegen, und er hat es sie nicht gelehrt. Schämt er sich ihrer? Will er ihr eine Blamage ersparen?

Der Umzug in das neu adaptierte Haus am Frauenplan fällt mit einem Ereignis zusammen, das Goethes dichterischem Schaffen und damit auch seinem Leben frische Impulse verleiht: es ist die Freundschaft mit Friedrich von Schiller.

Es musste viel Zeit vergehen, ehe sich die beiden zu gemeinsamer Arbeit finden. Jetzt, im Herbst 1794, ist es soweit. Goethe erklärt sich bereit, an Schillers Zeitschrift *Die Horen* mitzuarbeiten. Sie treffen zusammen, besuchen einander, tauschen Gedanken aus, schmieden Pläne, diskutieren über die verschiedensten Themen, korrespondieren miteinander (mehr als eintausend Briefe sind erhalten geblieben). Schiller hält sich einmal vierzehn Tage in Goethes Haus auf. Christiane sorgt für ihn, aber er bekommt sie nicht zu Gesicht. Er hat auch gar kein Bedürfnis, sie zu sehen. »Sein Mädchen«, schreibt er an Christian Gottfried Körner, »ist eine ziemlich berüchtigte Mlle Vulpius, die ein Kind von ihm hat und in seinem Haus so gut wie etabliert ist. Es ist wahrscheinlich, dass er sie in wenigen Jahren heiratet.« In seinem Briefwechsel mit Goethe erwähnt er Christiane kaum einmal.

Die Freundschaft mit Schiller verändert das Zusammenleben mit der Gefährtin. Von nun an gibt er der schöpferischen produktiven Arbeit eindeutig den Vorzug vor der Familie. Zuerst kommt das Werk, dann Frau und Kind. Goethe ist eine ausgesprochen empfindsame Natur. Er benötigt für seine Arbeit absolute Ruhe, Hundegebell kann ihn völlig aus der Fassung bringen. Zu Hause kann er seine Gedanken nicht sammeln. So reist er oft nach Jena, dem geistigen Zentrum Deutschlands in jener Zeit. Schiller lebt dort, Fichte lehrt an der Universität Philosophie, August Wilhelm von Schlegel Sprach- und Literaturwissenschaft, Ludwig Tieck bildet dort den Mittelpunkt eines frühromantischen Kreises.

Goethe wohnt in einem Zimmer des alten Schlosses, arbeitet tagsüber, nimmt ab und zu das Mittagsmahl im Haus des Verlegers Carl Friedrich Frommann ein und verbringt die Abende bei der Familie Schiller.

Christiane ist viel allein. Sie findet sich nur schwer damit ab. »Ich hätte mir nicht gedacht, dass Du so lange in Jena bleiben würdest«, schreibt sie ihm (Brief vom 11. April 1795) und ersucht ihn, »ja nicht so viel Äugelchen zu machen«, nicht zu viel zu flirten. Sie darf ihn ab und zu besuchen und ihn mit guter Kost und erlesenem Wein versorgen, wenn ihm das Essen nicht schmeckt oder zu teuer ist.

Die beziehung zwischen dem wieder stärker durch den Hofdienst in Anspruch genommenen Dichter und Christiane macht in den Jahren zwischen 1796 und 1799 eine ernsthafte Krise durch. Sie sind oft voneinander getrennt, ihr Leben läuft weitgehend nebeneinander her. Während er zur Kur in Karlsbad weilt, im Ilmenauer Bergwerk nach dem Rechten sieht, im Jenaer Freundes- und Bekanntenkreis Gespräche führt und die Arbeit am Versepos *Hermann und Dorothea* vorantreibt, meistert sie, wie gewohnt, in Weimar den Alltag, kocht, hält das Haus sauber, arbeitet im Garten (sie kauft für den Gemüseanbau sogar ein Stück Land dazu) und kümmert sich um die Erziehung des Sohnes. Christiane unterhält sich aber auch, vom abwesenden Gefährten eifrig dazu ermuntert: »Ich bitte Dich recht herzlich, mein liebes Kind, die schönen guten Tage zu genießen, die Du vor so vielen andern haben kannst, und Dir das Leben nicht zu verderben, noch verderben zu lassen.« (Brief vom 1. Mai 1796)

Sie besucht häufig das Theater und berichtet ihm regelmäßig über die Schauspieler, die Stücke und die Aufnahme durch das Publikum. Sie zeigt auch für seine literarische Arbeit Interesse. Ob sie ihr auch Verständnis entgegengebracht hat, muss man bezweifeln. Es fehlte ihr dazu doch wohl an der nötigen Bildung. Das

*Johann Wolfgang von Goethe. Kreidezeichnung von
Friedrich Bury, 1800*

häufige Alleinsein verkraftet sie nicht, macht sie übellaunig. Sie spricht kräftiger dem Wein zu als sonst, schaufelt Eiscreme in sich hinein. Aber sie schluckt ihre Unzufriedenheit nicht nur hinunter, sie bringt sie brieflich (und wohl auch mündlich) zum Ausdruck. In den Briefen dieser Jahre ist ihr Missmut ein refrainartig wiederkehrendes Thema. »Die kalten Tage und die langen Abende wollen mir gar nicht gefallen«, heißt es da etwa, oder: »Pfingsten das liebliche Fest ist dieses Mal nicht lieblich, denn ich sitze zu Hause, und mir ist alles verdrüsslich« (sie spielt damit auf die Anfänge des *Reineke Fuchs* an!).

Als sich der Partner mit dem Gedanken trägt, eine neuerliche Italienreise zu unternehmen, versucht sie ihn energisch von diesem Vorhaben abzubringen. »Mir ist alles gar nicht recht; man sagt sogar, ich habe sehr übeln Humor. Ich sehe nicht ein, wie ich es ein halbes Jahr aushalten soll«, schreibt sie ihm nach Jena. Goethe lenkt ein wenig ein. Er fasst den Entschluss, ein Testament abzufassen, in welchem er sie gemeinsam mit August zum Universalerben einsetzt, und er nimmt sie und den Sohn auf der Reise dann auch bis Frankfurt mit, um sie seiner Mutter vorzustellen. Er erfüllt ihr damit einen lang gehegten Wunsch.

Die beiden Frauen verstehen einander sofort. In Hinkunft verbindet sie ein reger freundschaftlicher Briefwechsel.

Die Rückreise nach Weimar ist für Christiane und August mit Unannehmlichkeiten und Gefahren verbunden. Die Straßen sind schlecht, die Zeiten unsicher. Die resolute Gefährtin Johann Wolfgang von Goethes ist auf alle Eventualitäten gefasst. Sie trägt zu ihrem persönlichen Schutz zwei Pistolen bei sich. Sie steht mitten im Leben, sie weiß sich in jeder Situation zu helfen.

Der ruhelose Dichter, für den das Reisen zur Kreativität gehört, überlegt es sich anders. Er geht nicht nach Italien, sondern reist stattdessen in die Schweiz. Im November 1797 ist er wieder zurück in Weimar. Ist er tatsächlich nur ihret- und des Sohnes wegen zurückgekommen, wie er es ihr vorher angekündigt hat? Will er seinen Schaffensdrang zugunsten seiner familiären Verpflichtungen zurückstellen? Nein, das nicht. Er reagiert mit dieser Feststellung nur auf ihre immerwährenden Klagen über seine vielen Abwesenheiten. Er hat ihr nur eine Beruhigungspille verabreicht. Aber schon bald macht er ihr klar, dass sein Werk der Mittelpunkt seiner Existenz ist. Sie nimmt es zur Kenntnis. Sie klagt nicht mehr, fügt sich endgültig in ihr Schicksal. Das Zusammenleben der beiden geistig und charakterlich so verschiedenen Partner ist für die Zukunft gesichert. Wenn Goethe je Trennungsabsichten gehabt hat, jetzt, gegen Ende des Jahres 1798, schwört er ihnen ab.

Christiane hat es neben ihm nicht leicht. Die Weimarer behandeln sie nach wie vor wie eine Aussätzige, der geliebte Partner ist oft missmutig, reizbar, hat depressive Anwandlungen, ist seelisch zerrissen. Im Jahrzehnt ihres unorthodoxen ehelichen Beisammenseins hat er sich auch körperlich verändert. Er ist rundlich geworden, sein Gesicht ist aufgeschwemmt, es ist merklich gealtert.

DAS WEIHNACHTSFEST DES Jahres 1800 muss Christiane mit dem Sohn allein feiern. Erst am 26. Dezember kehrt Goethe aus Jena zu seiner enttäuschten Familie zurück. Er fühlt sich nicht wohl, eine Erkältung plagt ihn, die er sich in den feuchten Mauern des Weimarer Schlosses zugezogen hat. Zu Beginn des nächsten Jahres bricht die Krankheit voll aus. Er bekommt hohes Fieber, der Hals ist verschwollen, die linke Gesichtshälfte einschließlich des Auges wird von einem Rotlauf befallen, ein Krampfhusten plagt ihn, er droht zu ersticken, verliert zeitweilig das Bewusstsein. Sein Zustand ist lebensbedrohend. Der herbeigerufene Arzt lässt ihn zur Ader, verordnet Senfbäder für die Füße, an denen sich Entzündungserscheinungen zeigen. Die Diagnose der modernen Medizin lautet auf Wundrose.

Christiane ist ständig um ihn, pflegt ihn aufopfernd. Ein paar Tage dauert der Schwebezustand, dann tritt im Befinden des Kranken eine Besserung ein. Mitte Januar ist das Ärgste überwunden. Christiane, die die Mutter in Frankfurt zeitgerecht über die schwere Krankheit des Sohnes informiert hat, widerfährt ein seltenes Lob. »Wie gut, sorgfältig und liebevoll sich meine liebe Kleine bei dieser Gelegenheit erwiesen hat, werden Sie sich denken«, schreibt er der Mama. »Ich kann ihre unermüdliche Thätigkeit nicht genug rühmen.«

Die »liebe Kleine« ist selbst nicht gesund. Ihre Spannkraft ist angeschlagen. Im November 1799 hatte sie drei Tage das Bett hüten müssen, es dem Gefährten jedoch nicht mitgeteilt. »Ich danke Dir, mein liebes Herz, dass Du mir von Deinem Übel nichts gesagt hast, bis es vorbei war, Du weißt, welch herzlichen Anteil ich an Dir nehme«, schrieb ihr der Hypochonder zurück. Vom Kranksein eines Mitmenschen will er nichts hören. Es belastet zu sehr sein Gemüt.

Auch im Juni 1801 ist Christiane »8 Tage recht krank«. Zu diesem Zeitpunkt ist sie längst wieder allein. Goethe ist weiterhin oft in Jena, obwohl Schiller jetzt seine Zelte in Weimar aufgeschlagen hat. Eine neue Dichtergeneration ist herangewachsen, die ihm Verehrung entgegenbringt, ihn schätzt. In Jena hat er keine Hofpflichten zu erfüllen. Inmitten gleichgesinnter Freunde fühlt er sich dort wohl.

Christiane versorgt ihn mit allem, was er braucht und wünscht. Sie schickt ihm Champagner, Kaviar, Wildpretkeulchen, Schinken und das »leichte Wämschen«, das er zu Hause gelassen hat und so gerne trägt. Sie kümmert sich um alles, erledigt mit Hilfe einer Köchin und einer Magd alle anfallenden Arbeiten in Haus, Garten und Feld. Im zunehmenden Maße gestaltet sie aber auch ihr eigens Leben, lernt Schlittenfahren, nimmt Tanzstunden, geht ihren Vergnügungen nach, besucht Bälle, Konzerte, unterhält sich im Theater. »Der Ball war sehr schön... und ich habe alles getanzt, was getanzt worden. Ich weiß auch gar nicht, wie es dies Jahr ist, das Tanzen wird mir so leicht, ich fliege nur so, und vergnügt bin ich immer sehr«, schreibt sie ihm am 11. Juli 1803 aus Lauchstädt. Sie absolviert dort auf Wunsch Goethes eine Kur. Der Badeort in der Nähe von Halle ist die Sommerspielstätte des Weimarer Hoftheaters. Im neu errichteten Theater, das am 21. Juni 1802 eröffnet worden war, werden Goethes *Die natürliche Tochter* und Schillers *Maria Stuart* und *Die Braut von Messina* aufgeführt. Für Christiane ist dort eine Loge reserviert. Sie wohnt den Aufführungen mit Interesse bei und übermittelt ihm ihre Eindrücke. Im Gegensatz zu Weimar wird sie in Lauchstädt akzeptiert, man begegnet ihr ohne gesellschaftliche Vorurteile. Das gibt ihr Selbstvertrauen. »Mir ist, als finge ich erst an zu leben«, schreibt sie ihm und dankt ihm überschwänglich für die Großmut, die er ihr angedeihen lässt.

Auch im Haus in Weimar hat sie jetzt oft Gäste. Sie muss sich vor ihnen nicht mehr verbergen, sie sitzt mit ihnen bei Tisch, wirkt gelöst und macht Konversation.

Der Lebensgefährte freilich bereitet ihr Sorgen, gibt ihr Rätsel auf. In den düsteren Wintermonaten wird er mit verblüffender Regelmäßigkeit von depressiven Anwandlungen heimgesucht, leidet unter Nierenkoliken, ist griesgrämig, muss oft das Bett hüten. Er verlässt wochenlang nicht das Haus, nicht einmal das Zimmer. »Er ist manchmal ganz hypochonder und ich stehe viel aus«, berichtet sie dem Arzt Nikolaus Mayer, mit dem sie ein gutes Einvernehmen pflegt. Sie muss ihre ganze Kraft aufbieten, um durchzuhalten. Denn auch sie ist nicht in bester gesundheitlicher Verfassung.

Kaum hat sich Goethe ein wenig erholt, stürzt ihn der Tod Schillers am 9. Mai 1805 in eine tiefe seelische Krise. »Ich dachte mich selbst zu verlieren und verliere nun einen Freund und in demselben die Hälfte meines Daseins«, schreibt er seinem Freund, dem Bauunternehmer und Musiker Carl Friedrich Zelter, nach Berlin. Er erleidet einen gesundheitlichen Rückschlag, der nicht nur ihm, sondern auch Christiane, die ihn selbstverständlich pflegt, zu schaffen macht.

Im jahr 1806 jagt im Haus Goethes am Frauenplan ein Ereignis das andere. Anfang Januar stirbt Christianes Schwester, keine zwei Monate später ihre Tante. Der Verlust dieser beiden Menschen, die ihr seit ihrer Kindheit nahestanden, trifft sie schwer. Zu allem Unglück wiederholen sich Goethes Nierenkoliken, im Haus sind preußische Truppen einquartiert. »Meine Arbeiten und Bemühungen häufen sich alle Tage mehr und ich komme den ganzen Tag nicht zu mir selbst«, schreibt Christiane an Nikolaus Mayer.

Die politische und militärische Lage ist ernst. Am 2. Dezember des Vorjahres hat die französische Armee den Österreichern und Russen bei Austerlitz eine schwere Niederlage zugefügt. Am 6. August 1806 legt Kaiser Franz II. die römisch-deutsche Kaiserwürde nieder, das ehrwürdige Heilige Römische Reich Deutscher Nation existiert nicht mehr. Nun ist Preußen an der Reihe, das sich seit 1792 aus dem Kampf gegen Napoleon herausgehalten hat. Sein Schicksal entscheidet sich am 14. Oktober 1806 in der Schlacht bei Jena und Auerstedt. Napoleon geht als Sieger vom Schlachtfeld. Die Truppen des Korsen besetzen Weimar. Goethe notiert an diesem Tag in seinem Tagebuch: »Früh Kanonade bei Jena, darauf Schlacht bei Kötschau. Deroute der Preußen. Abends um 5 Uhr flogen die Kanonenkugeln durch die Dächer. Um ½ 6 Uhr Einzug der Chausseurs. 7 Uhr Brand, Plünderung, schreckliche Nacht.«

Auch Goethes Haus bleibt von der Soldateska nicht verschont. In der Nacht vom 14. zum 15. Oktober dringen zwei vollbewaffnete, betrunkene Soldaten der napoleonischen Armee in das Gebäude ein und versuchen, sich Zutritt zu den Privaträumen zu verschaffen. Sind sie bis dorthin vorgedrungen? Haben sie Goethe am Leben bedroht? Wir wissen es nicht. Er hat sich mit keinem Wort dazu geäußert. Christiane hat in dieser Nacht jedenfalls Mut und Entschlossenheit bewiesen. Sie hat die beiden Soldaten aus dem Haus bugsiert.

Als Goethe von Christian Gottlob Voigt, der in Abwesenheit des geflohenen Herzogs die Regierungsgeschäfte führt, zu einer Audienz mit dem Kaiser der Franzosen eingeladen wird, leistet er der Einladung nicht Folge. Der weimarische Staatsmann, Geheimrat Johann Wolfgang von Goethe, denkt in dieser Notsituation an sich selbst, nicht an die Stadt und ihre Bewohner. Er erwirkt vom französischen Stadtkommandanten, mit dem er am 16. Oktober speist, einen Schutzbrief, der sein Hab und Gut vor dem Zugriff der Soldaten bewahrt.

Der siegreiche Feldherr verlässt am nächsten Tag Weimar, ohne mit Herrn von Goethe auch nur ein Wort gewechselt zu haben. Der große, erfolgreiche Dichter rafft sich an eben diesem 17. Oktober 1806 zu einem bemerkenswerten Schritt auf. Er übermittelt dem Weimarer Hofprediger Johann Christian Günther ein Schreiben folgenden Inhaltes: »Dieser Tage und Nächte ist ein alter Vorsatz bey mir zur Reife gekommen; ich will meine kleine Freundinn, die so viel an mir gethan und auch diese Stunden der Prüfung mit mir durchlebte, völlig und bürgerlich anerkennen als die Meine. Sagen Sie mir, würdiger geistlicher Herr und Vater, wie es anzufangen ist, dass wir, sobald möglich, Sonntag oder vorher getraut werden…« Er drängt zur Eile. Der Brief ist an einem Freitag geschrieben, am Sonntag soll die Trauung stattfinden. Achtzehn Jahre hat Goethe Zeit gehabt, seine »kleine Freundinn« zu ehelichen. Jetzt muss es von heute auf morgen sein. Die herzogliche Regierung erteilt unter Umgehung der hiefür vorgesehenen Vorschriften ihre Zustimmung zur Heirat.

Am 19. Oktober 1806 findet in der Sakristei der Jakobskirche, dem Gotteshaus, das Christiane in ihrer Kindheit besucht und in welchem sie das Sakrament der Firmung empfangen hat, die Trauung statt. Warum in der Sakristei und nicht im Hauptschiff vor dem Hauptaltar? Weil Goethe es sich ausdrücklich gewünscht hat. Er will kein Aufsehen in der Stadt erregen, es soll alles rasch vor sich gehen und abgewickelt werden. Es werden keine Glocken geläutet, es ertönt keine Orgel, es singt kein Chor, die Braut trägt kein Brautkleid mit Schleier. Sie hat ein Kleid aus hellblauem Seidendamast an, der Bräutigam einen dunkelblauen Frack, gleichfarbige Beinkleider und eine helle Seidenweste. Die

Trauungszeremonie nimmt Johann Christian Günther vor, zugegen sind Goethes Sohn August und dessen Hauslehrer Friedrich Wilhelm Riemer. Nach der feierlichen Handlung fahren sie in der Kutsche, in der sie gekommen sind, aus der Jakobsvorstadt in das Haus am Frauenplan zurück.

DIE KUNDE VON der Verehelichung Goethes breitet sich in Weimar wie ein Lauffeuer aus. Die Reaktionen sind fast durchwegs negativ. Frau von Stein äußert abfällig, dass er sich während der Plünderung mit seiner Mätresse habe in der Kirche öffentlich trauen lassen, und Charlotte von Schiller, die Christiane alles andere als gut gesonnen war, schreibt: »Die Trauung hat mir etwas Grauenhaftes, gesteh ich. In der Kirche, wo Tote, Verwundete tags vorher lagen... eine Zeremonie vorzunehmen, die jeder Mensch nur in den glücklichsten Tagen oder nie feiern sollte, dieses ist mir ein Gefühl, das ich nicht ganz verdrängen kann...«

Carl August, der Goethe das Haus jetzt auch formaljuristisch in das Eigentum überträgt, verhält sich zurückhaltend, die Zeitungen berichten über das Ereignis mit unverhohlener Häme. Lediglich die Mutter in Frankfurt bekundet freudige Zustimmung.»Zu deinem neuen Stand wünsche dir allen Seegen – alles Heil – alles Wohlergehen«, gratuliert sie ihrem »Hätschelhans«. »Da hast du nach meines Hertzens wunsch gehandelt – Gott! Erhalte Euch! Meinen Seegen habt Ihr hiemit in vollem Maas...« Sie sendet ihrer lieben Tochter herzliche Grüße und bittet den Sohn, ihr mitzuteilen, dass sie sie liebt, schätzt und verehrt. Die Zuneigung der alten Dame im fernen Frankfurt ist Christiane gewiss ein Trost gewesen und hat sie für viel Unbill und Ungemach entschädigt.

Schon am Tag nach der Eheschließung führt Goethe seine Frau in die Weimarer Gesellschaft ein. Er wählt für diesen Anlass keinen Adelspalast der Stadt, sondern den Salon von Johanna Schopenhauer, der Mutter des Philosophen, die kurz zuvor Weimar als Aufenthaltsort gewählt hat. Wie mag sich Christiane gefühlt haben, als sie plötzlich und über Nacht aus der Geborgenheit des Hauses am Frauenplan in das Licht der Öffentlichkeit trat, treten musste, als Gattin eines geachteten Staatsministers und berühmten Dichters, als Frau Geheim Räthin von Goethe? Wie muss ihr zu Mute gewesen sein, umgeben von hochgestellten Damen, die sie kritisch beargwöhnten und jede ihrer Äußerungen auf die Waagschale legten? »Sie war in der Tat sehr verlegen, aber ich half ihr bald durch«, berichtete Johanna Schopenhauer dem Sohn. »Ich empfing sie, als ob ich nicht wüsste, wer sie vorher gewesen wäre. Ich denke, wenn Goethe ihr seinen Namen gibt, können wir ihr wohl eine Tasse Tee geben.« Christiane hat ihr die freundliche Aufnahme in ihrem gastlichen Haus nie vergessen.

Sie wird auch in den nächsten Jahren von der vornehmen Gesellschaft Weimars weiter »geschnitten«. Erst im Winter 1808, als sich auf Initiative Goethes die achtzehn vornehmsten Damen der Stadt bei ihr zu einer Teegesellschaft einfinden, gilt sie als gesellschaftlich akzeptiert. Am zweiten Weihnachtsfeiertag ist sie dann zu einem Gegenbesuch bei Frau von Wolzogen, der Schwester Charlottes von Schiller, eingeladen. Mit einigem Stolz berichtet sie es ihrem Sohn. Christiane bemüht sich redlich, ihre neue Rolle gut zu spielen. Es mag dahingestellt bleiben, ob es ihr auch gelungen ist. In der Öffentlichkeit wird jeder ihrer Schritte genau beobachtet. Sie gibt sich jetzt ein wenig förmlicher, aber sie schauspielert nicht. Sie bleibt, die sie ist: ein mit einem gesunden Hausverstand ausgestattetes, praktisch veranlagtes, tüchtiges Naturkind.

Das Leben im Haus am Frauenplan geht nach der Legalisierung des Verhältnisses so weiter wie zuvor. Christiane meistert mit geübter Hand den Alltag, regelt alles, weist den Bediensteten, deren Zahl sich auf sieben erhöht hat (ein Kutscher, ein Laufbursch, zwei Köchinnen, ein Hausmädchen, ein Bedienter, ein Garderobenmädchen) ihre Arbeit an, ärgert sich, wenn sie faul sind, und entlässt sie dann auch. Sie legt wie ehedem überall mit Hand an und geht auch wie eh und je ihren Vergnügungen nach: sie besucht Komödien, unternimmt Ausflüge, unterhält sich beim Kartenspiel und beim Tanz.

Der Herr des Hauses ermuntert sie dazu und weiß zu schätzen, was er an dieser einfachen Frau hat. Aus Karlsbad schrieb er ihr:»Ich bin viele Stunden des Tags unter freiem Himmel theils mit Riemer theils allein... Da hab ich denn Zeit, allerlei zu überdenken, und da fehlt es nicht, dass ich mich Deiner und aller Liebe und Treue erinnre, die Du an mir thust, und mir das Leben so bequem machst, dass ich nach meiner Weise leben kann.« (Brief vom 29. Mai 1808) Als er vier Monate später nach Weimar zurückkommt, eröffnet ihm Christiane, dass die Mutter verstorben ist. Sie reist rasch entschlossen nach Frankfurt und regelt dort »auf eine glatte und noble Weise«, wie der Gemahl dankbar vermerkt, die Erbschaftsangelegenheiten. Er selbst ist anderweitig beschäftigt. Er nimmt am Erfurter Fürstenkongress teil, wo er vom Kaiser der Franzosen in Audienz empfangen und mit dem Orden der Ehrenlegion ausgezeichnet wird. Sowohl das Gespräch mit Napoleon wie die Auszeichnung schmeicheln seiner ausgeprägten Eitelkeit. »Du wirst mich bestern und bebändert wiederfinden«, kündigt er Christiane an. »Lass Dir nur die Zeitungen geben, damit Du das Äußere siehst, was bei uns vorgegangen ist.« Er erwartet aber auch, »dass sie ihn wie immer lieb haben und behalten wird«.

DAS HAT CHRISTIANE zweifellos getan. Sie behält ihren schwierigen Lebenspartner lieb, denkt nie daran, ihn zu betrügen oder gar zu verlassen. Die Zeit der jungen, aufregenden Liebe ist vorbei. Das weiß sie. Aber an ihre Stelle tritt eben jetzt anderes: gegenseitige Achtung, Wertschätzung, Vertrauen.

Christiane ist im Jahrzehnt ihrer Ehe viel allein, noch mehr als vorher. Aber sie klagt nicht, sie macht das Beste daraus. Sie unterhält sich, geht auf Kur, nach Lauchstädt, nach Karlsbad. Auch ohne ihn, zumeist mit Caroline Ulrich, einem jungen Mädchen, das sie ins Haus nahm und das, älter geworden, als Gesellschafterin am Frauenplan fungiert. Und da kann es schon einmal vorkommen, dass sie »Äugelchen« macht, dass ihr ein Mann gefällt. Einmal begegnet sie in Karlsbad im Gefolge des Großherzogs einem wunderschönen Russen. »Es musste ein Fürst sein, er hatte eine Menge Orden, war noch jung und war, was man einen schönen Mann nennen kann. Wir haben ihn den ganzen Weg nicht vergessen können«, berichtet sie dem Gemahl. Der freut sich, dass sie an Männerschönheiten Gefallen findet, gönnt ihr ihre kleinen Freiheiten und genießt die seinen, die er mit der selbstverständlichen Eigennützigkeit des schaffenden Genies in Anspruch nimmt.

Johann Wolfgang von Goethe lebt in diesem Ehejahrzehnt ganz seinem Werk, an dem er sie am Rande teilnehmen lässt. Er schreibt *Die Wahlverwandtschaften*, *Dichtung und Wahrheit* und verliebt sich auf seinen ausgedehnten Badekuren immer wieder und stets aufs

Neue in jüngere und junge Frauen. »Was willst Du denn mit allen Äuglichen anfangen? Das wird zu viel. Vergiss nur nicht ganz Dein ältestes, ich bitte Dich, denke doch auch zuweilen an mich. Ich will indess fest auf Dich vertrauen, man mag sagen, was man will. Denn Du bist es doch allein, der meiner gedenkt«, schreibt ihm die Gattin. Da klingt Eifersucht an und zaghafter Vorwurf. Später einmal klagt sie: »Denn da wir uns so lange nicht gesehen haben, ist das Verlangen nach Deiner Nähe umso stärker. Mit meiner Gesundheit geht es leidlich.« Mit ihrer Gesundheit steht es nicht zum Besten. Aber kaum jemals spielt sie in ihren Briefen darauf an. Sie will ihm seinen Seelenfrieden nicht rauben, seine Arbeitsfreude nicht beeinträchtigen. Christiane ist eine duldende Frau. Sie hat menschliche Größe.

DIE JAHRE ZWISCHEN 1812 und 1815 sind wieder von Kriegslärm erfüllt. Nach der Niederlage der Franzosen in der Völkerschlacht bei Leipzig (16.–18. Oktober 1813) wird Weimar von der zurückflutenden napoleonischen Armee überschwemmt, russische Kosaken, Husaren und österreichische Dragoner rücken nach. Wie im Jahre 1806 werden Häuser und Wohnungen requiriert, es wird gebrandschatzt und geplündert. Im Haus am Frauenplan sind für ein paar Tage vierzehn österreichische Offiziere einquartiert. Christiane muss sich um ihre Verpflegung kümmern, die Mahlzeiten, das Nachtlager. Der Herr Geheimrat soupiert unterdessen bei Hof mit Zar Alexander I., Kaiser Franz I. von Österreich, dessen Staatskanzler Metternich und dem Preußenkönig Friedrich Wilhelm III.

Als der Besatzungsspuk vorüber ist, widmet er sich wieder seiner Arbeit. Er wendet sich einer neuen Thematik zu, betreibt China- und Orient-Studien, beschäftigt sich mit dem lyrischen Werk des persischen Dichters Hâfis, das ihm von seinem Verleger Cotta in der Übersetzung des österreichischen Orientalisten Joseph Freiherr von Hammer-Purgstall zur Verfügung gestellt wird. Das Ergebnis dieser Schaffensperiode wird der *West-östliche Divan* sein. Vor allem aber fühlt sich Herr von Goethe wieder und noch einmal jung, erlebt er eine seiner wiederholten Pubertäten, wie er diese Lebensphasen bezeichnet. Er macht Caroline Ulrich, die zu einer hübschen Frau herangewachsen ist, zu seiner Sekretärin, hält sich mit ihr, wenn er in Weimar ist, zumeist in den hinteren Arbeitsräumen des Hauses auf. Christiane sieht es keineswegs gern.

Auf einer seiner Reisen in die Rhein-Main-Gegend lernt der Sechsundsechzigjährige die in Linz geborene Marianne von Willemer kennen, zu der er in Liebe und Leidenschaft entbrennt. Marianne, die Suleika des *Divans*, wird zur Mitschöpferin seiner Dichtung. Sie ist eine der wenigen Frauen – oder doch die einzige? –, mit der er im Geistigen völlig übereinstimmt, mit der ihn ein tiefer seelischer Gleichklang verbindet, die ihm auf gleichem intellektuellen Niveau begegnet.

Die arme Christiane kann an diesen geistigen Höhenflügen nicht teilnehmen. Goethe hat nie den Versuch unternommen, sie ein wenig zu sich heraufzuheben, er hat ihr keine Bildungschance eröffnet, sie ihrem Küchenschatzdasein überlassen, sich ihrer immer nur bedient.

In den letzten Ehejahren lebt das Paar mehr oder weniger nebeneinander her. Er schreibt seinem »allerliebsten Kind« von seinen verschiedenen Aufenthaltsorten weiterhin Briefe, in denen er ihr so manches verheimlicht (über Marianne zum Beispiel findet sich darin kein Sterbenswörtchen), sich über ihr Tun erkundigt und sie seiner Liebe versichert. Die Realität sieht anders aus. Ihren fünfzigsten Geburtstag muss Christiane mit Freunden feiern. Der Herr Gemahl hat schon den fünfundzwanzigsten Hochzeitstag nicht zur Kenntnis genommen. Jetzt nimmt er sich nicht die Zeit, ihr zu gratulieren, oder hat er gar darauf vergessen? Sie weiß nicht einmal, wo er sich zu diesem Zeitpunkt (Anfang August 1815) gerade aufhält. Wann er kommen werde, möchte der Großherzog wissen (Carl Augusts Territorium ist am Wiener Kongress zum Großherzogtum erhoben worden). Sie muss die Frage unbeantwortet lassen.

Christiane, die zu Beginn des Jahres einen Schlaganfall erlitten hat und »zwei Querfinger von Tode« entfernt war, die sich dann aber wieder erholt hat, ist selbstverständlicherweise tief gekränkt. Ihre körperlichen Beschwerden und Leiden sind auch psychosomatischer Natur. So würde man sie jedenfalls heute einstufen. Trotz ihres schlechten Gesundheitszustandes ist sie weiter unermüdlich tätig, putzt das Haus, reinigt die Zimmer, wäscht und bügelt die Wäsche. Aber immer öfter ist sie unpässlich, verdrießlich, hat Magenkrämpfe, muss tageweise das Bett hüten. Am 19. Mai 1816 erleidet sie während des Ankleidens einen Ohnmachtsanfall. Auch diesmal bleibt sie mit ärztlicher Erlaubnis nur einen Tag im Bett und bagatellisiert dem abwesenden Ehemann gegenüber den Vorfall. Der Brief, in dem sie ihn dem Gatten mitteilt, ist nicht von ihrer Hand. Sie hat ihn Theodor Kräuter diktiert, einem der Schreiber Goethes. Nur der Namenszug stammt von ihr: C. von Goethe.

Goethe, der in Jena weilt, scheint über ihren Zustand nicht beunruhigt zu sein. Hat ihn Kräuter, der am 24. Mai zu ihm gereist ist, nicht oder nur unzulänglich darüber informiert?

Am 29. Mai erhält er die Nachricht, dass Christiane einen neuerlichen Schlaganfall erlitten hat und in Lebensgefahr schwebt. Er kehrt unverzüglich nach Weimar zurück.

Im haus am Frauenplan sind Christianes letzte Lebenstage angebrochen. Sie sind unsagbar qualvoll. Die Patientin leidet entsetzliche Schmerzen. Sie wird zwar ärztlich versorgt, die Schwägerin, Caroline und eine junge Schauspielerin sind um sie. Aber weder sie noch der Arzt können ihr helfen. Sie hat keine Krankenwärterin, in den Nächten ist sie allein. Die todkranke Frau macht ein unvorstellbares Martyrium durch, zerbeißt sich die Zunge. Der langjährige Lebensgefährte und Gemahl zieht sich in seine Zimmer zurück, schreibt an den *Divan*-Gedichten weiter, erledigt die Post, unternimmt eine Spazierfahrt, erkältet sich – es ist Anfang Juni – und muss mit einem Fieberanfall zu Bett. Goethe betritt das Krankenzimmer seiner Frau nicht, spricht ihr kein tröstendes Wort zu, weil er dem Tod nicht ins Auge sehen kann, weil er sich Eindrücke und Bilder ersparen will, die ihn bis an sein eigenes Ende verfolgen würden. Jetzt, da er selbst krank ist, wird man von ihm nicht erwarten können, dass er seiner Frau beisteht. Mit der Flucht in die Krankheit entledigt er sich jeder hilfreichen Verpflichtung.

»Gefährliches Befinden meiner Frau« (1. Juni). »Verschlimmerter Zustand meiner Frau« (2. Juni). »Meine Frau in der größten Gefahr« (3. Juni). »Meine Frau noch immer in äußerster Gefahr« (4. Juni), notiert er in diesen Tagen. Johann Wolfgang von Goethe ist sich über den Ernst der Situation im Klaren. Er verdrängt den Tod in das Tagebuch.

Über den Zustand des Ehepaares wird die interessierte Öffentlichkeit durch ein im Haus aufgelegtes

Bulletin informiert. Am Morgen des 6. Juni ist darin zu lesen: »Die Frau Geheimrätin liegt noch immer äußerst schwach, besinnungslos, von fürchterlichen Krämpfen gefoltert, darnieder, wahrscheinlich ist ihre Auflösung nicht mehr fern. Der Herr Staatsminister hat diese Nacht wohl geschlafen, der Kopf ist frei und leicht, wird aber ohngeachtet noch heute das Bett nicht verlassen.«

Um die Mittagszeit wird Christiane Vulpius-Goethe von ihren furchtbaren Qualen erlöst. Sie ist, einundfünfzig Jahre alt, einer Urämie erlegen. Goethe notiert in seinem Schreibkalender: »Gut geschlafen und viel besser. Nahes Ende meiner Frau. Letzter fürchterlicher Kampf ihrer Natur. Sie verschied gegen Mittag. Leere und Totenstille in und außer mir. Ankunft und festlicher Einzug der Prinzessin Ida und Bernhards. Hof. Meyer. Riemer. Abends brillante Illumination der Stadt. Meine Frau um 12 Nachts ins Leichenhaus. Ich den ganzen Tag im Bett.«

Christianes Leichnam wird zum St. Jakobsfriedhof gebracht. Im dortigen Leichenhaus wacht eine Totenfrau an ihrer Bahre, wie es in Weimar Vorschrift ist. Im Morgengrauen des 8. Juni 1816 wird sie beerdigt. Ihr Mann nimmt am Begräbnis nicht teil. Am Nachmittag desselben Tages findet in der Stadtkirche die Trauerfeier für sie statt. Johann Wolfgang von Goethe ist nicht dabei. Er ist wieder genesen. Er empfängt an diesem Tag seine drei Ärzte, heftet Akten, macht einen Spaziergang, erledigt eine umfangreiche Korrespondenz, nimmt mit August das Mittagmahl ein, liest englische Journale und berät mit Hans Heinrich Mayer den Ausbau des Weimarer Schlosses. An Carl Friedrich Zelter, dem beständigsten Freund seines Lebens, schreibt er: »Wenn ich Dir derber geprüfter Erdensohn vermelde, dass meine liebe, kleine Frau uns in diesen Tagen verlassen, so weist Du was es heissen soll.«

Opferbereite Anbeterin

COSIMA WAGNER

SIE WAR DIE zweite Tochter des im 19. Jahrhundert in ganz Europa gefeierten Klaviervirtuosen und Komponisten Franz Liszt. Liszt, der sich nach der Übersiedlung seiner Familie vom kaiserlichen Wien nach Paris vom musikalischen Wunderkind zum Salonlöwen und Topstar in den Konzertsälen mauserte, flogen aus allen Schichten und Himmelsrichtungen die Frauenherzen zu.

Unter seinen zahlreichen Verehrerinnen war auch eine ungewöhnlich schöne, gebildete, geistvolle Dame adeliger Abkunft namens Marie d'Agoult. Sie war verheiratet und Mutter zweier Kinder. Aber als sie eines Tages dem jungen, an der Schwelle des Ruhms stehenden Tastenkünstler begegnete, war es um sie geschehen. Sie entschloss sich, die Familie zu verlassen und mit Franz Liszt ein neues Leben zu beginnen.

Das Liebespaar flüchtete aus Frankreich und ließ sich in der Schweiz nieder. Dort brachte die standesbewusste Aristokratin im Dezember 1835 eine Tochter zur Welt, die auf den Namen Blandine getauft wurde.

Das Zusammenleben mit dem rastlosen, um sechs Jahre jüngeren Partner war zunächst von schöpferischer

Harmonie geprägt. Der Gleichklang ihrer musikalischen und literarischen Neigungen überdeckte ihre Wesensgegensätze. Die Gräfin war von der pianistischen Meisterschaft ihres Liebhabers fasziniert. »Wenn er sich an den Flügel setzt und frei von allen Sorgen den Genius walten lässt, der sich seiner bemächtigt, gewinnt seine Schönheit einen Grad von Hoheit, den nur seine Hörer ermessen können. Seine Blässe nimmt zu, seine Nasenflügel weiten sich, ein nervöses Zittern bewegt seine Lippen, ein stolzer, gebietender Blick sucht nicht, fragt nicht mehr: er herrscht und befiehlt ...« notierte sie verzückt in ihrem Tagebuch.

Am Weihnachtstag des Jahres 1837 gebar Marie in einer Villa in Bellagio am Comer See eine zweite Tochter, Cosima, und etwas mehr als ein Jahr später in Rom einen Sohn, Daniel.

Um diese Zeit war das Liebesverhältnis zwischen dem umschwärmten Frauenfreund, der sich durch Familienbande eingeengt fühlte, und der Mutter seiner drei Kinder bereits brüchig geworden. Die Bindung zerbrach schließlich, löste sich in Nichts auf. Marie d'Agoult kehrte nach Paris zurück und begann unter dem Pseudonym Daniel Stern eine literarische Karriere. Franz Liszt zog in einem beispiellosen Triumphzug durch die europäischen Konzertsäle und taumelte von einer Liebesaffäre in die andere, bis er schließlich in den Armen der polnischen Fürstin Carolyne von Sayn-Wittgenstein landete. Die Fürstin, eine überzeugte, fromme Christin, war zwar verheiratet und hatte eine Tochter. Aber das störte weder sie noch den liebeshungrigen Virtuosen.

Und die liszt-sprösslinge? Sie blieben auf der Strecke, Waisenkinder mit Vater und Mutter.

Franz Liszt. Porträt-Lithographie nach einer Zeichnung von Josef Kriehuber, 1846

Blandine, Cosima und Daniel kommen zunächst in die Obhut der Mutter von Franz Liszt. Die herzensgute Frau sorgt liebevoll für sie, schickt die beiden Mädchen mit Einwilligung des Sohnes in ein Lyzeum, wo sie streng religiös erzogen werden, Klavierspiel- und Tanzunterricht erhalten, ein bisschen Geschichte, Geografie und Fremdsprachen lernen, Goethe, Schiller und Shakespeare lesen und deklamieren. Cosima (und natürlich auch die ältere Schwester) steht mit dem Vater, an dessen glanzvoller Karriere sie regen Anteil nimmt und den sie anbetet, in brieflicher Verbindung.

Franz Liszt meidet Paris. Die Kinder bekommen ihn nicht zu Gesicht, und auch die Mutter kümmert sich nicht um sie, geht ihre eigenen Wege. Dem elterlichen Erziehungsvakuum macht schließlich die willensstarke, herrschsüchtige polnische Fürstin ein Ende. Sie reißt die Initiative an sich, überträgt ihrer ehemaligen Gouvernante, einer zweiundsiebzigjährigen Greisin namens Patersi de Fossombroni, die weitere erzieherische Ausbildung der Liszt-Töchter. Blandine und Cosima machen den schüchternen Versuch, sich zu wehren, natürlich ohne Erfolg.

Madame Fossombroni führt ein strenges Regiment, das auf völlige Unterordnung, auf Auslöschung des eigenen Willens ausgerichtet ist. »Wenn ihr euch wehgetan habt, lasst euch nichts anmerken. Ihr müsst stark sein – Tränen sind umsonst vergossenes Wasser. Ihr solltet beten, aber nicht unterwürfig sein. Gott liebt die Stolzen«, hämmert sie den Mädchen ein. Diese lieblosen Erziehungsgrundsätze prägen sie zutiefst. Die scheue, gehemmte Cosima ist auf Unterwerfung getrimmt, es ist ihr Schicksal, sich zu fügen. Erst in ihrer zweiten Lebenshälfte wird sie, aus der Umklammerung durch männliches Dominanzverhalten gelöst, ihre schöpferische Kraft entfalten, ihren Willen durchsetzen können.

Sie ist kein schönes Mädchen und sie wird auch keine männerbetörende Frau. Sie hat ein schmales, scharfgeschnittenes Gesicht, eine überlange Nase, ihre schlanke, hohe Gestalt hat etwas Storchenhaftes an sich. Cosima ist fünfzehn, ein pubertierender Backfisch, als sich die Eltern, die sie bisher sträflich vernachlässigt haben, plötzlich wieder in ihr Leben drängen. Der Vater kommt in Begleitung seiner Lebensgefährtin, deren Tochter und mit seinem Freund, dem Komponisten Richard Wagner, in die französische Hauptstadt. Wagner rezitiert und singt Partien aus dem *Ring des Nibelungen*, seinem bisherigen Hauptwerk. Cosima lauscht aufmerksam, ist berührt. Der um vierundzwanzig Jahre ältere Komponist beachtet das scheue Mädchen nicht.

Nun tritt auch die Mutter wieder in Erscheinung. Sie lädt Cosima und ihre beiden anderen Kinder in ihren luxuriösen Salon ein, stellt ihnen die Dichter und Künstler vor, mit denen sie verkehrt, besucht mit ihnen Konzerte und Museen. Die Verwirrung der jugendlichen Gefühle ist perfekt. Wem sollen sie sich anvertrauen, wem ihre Liebe schenken, dem flatterhaften, ruhmreichen Vater oder der schönen, exzentrischen Mutter?

Als Liszt und seine Lebensgefährtin von der mütterlichen Initiative erfahren, handeln sie unverzüglich. Sie laden die Töchter auf ihr Anwesen in Altenburg bei Weimar ein – Liszt ist seit 1848 als Kapellmeister in der Goethestadt tätig –, nur, um sie wenig später nach Berlin zu schicken, wo sie eine neue Erzieherin erhalten: Franziska von Bülow. Vom geliebten Bruder müssen sie sich trennen. Da hilft alles Flehen und Betteln nichts. Blandine und Cosima sind bedauernswerte Schachfiguren im Kampf der Eltern um Macht und erzieherischen Einfluss.

Der Abschiedsschmerz sitzt tief. Cosima wird ihn lange mit sich herumtragen.

Die Baronin von Bülow, die erst kurz zuvor von ihrem Mann geschieden worden ist, lebt mit ihrem Sohn in bescheidenen Verhältnissen. Sie ist eine Matrone, halsstarrig, streng und hart. Der Sohn, ein begabter Pianist und Dirigent, Lieblingsschüler von Franz Liszt, leidet unter ihrer konstanten Gängelei, die auch die beiden Mädchen bald zu spüren bekommen. Auch wenn sie es gut mit ihnen meint, mütterliche Gefühle bringt sie ihnen nicht entgegen.

Hans von Bülow erteilt auf Wunsch seines verehrten Lehrers Blandine und Cosima Klavierunterricht. Er ist voll des Lobes über ihre musikalische Begabung, ihren Bildungseifer, ihr vorbildliches Benehmen. Vor allem Hans und Cosima haben gemeinsame Interessen, sie kommen einander geistig und seelisch näher. Cosima dürstet nach Liebe, der kränkliche, launenhafte, von Selbstzweifeln geplagte Hans von Bülow nach Anerkennung. Die Liszt-Tochter stärkt ihm nach dem Misserfolg der Tannhäuser-Ouvertüre, die er in Berlin aus der Taufe gehoben hat, den Rücken. Man feiert heimlich Verlobung. Hans ringt sich erst nach sechs Monaten zu dem Entschluss durch, beim Vater in aller Form um die Hand des Mädchens anzuhalten. Franz Liszt zögert seine Zustimmung hinaus. Er weiß um die Heftigkeit Bülows, kennt seine Launen und Wutausbrüche. Cosima würde darunter zu leiden haben. Aber er kann und will sich den Wünschen der Verlobten nicht verschließen.

Am 18. August 1857 findet im Beisein des Brautvaters in der katholischen St. Hedwigskirche zu Berlin die Trauung statt. Die Mutter ist dazu nicht eingeladen, die Großmutter in Paris äußert ihre Bedenken. Sie ist eine

Cosima, die Tochter Franz Liszts und der Gräfin Marie d'Agoult, in erster Ehe mit dem Dirigenten Hans von Bülow verheiratet. Foto: Elliot & Fry, London, um 1865

Frau mit großer Lebenserfahrung und gesundem Menschenverstand.

Die Hochzeitsreise unternimmt das neu vermählte Paar nicht nach dem Süden, an einen See in Italien oder an das Meer, wie das üblich ist, sondern zu Richard Wagner nach Zürich. Hans von Bülow ist ein kritikloser Wagner-Verehrer. Der Meister, der erst ein paar Monate zuvor auf Einladung reicher Gönner, der Familie Wesendonck, in ein Haus neben deren Villa am Stadtrand von Paris übersiedelt ist, braucht ihn. Er will mit ihm seine neuesten Kompositionen spielen, die Skizze des zweiten Aktes von *Siegfried*, und ihm aus dem *Tristan* vorlesen. Hans Bülow folgt dem Ruf, seine opferbereite junge Frau verzichtet auf die Flitterwochen. Richard Wagner näher kennen zu lernen, muss ein Erlebnis sein.

In den Wochen, die Cosima und ihr Ehemann im »Asyl«, Wagners vorübergehendem Aufenthaltsort, verbringen, begegnet die Liszt-Tochter nicht nur dem 1,53 cm großen Musikgenie, sondern auch dessen Frau Minna und Mathilde Wesendonck, der kultivierten Gattin seines Gönners, des rheinländischen Industriellen Otto Wesendonck. Minna, seit einundzwanzig Jahren mit Wagner verheiratet, ist kränklich. Die Ehe ist zerrüttet. Mathilde ist seine Muse. Mit ihr verbindet ihn eine romantisch-geistige Beziehung. Oder doch mehr?

Die beiden Frauen sind einander spinnefeind. Die einfühlsame Cosima ist irritiert. Da Wagner, dessen Musik sie ungeheuer berührt, geradezu seelisch aufwühlt, sie herablassend behandelt, fließen an so manchem Tag die Tränen. Als sich die Bülows im Jahr darauf, im Sommer 1858, abermals im »Asyl« einfinden, wird Cosima Zeuge heftigster Szenen zwischen Wagner und seiner Frau, die Mathilde Wesendonck als Rivalin betrachtet und sie mit ihrer Eifersucht quält. Cosima wird von beiden Seiten in das amouröse Verwirrspiel hineingezogen. Sie ergreift für keine von ihnen Partei, sie empfindet Mitleid mit dem Mann, sieht ihn als Opfer weiblicher Intrigen und Verführungskünste. Richard Wagner ist ein Künstler, ein Genie. Die Frau hat ihm zu dienen. Als das Ehepaar Bülow Abschied nimmt, ergreift sie Wagners Hand und bedeckt sie mit Küssen.

Die ehe cosimas steht von allem Anfang an unter keinem guten Stern. Hans ist jähzornig, reizbar, arbeitswütig, perfektionsbesessen, streitsüchtig. Er ist ein meisterhafter Pianist und ein großartiger Dirigent, der in den Konzertsälen Triumphe feiert. Aber er ist ein schwieriger Mensch ohne jedweden Familiensinn. Cosima leidet unter seiner Launenhaftigkeit und auch darunter, dass er nur ein nachschöpferischer Künstler ist und kein schöpferischer Geist. Ihr Versuch, aus dem Dirigenten einen Komponisten zu machen, scheitert.

Sie ist viel allein, fühlt sich unausgelastet, unverstanden und von ihrem Mann vernachlässigt. Schwere Schicksalsschläge machen ihr seelisch arg zu schaffen. Ihre beiden geliebten Geschwister, Daniel und Blandine, sterben lange vor der Zeit in der Blüte ihres Lebens. »Die außergewöhnliche Stellung, die uns unsere Geburt geschaffen, hatte zwischen uns drei Geschwistern ein Band gewoben, von dem sich schwer die Mehrzahl der Brüder und Schwestern ein Bild zu machen vermag und welches ich jetzt wie eine schwere, lastende Kette nachschleppe. Ich werde nichts mehr so lieben, wie ich diese geliebt habe, und ich habe oft das Gefühl, dass ich entwurzelt bin, da ich mit dem Herzen diese beiden Wesen suche, die so jung, so wahrhaft heilig, so ganz mein gewesen sind, und ich fühle nichts anderes als Leere …«, beschreibt sie einem befreundeten Ehepaar ihre Gefühle. Um diese Zeit ist sie zum zweiten Mal schwanger: am 20. März 1863 bringt sie eine Tochter zur Welt, Blandine (Daniela, das ältere der beiden Bülow-Mädchen, hat sie am 12. Oktober 1860 geboren). Der Vater nimmt von der Geburt kaum Notiz. »So elend fühlte ich mich damals«, klagt Cosima ein paar Jahre später, »dass ich keinem sagte, dass die Geburtswehen über mich kamen und dass das Kind bereits da war, als man die Hebamme rief. Die Schwiegermutter wohnte im Haus, Hans war anwesend, Bedienung war genügend da, und ich wanderte einsam im Salon und wand mich wie ein Wurm und winselte; ein unaufhaltsamer Schrei weckte das Haus, und sie trugen mich auf mein Bett, wo Boni dann auch herauskroch.«

Hans von Bülow geht völlig in seiner Arbeit auf. Er ist eingesponnen in seine eigene Welt, er kümmert sich nicht um seine Familie, schaut nicht nach links und rechts. Und so merkt er auch nicht, dass sich Cosima innerlich längst von ihm abgewendet hat. Ihr Herz schlägt seit langem für Richard Wagner, ihn betet sie an, er ist der Genius, dem sie dienen will mit ihrer hingebungsvollen Opferbereitschaft.

Cosima ist ehrgeizig. Sie strebt nach Ruhm. Und da sie als Frau in der männerdominierten Gesellschaft des 19. Jahrhunderts ihre Begabungen und Talente nicht zur Geltung bringen kann, will sie als Dienerin am Werk eines Großen in der Welt der Kunst eine Rolle spielen.

Richard Wagner, mit dem die Bülows immer wieder zusammentreffen, spürt die Zuneigung Cosimas. Er ist ein Frauenfreund. Mit Frauen kennt er sich so gut aus wie in der germanischen Mythologie. Es dauert aber doch einige Zeit, ehe sich Herz zu Herzen findet.

Auf einer Spazierfahrt, die sie am 28. November 1863 in Berlin unternehmen – Bülow ist auf einer Konzert-

Hans von Bülow. Fotografie, um 1885

probe –, springt dann der zündende Funke über. »Wir blickten uns stumm in die Augen«, erinnert sich der Komponist in seiner schwülstigen Autobiographie *Mein Leben*, »und ein heftiges Verlangen nach eingestandener Wahrheit übermannte uns ... Unter Tränen und Schluchzen besiegelten wir das Bekenntnis, uns gegenseitig anzugehören. Uns war Erleichterung geworden.« Das klingt nach pubertärem Pathos. Richard Wagner war über dieses Alter damals natürlich weit hinaus. Er hatte immerhin ein halbes Jahrhundert auf dem Buckel, Cosima war sechsundzwanzig. Ob es an diesem Tag zur körperlichen Vereinigung gekommen ist, wissen nur die beiden. Den 28. November haben sie jedenfalls jährlich gemeinsam gefeiert.

Im privaten Bereich geht Richard Wagner jetzt einen neuen Weg und auch im künstlerischen bahnt sich ein neuer Abschnitt an. Der auf großem Fuß lebende, schwer verschuldete Komponist findet jenen Mäzen, der ihm fürderhin ein sorgenfreies Schaffen garantiert: König Ludwig II. von Bayern.

Schon der fünfzehnjährige, romantisch veranlagte Kronprinz war bei einer Aufführung von Wagners *Lohengrin* zu Tränen gerührt worden. Er hat das Opern-Textbuch auswendig gelernt, Wagners Programmschriften gelesen. Jetzt, Anfang Mai 1864, kurz nach seiner Thronbesteigung, lässt er den von ihm abgöttisch verehrten Künstler nach München holen und empfängt ihn in Audienz. Der einundfünfzigjährige Tonsetzer sieht sich einem groß gewachsenen (1,91 m großem), blendend aussehenden Jüngling von neunzehn Jahren gegenüber, der ihm eineinhalb Stunden seiner kostbaren Zeit schenkt und ihm im Verlauf des Gesprächs großzügige Versprechen und Zusicherungen macht. Der junge »Märchenkönig« sichert dem »Pumpgenie« finanzielle

Hilfe für die Fortführung des *Rings des Nibelungen* zu, setzt ein Jahresgehalt von 4000 Gulden für ihn aus und stellt ihm die Villa Pellet am Starnberger See zur Verfügung.

Es ist der Beginn einer Beziehung, die sich über Verstimmungen, ernsthafte Krisen und bedrohliche Konflikte hinweg bis zum Tod Wagners erstrecken wird. Wagner ist begeistert. »Er ist göttlich«, schrieb er einer Freundin. »Bin ich Wotan, so ist er Siegfried.«

Der dichtende Komponist und komponierende Dichter, der das deutsche Kulturleben von Grund auf verändern will, hüllt sich in seinem neuen Haus in Samt und Seide. Luxus und Pomp sind ein wesentlicher Teil seines Wesens. Aber er ist einsam. Er braucht jemanden um sich. Also lädt er Bülow ein, »mit Weib, Kind und Magd« zu ihm zu kommen. »Wahrlich Ihr Guten!« ruft er den Bülows am Ende seines Einladungsschreibens zu, »nur Ihr fehlt mir noch zu meinem Glück!«

Das Glück kommt in Gestalt Cosimas, die sich mit ihren beiden Töchtern Ende Juni im Haus Pellet einfindet. Spätestens jetzt wird sie Richard Wagners Geliebte. Der Gemahl findet sich erst acht Tage später ein. Hat er keine Augen im Kopf? Sieht er nicht, was sich abspielt, oder will er es nur nicht wahrhaben?

Im Herbst 1864 übersiedelt das Musikgenie über Wunsch seines neuen Gönners nach München und bezieht ein Haus in der Briennerstraße Nr. 21. Er lebt dort wie ein Fürst. Die Bülows mieten sich in einer Wohnung in der unmittelbaren Nähe ein.

Cosima ist im dritten Monat schwanger. Von wem? Die angehende Mutter ist sich selbst nicht ganz sicher. Und was die Sache noch komplizierter macht: Sowohl der Ehemann wie der Geliebte beanspruchen die Vaterschaft für sich. Bülow sah die am 10. April 1865 geborene Tochter, die auf den Namen Isolde getauft wurde, als sein Kind an und überließ ihr testamentarisch einen Teil seines Erbes. Wagner brachte sich etliche Jahre später als Vater ins Gespräch. Nach Beendigung seiner kompositorischen Arbeit an der *Götterdämmerung* vermerkte er: »So geschehen und geschlossen am Tage, da mir vor 7 Jahren meine Isolde geboren wurde. 10. April 1872 RW.«

Im Augenblick der Geburt hatte er es für besser gehalten, zu schweigen. Wer bekannte sich in einer Zeit strengster monogamischer Moralvorstellungen in aller Öffentlichkeit zum Ehebruch?

DIE NÄCHSTEN FÜNF Jahre werden die schwersten und seelisch belastendsten im ereignisreichen Leben der eigenwilligen Liszt-Tochter. Cosima steht zwischen zwei Männern, obwohl sie sich bereits für den schöpferischeren, genieträchtigeren der beiden entschieden hat. Innerlich hat sie sich von Hans von Bülow längst gelöst, aber die endgültige Trennung von ihm ist ein langwieriger, mühsamer Prozess. Die Ehe muss nach außen hin als intakt gelten, der Schein muss gewahrt bleiben. Das erfordert Verstellungskunst, List, Heuchelei, Rücksichtslosigkeit gegenüber dem Ehepartner, Herzenskälte. Cosima besitzt diese Eigenschaften. Sie sind ihr teils angeboren, teils macht sie sie sich zu Eigen.

In München pendelt sie zwischen den beiden Haushalten hin und her, wird Wagners Sekretärin, erledigt seine Korrespondenz, bringt seine Autobiographie zu Papier, regelt seine gesellschaftlichen Verpflichtungen, führt Verhandlungen mit dem König und den Hofstellen. Das ist aufreibend, zermürbend. Aber sie hält durch. Sie hat einen eisernen Willen, und sie weiß, was sie will.

Richard Wagner feiert in München einen musikalischen Triumph. Seine Oper *Tristan und Isolde* wird stürmisch umjubelt. Der Erfolg macht ihn kühn. Er stellt überzogene finanzielle Forderungen an den König und mischt sich völlig unnötigerweise und mit widerwärtiger Deutschtümelei in die bayerische Politik ein. Ein Sturm der Entrüstung fegt durch das Land. Ludwig II. bleibt nichts anderes übrig, als sein Idol auszuweisen. »Ich konnte nicht anders, seien Sie davon überzeugt; zweifeln Sie nie an der Treue Ihres besten Freundes – Es ist ja nicht für immer«, schreibt ihm der Monarch.

Richard Wagner verlässt am 10. Dezember 1865 in Begleitung eines Dieners und seines Hundes Pohl Bayern. Cosima bleibt in München. In der Hauptstadt des Königreiches munkelt man bereits über ihre Liaison mit dem kleingewachsenen Musikgenie. Sie will nicht noch Öl in das Feuer der Empörung gießen.

Am 25. Januar 1866 stirbt Wagners Frau Minna in Dresden. Der Ehemann, der trotz vieler Krisen dreißig Jahre mit ihr verbunden gewesen ist, bleibt dem Begräbnis fern. Er ist mit der Arbeit an den *Meistersingern* und der Suche nach einem Heim beschäftigt. Gemeinsam mit Cosima, die ihm in Genf, wo er sich gerade aufhält, einen Besuch abstattet, findet er auf einer Landzunge bei Luzern am Vierwaldstätter See ein Haus, das ihm ins Auge sticht. Es ist eine einfache, zweistöckige Villa mit einer herrlichen Aussicht auf die umgebende Bergwelt. Wagner, der sie sprachverliebt »Tribschen« nennt, mietet sie, natürlich mit dem Geld des spendenfreudigen Königs, und lädt Hans von Bülow mit seiner Familie ein, zu kommen. »Hans! Du erfüllst mir meine Bitte?« schreibt er ihm. »Du weißt, dass ich Dich liebe und dass … nichts, nichts mich an das Leben fesselt als Du und die Deinigen.« Das ist typisch Richard Wagner.

Ist Bülow noch immer mit Blindheit geschlagen? Er willfahrt der Bitte des von ihm hochverehrten Meisters. Am 11. Mai 1866 quartiert sich Cosima mit ihren drei Töchtern in Tribschen ein, hält aber zum Schein für die Öffentlichkeit Kontakt zu ihrem gehörnten Ehemann. Richard Wagner, davon ist sie überzeugt, ist ihr Lebensmensch. Für ihn, dem sie sich als Frau völlig hingibt und dessen Genialität sie anbetet, nimmt sie alles in Kauf: den Ruf als Ehebrecherin und die damit verbundene gesellschaftliche Ächtung, die Vorwürfe des Vaters, der für Bülow Partei ergreift, die Schmähungen der Tagespresse, den Hohn, den die Öffentlichkeit auf ihrem Haupt ablädt. Für Richard Wagner tut sie alles. Sie unterwirft sich in restloser Selbstverleugnung völlig seinem Willen, führt durch, was er von ihr verlangt, lügt, heuchelt, schwört Meineide. Sie hält den Alltag von ihm fern, führt den Haushalt, erledigt die Korrespondenz.

Am 17. Februar 1867 bringt sie eine Tochter zur Welt, die den Namen Eva erhält, nach der weiblichen Hauptfigur in den *Meistersingern*. Obwohl er mit Sicherheit weiß, dass er nicht der Vater ist, eilt Bülow nach Tribschen, setzt sich an das Wochenbett. Cosima soll auf seinen verzeihenden Satz »Je pardonne« unbarmherzig geantwortet haben: »Es genügt nicht zu verzeihen, es braucht Verständnis.«

Bülow macht gute Miene zum bösen Spiel. Er lässt sich von Wagner dazu überreden, nach München zurückzukehren und dort die Aufführung der *Meistersinger* zu übernehmen. Cosima kommt mit den Kindern, und auch der Komponist findet sich natürlich vorübergehend wieder in der ungeliebten Stadt ein. Die musikalische Zusammenarbeit zwischen den beiden Freunden und Liebesgegnern klappt ausgezeichnet. Cosima,

Hans und Richard bieten vor der Öffentlichkeit das verlogene, scheinheilige Schauspiel trauter Eintracht.

Die *Meistersinger* erzielten bei der Premiere einen Publikumserfolg. Wagner, der der Aufführung in der Loge des Königs beiwohnte, nahm an der Brüstung die Ovationen der Opernbesucher entgegen, was ihm als Verstoß gegen die Etikette heftige Kritik eintrug. Um Etikettefragen und Anstandsregeln hat sich der Meister freilich nie geschert.

Wagner reist in die Schweiz zurück, Cosima bleibt zunächst in München und unternimmt dann mit dem Geliebten eine Italienreise. Das unselige Dreiecksverhältnis, das längst keines mehr ist, steuert nun langsam auf eine Entscheidung zu. Cosima entschließt sich nach längerer Überlegung, Bülow die Scheidung ihrer Ehe vorzuschlagen. Der wagnerhörige Dirigent, dem als Gatte keine Demütigung erspart geblieben ist, will davon nichts wissen. Jetzt, bei dieser Gelegenheit, in diesem letzten Stadium ihrer Beziehung, trumpft er auf. Rache ist süß. Er verlangt, dass seine Töchter bei ihm bleiben. Kurz entschlossen verlässt Cosima mit ihren beiden Jüngsten München. Als sie am späten Abend des 16. November 1868 in Tribschen ankommt, ruft sie Wagner, der sie freudig begrüßt, zu: »Dieses Mal komme ich nicht auf Besuch. Ich bleibe für immer bei dir. Ich werde dich niemals verlassen.«

DIE WÜRFEL SIND endgültig gefallen. Das Versteckspiel ist zu Ende. Für Cosima beginnt jetzt ein neuer Lebensabschnitt, der für sie ein Wiedergeburt ist, eine Erlösung. Wagner ist der »Erretter ihrer Seele«. »Ich bin immer überwältigt von seiner Güte zu mir, bei dem stets tiefer Innerwerden seiner Größe, dass ich eigentlich in seiner Gegenwart immer in Tränen zerfließen

möchte«, notiert sie in ihrem holprigen Deutsch am
1. Januar 1869 in ihrem Tagebuch, das sie jetzt zu führen
beginnt und das für die letzten vierzehn Jahre von Wagners Leben von unersetzlichem Wert ist. Cosima vermerkt minuziös alles, was sich in Tribschen abspielt,
von den alltäglichen Dingen des Lebens bis in die feins-
ten Regungen ihrer Seele. Sie hält das alles für ihre Kinder fest und natürlich auch für die Nachwelt. Es bleibt
daher so manches ausgespart, ungesagt. Mit Kritik am
genialen Liebhaber ist sie sparsam.

Und wie sah der Alltag aus, das Zusammenleben des
Musikgenies mit seiner ihn vergötternden Muse? Es ist
von Harmonie geprägt und von tiefer geistiger Verbundenheit, auch wenn nicht alles eitel Wonne ist. Wagner
arbeitet tagsüber mit mittäglicher Unterbrechung am
Siegfried, während sie für seine Bequemlichkeit sorgt,
den großen Haushalt führt, mit acht Bediensteten, einem
Notenkopierer und zahlreichen Haustieren. Im Haus
räkeln sich ein Neufundländer und ein Pinscher, im
Stall steht ein Pferd, im Garten schlagen die beiden
Pfauen ihr Rad, die – wie könnte es anders sein? – Wotan
und Fricka heißen. Und dann gibt es jede Menge Katzen,
Hühner und Schafe.

An den Abenden diktiert er ihr ein paar Seiten seiner
Lebenserinnerungen, die sie am nächsten Morgen ins
Reine schreibt, sie lesen gemeinsam Klassiker: Shakespeare, Homer, Platon, oder sie musizieren. Er spielt ihr
auch aus seinen Werken vor, weiht sie in seine Arbeit
ein. Cosima ist in diesen Stunden unsagbar glücklich,
sie lebt dann auf, befreit sich aus dem Kerker ihres
Gewissens. Sie hat Bülow gegenüber Schuldgefühle,
sehnt sich nach den beiden älteren Kindern.

In diesem ersten Jahr in Tribschen ist sie innerlich
aufgewühlt und unausgeglichen. Sie weint viel, legt sich

Buße auf, kasteit sich, versagt sich jedes Vergnügen. Richard lässt sie in diesen düsteren Stunden nicht in ihre Seele schauen. Es würde ihn nur unnötigerweise belasten und seine Gedankenflüge behindern. Sie fühlt sich dazu berufen, seinem Genie zu dienen, es vor jeder Unbill zu beschützen. Wagner gegenüber zeigt sie sich von ihrer heiteren Seite, und wenn er Bemerkungen macht wie: »Du bist mein Abgott, und das ist gewiss noch nicht da gewesen, dass ein Weib einen Menschen wie mich so gänzlich erfüllt hat, ihm so alles gewesen ist«, wenn er sie die »Unvergleichlichste«, die »Unaussprechliche« nennt, erfüllt sie das mit tiefer innerer Befriedigung. Wagner kann charmant sein, aber alles muss sich um ihn drehen, Widerspruch verträgt er nur schwer. Er ist der Gebieter, der Herr im Haus. Richard Wagner ist ein frauenliebhabender Männerrechtler. Das Weib, davon ist er zutiefst überzeugt, ist passiv, zum Gehorchen bestimmt, unschöpferisch, ein »Acker, in den der Mann seinen Samen streut«. Die Frau ist nur dazu da, dem Mann zu Diensten zu sein, ihm ein möglichst sorgenfreies Leben zu ermöglichen, das Haus zu besorgen, die Kinder zu erziehen.

Diesem Anspruch fügt sich Cosima widerspruchslos. Sie ist allerdings keine Sklavennatur. Das wird sie noch beweisen.

Richard und Cosima führen in den ersten Monaten in Tribschen ein stilles, zurückgezogenes Leben. Cosima verlässt kaum das Grundstück. Sie ist wieder schwanger, sie möchte alle ihre Kinder um sich haben. Bülow bleibt zunächst unerbittlich. Dann aber erlaubt er Daniela und Blandine, die Mutter zu besuchen, und findet sich damit ab, dass sie auf Dauer bei ihr bleiben.

Am 5. Juni 1869 wird Cosima von einem Knaben entbunden. Er erhält nach dem Helden der Oper, an der

Wagner gerade arbeitet, den Namen Siegfried. Die Eltern sind vor Freude außer sich, sie sind fester denn je aneinander gebunden, wenn auch dieses Kind in den Augen der Öffentlichkeit einer ehebrecherischen Beziehung entstammt. Ihren Ehemann informiert Cosima erst nach vierzehn Tagen über die Geburt und ersucht ihn gleichen Atems, einer Scheidung der Ehe zuzustimmen. Hans von Bülow antwortet auf ihren Brief mit einem seitenlangen Schreiben, in dem er sich als Kavalier vom Scheitel bis zur Sohle erweist. Er nimmt die ganze Schuld für das Zerbrechen der Ehe auf sich, billigt Cosimas Entschluss, »ihr Leben, die Reichtümer ihres Herzens und ihres Geistes einer wahrhaft höheren Existenz zu weihen«, stimmt ihren Vorschlägen für die Aufteilung des Vermögens zu und willigt in das Scheidungsverfahren ein, das sich dann endlos hinzieht.

Nach der offiziellen Trennung von ihrem ersten Ehemann heiraten Cosima, geborene Liszt und geschiedene von Bülow, und Richard Wagner am 25. August 1870 in der kleinen protestantischen Kirche von Luzern im Beisein der Kinder. In ihrem Tagebuch vermerkt sie: »Um acht Uhr fand unsere Trauung statt. Möge ich würdig sein, Richards Namen zu tragen. Meine Andacht hat sich auf zwei Punkte gesammelt: Richards Wohl, dass ich es stets befördern könnte, Hansens Glück, dass es ihm fern von mir beschieden sei, ein heiteres Leben zu führen.« Wagner schreibt an eine befreundete Frau: »Sie hat jeder Schmach getrotzt und jede Verdammung auf sich genommen.«

COSIMA IST ERLEICHTERT. Sie kann jetzt unbefangen leben, freier ihrer Bestimmung nachgehen. Denn dass ihr das Schicksal die Aufgabe übertragen hat, sich zu opfern, einem Genie zu dienen, davon ist sie

Cosima und Richard Wagner. Atelieraufnahme,
Wien, 9. Mai 1872

felsenfest überzeugt. In ihrem Tagebuch reflektiert sich dieses Sendungsbewusstsein. »Auch empfinde ich es deutlich«, heißt es darin, »wie eine Gottheit in mir waltet, die mich bestimmt hat, und dass i c h nicht gewollt und gewählt habe.« Und weiter: »Mir ist, als ob jedes persönliche Leben für mich aufgehört hat und ich nur noch in ihm und in den Kindern bin.« Sie identifiziert sich völlig mit ihm und seinem »göttlichen Werk«.

Das selbstgefällige Genie nimmt ihre Anbetung wie eine gottgewollte Selbstverständlichkeit hin und dankt sie ihr mit schönen Worten. Er könne ohne sie nicht mehr leben und arbeiten, sagt er ihr. »Wir, du und ich, bleiben den Menschen im Gedächtnis. Du vor allem.« Das ist genau das, was sie hören will, was sie sich wünscht. Sie will mit ihm und durch ihn in die Musikgeschichte eingehen.

Nach der durch ihre persönlichen Verhältnisse bedingten Phase der künstlerischen und gesellschaftlichen Isolation stellen sich in Tribschen nun Besucher ein. Einer davon, der später durch seine philosophischen Schriften Weltruhm erlangen wird, ist der damals vierundzwanzigjährige Friedrich Nietzsche. Nietzsche ist seit seinem sechzehnten Lebensjahr ein Bewunderer von Wagners Musik. Er wird in Tribschen von Cosima und Richard herzlich aufgenommen, der Sympathiefunke springt sofort über. Man begegnet und findet einander in germanentreuer, schopenhauerischer Geistesbruderschaft. Der junge Philosoph preist den um dreißig Jahre älteren Meister als energischen Charakter und bezaubernden, liebenswürdigen Menschen, der Wagner sein konnte, aber nicht war. »In ihm herrscht eine so unbedingte Idealität«, schrieb Nietzsche einem Freund, »eine solche tiefe und rührende Menschlichkeit, ein solcher erhab'ner Lebensernst, dass ich mich in seiner Nähe wie in der Nähe des Göttlichen fühle.«

In den nächsten vier Jahren (bis 1872) absolviert Nietzsche dreiundzwanzig Besuche in Tribschen. Er wird in den Familienkreis aufgenommen und von Cosima, die seine intellektuelle Brillanz bewundert, für alle möglichen Freundschaftsdienste herangezogen. Nietzsche, der ihr eine schwärmerische Verehrung entgegenbringt, lässt sich einspannen, zum Mädchen für alles machen. Er besorgt erlesene Speisen (holländische Heringe, russischen Kaviar etc.) für den Haushalt, veranlasst die Drucklegung von Wagners Memoirenwerk *Mein Leben*, ordnet dessen Bibliothek, besorgt Einrichtungsgegenstände für diverse Zimmer. Er steht ganz im Banne des Meisters und seiner bewundernswerten Frau. Nur langsam erkennt er die Widersprüche in Wagners Charakter, sieht er, dass der Germanenfreund ihn vor seinen publizistischen Karren spannen will, dass ihn Cosima mit derselben Absicht umschmeichelt.

Friedrich Nietzsche beginnt sich geistig vorsichtig von seinem Idol zu distanzieren. Bis zum endgültigen Bruch ist es jedoch noch weit. Er erfolgt erst 1876/77 nach einem wechselseitigen Entfremdungsprozess. »Schon im Sommer 1876, mitten in der Zeit der ersten Festspiele, nahm ich bei mir von Wagner Abschied«, begründete der Philosoph, der sich inzwischen einen Namen gemacht hat, seinen Schritt. »Ich vertrage nichts Zweideutiges; seitdem Wagner in Deutschland war, kondeszendierte er Schritt für Schritt zu allem, was ich verachte – selbst zum Antisemitismus.«

Vom Antisemitismus, dem geistigen Krebsgeschwür, das im 19. Jahrhundert metastasisch ins Rassistische hineinwucherte, war Nietzsche selbst nicht frei. Bei Wagner wird er zur krankhaft übersteigerten, verabscheuungswürdigen Weltanschauung. In seiner Broschüre *Das Judentum in der Musik*, die 1869 neu aufgelegt wurde, spricht er den Juden jede kulturelle eigenschöpferische Leistung ab und sieht in der jüdischen Rasse »den geborenen Feind der reinen Menschheit und alles Edlen«, an dem namentlich die Deutschen zugrunde gehen werden. Sein fanatischer Judenhass wird von Cosima geteilt. »Der Jude ist an allem Schuld«, ist ihr gemeinsames Glaubensbekenntnis. Richard Wagner fühlt sich von den Juden verfolgt, obwohl jüdische Musiker seine Opern dirigieren und ihn verehren. Aber ein paar »gute Juden« wiegen noch keine verdammenswerte Rasse auf. Vorurteile sind unerklär- und unausrottbar.

RICHARD WAGNER PFLEGT in Tribschen den ihm gewohnten üppigen Lebensstil. Er hat eine Vorliebe für große Toilette, hüllt sich bei jeder passenden und unpassenden Gelegenheit in kostbare Seide und Samt. Er wird nach wie vor von seinem splendablen Gönner, König Ludwig II. von Bayern, finanziell unterstützt. Aber das Einvernehmen zwischen dem eigenwilligen, größenwahnsinnigen Geldgeber und dem von seiner Größe überzeugten, musikdramatischen Genie ist nicht reibungsfrei. Es gibt persönliche Schwierigkeiten, künstlerische Missverständnisse, Ärgernisse zwischen ihnen, die sich in ihrem Briefwechsel niederschlagen. Cosima muss immer wieder vermitteln, ihren heißblütigen, jähzornigen Ehemann besänftigen, seine sprachlichen Äußerungen mildern. Das Eheleben leidet darunter.

Der König lässt Wagners Opern in München aufführen, was den Komponisten gewaltig ärgert, denn er hat von seinen Musikdramen und ihrer Interpretation durch Dirigenten, Orchester und Sänger natürlich seine eigenen, präzisen Vorstellungen. Er will auf die Auswahl der ausübenden Künstler Einfluss nehmen, die Regieanweisungen beeinflussen, die szenische Gestaltung bestimmen, die Kostümentwürfe sehen, die Inszenierung in die Hand nehmen. Das schafft Probleme, Verstimmungen. Wagner hält mit seiner Meinung nicht hinter dem Berg, lässt seinen Gefühlen freien Lauf. »Wollen Sie mein Werk, wie ich es will – oder: wollen Sie es nicht so?« fragt er unverblümt den König, der ob dieser Direktheit für eine Zeit lang den Kontakt mit ihm abbricht.

Richard Wagner beschäftigt schon längere Zeit die Idee, seine neuartigen Musikdramen in einem eigenen Theater zur Aufführung zu bringen, Wagnerische Bühnenfestspiele zu veranstalten. Weihespiele in einem Germanenkulttempel. Er denkt an Bayreuth, wo es ein anmutiges Opernhaus im Rokokostil gibt, das eine kunstsinnige Frau, die Markgräfin Wilhelmine, eine Schwester Friedrichs II. von Preußen, dort errichten ließ. Bayreuth liegt auf bayerischem Staatsgebiet, der König wird für diesen Plan zu gewinnen sein, und, was natürlich viel wichtiger ist, die nötigen Geldsummen zur Verfügung stellen. Ludwig II. denkt jedoch nicht daran. Und so nehmen Richard und Cosima Wagner, die voll auf der Seite ihres Genies steht, im Frühjahr 1871 die Sache selbst in die Hand. Sie reisen nach Bayreuth.

Die politische Lage ist zu diesem Zeitpunkt eine völlig andere als noch im Jahr zuvor. Am 18. Januar 1871 ist im Spiegelsaal von Versailles König Wilhelm I. von Preußen zum Deutschen Kaiser ausgerufen worden, Bayern ist ein Teil des neuen Deutschen Reiches. Ludwig II. ist tief betroffen. Richard Wagner und Cosima hingegen frohlocken. Sie bejubeln die militärische Niederlage Frankreichs, Wagner komponiert einen *Kaiser-*

marsch. Jetzt wird es Wagnerische Musikfestspiele im neuen Deutschland geben. Das ist seine feste Absicht.

Das Opernhaus in Bayreuth stellt sich als zu klein heraus. Aber der Bürgermeister, die lokalen Behörden und ein paar betuchte Wagner-Anhänger sind von der Festspielidee begeistert. Sie stellen einen Bauplatz für die Errichtung eines Theatergebäudes und ein Grundstück für den Bau eines Privathauses zur Verfügung. Cosima erweist sich bei den damit verbundenen Gesprächen als geschickte Verhandlerin. Auch den rasch aufbrausenden Ehemann versteht sie mit diplomatischer Raffinesse behutsam zu lenken. Sie beruhigt, gibt scheinbar nach und setzt dann doch ihren Willen durch.

Für die Realisierung der Festspielidee ist viel Geld notwendig. In Deutschland entstehen allerorten Wagner-Patronatsvereine, ein Festspielkomitee wird gegründet, der Komponist unternimmt Konzertreisen und übersiedelt zunächst allein nach Bayreuth, um die Ausführung seiner Pläne voranzutreiben. Cosima folgt ihm Ende April 1872 mit den fünf Kindern und Bergen von Gepäck nach. Der Abschied vom geliebten Tribschen fällt ihr unendlich schwer.

FÜR COSIMA UND das Genie, dem sie dient, beginnt ein neuer Lebensabschnitt. Am 22. Mai 1872 findet auf dem »grünen Hügel«, der höchsten Erhebung auf der Nordseite von Bayreuth, die Grundsteinlegung des Festspielhauses statt. Hunderte Gäste sind zum Festakt gekommen, Reden werden gehalten, Versprechungen gegeben. Ludwig II. wünscht dem großen Unternehmen telegrafisch Heil und Segen, Liszt, der persönlich nicht anwesend sein kann, übermittelt brieflich seine Glückwünsche.

Richard Wagner kann vorerst einmal aufatmen. Aber er steht erst am Beginn einer längeren, kräfteverzehrenden Arbeits- und Lebensphase. Der Bau des Kunsttempels und seiner Privatvilla verschlingt Riesensummen. Er allein kann sie nicht aufbringen. Er ist auf Spenden angewiesen, auf finanzielle Unterstützung seitens privater Geldgeber und öffentlicher Institutionen. Cosima mobilisiert ihre ganze Tatkraft, alle ihre organisatorischen Fähigkeiten. Bei ihr laufen alle Fäden zusammen. Aber trotz aller Anstrengungen steht das Monsterunternehmen Anfang 1874 vor dem Bankrott. Da springt im letzten Augenblick der unberechenbare König von Bayern ein. »Nein! Nein und wieder nein! So soll es nicht enden; es muss da geholfen werden! Es darf unser Plan nicht scheitern!« schreibt er dem Meister und leistet eine Bürgschaft von mehr als 200 000 Mark. Auf Konzertreisen spielt der Komponist, von seiner geschäftstüchtigen Frau begleitet, zusätzliches Geld ein. Das Riesenprojekt ist gerettet.

Im April 1874 ziehen Cosima und Richard Wagner in ihr neues Haus ein. Der sprachschöpferische Musikdramatiker lässt über der Haustür den Satz anbringen: »Hier, wo mein Wähnen Frieden fand, ›Wahnfried‹ sei dieses Haus von mir benannt.« Der Umzug in die luxuriös ausgestattete Villa kostet Cosima viel Mühe und Nervenkraft, aber wie stets meistert sie alle Schwierigkeiten und Probleme.

Der rastlose Gemahl vollendet im November mit der Fertigstellung der *Götterdämmerung* den *Ring des Nibelungen*, sein Lebenswerk, an dem er zwanzig Jahre gearbeitet hat. Er bestimmt den Sommer 1876 für den Beginn der Festspiele.

Die Zeit bis dahin ist an- und ausgefüllt mit angestrengtester Vorbereitungsarbeit. Nach einigen weiteren Konzertreisen beginnt Wagner mit den Proben für den *Ring*. Er sucht die Sänger für die einzelnen Partien, die Dirigenten und die Orchestermusiker persönlich aus und kümmert sich um jedes Detail der Aufführung. An die Künstler stellt er höchste Ansprüche, verlangt Ensemblegeist, völlige Ein- und Unterordnung in sein Regiekonzept. Er klettert auf die Bühne, spielt und singt vor, greift in die Stimmführung ein, in die Instrumentation, gibt die Tempi vor. Die intensive Probenarbeit zerrt an den Nerven der Mitwirkenden. Es gibt Streit und heftige Auseinandersetzungen. Der Meister gibt sich bis zur totalen Erschöpfung aus. Cosima wohnt den Proben bei, greift da und dort ein und überwirft sich mit einigen Künstlern. Im Gegensatz zu ihrem Gemahl, der sie schätzt und mit ihnen trotz mancher Meinungsverschiedenheiten letztlich doch zurechtkommt, hält sie nicht viel von ihnen und behandelt sie herablassend und hochmütig. Im Haus Wahnfried, wo sie in prachtvolle Seidenkleider gehüllt Hof hält, kehrt sie die Grande Dame heraus und ist nicht nur gegenüber den Bediensteten anmaßend und arrogant.

Die Festspiele rücken näher, der Probebetrieb, der täglich zweitausend Mark verschlingt, wird immer hektischer. Cosima hält alle störenden Einflüsse, die Geldsorgen und den Alltagsärger von ihrem Mann fern. Sie ist besorgt, sie befürchtet seinen körperlichen Zusammenbruch. Aber der Dreiundsechzigjährige hält durch.

Am 6. August 1876 kurz nach Mitternacht trifft König Ludwig II. in Bayreuth ein. Der Hofzug, in dem er gekommen ist, hält auf freier Strecke außerhalb der Stadt, wo Wagner den hohen Gast erwartet. Ludwig, der sich alle Huldigungen verbeten hat, wird in die Eremitage geleitet, wo er logiert. Dort stehen der Meister und sein königlicher Verehrer nach acht Jahren zum ersten

Das Festspielhaus in Bayreuth, ein Bau von Gottfried Semper. Kolorierter Holzstich nach einem Gemälde von Louis Sauter, 1873

Mal einander wieder gegenüber. Wagner kann beim Anblick Ludwigs seine Bestürzung nur mit Mühe verbergen. Der König ist nicht mehr der strahlende Jüngling von einst. Sein Gesicht ist aufgedunsen, sein Körper füllig, sein Blick verschleiert. Noch am Abend des Ankunftstages wohnt Ludwig im leeren Theater – er will sich ganz allein und ungestört dem Kunstgenuss hingeben – der Generalprobe von *Rheingold* bei. An den folgenden Abenden ist aus Gründen der besseren Akustik ausgewähltes Publikum zugelassen. Es hat jedoch strengen Auftrag, vom König keine Notiz zu nehmen.

Ludwig II. ist von den Aufführungen begeistert. Nach seiner Rückkehr auf die Burg Hohenschwangau schreibt er Wagner: »Sie sind ein Gottmensch, der wahre Künstler von Gottes Gnaden, der das heilige Feuer vom Himmel auf die Erde brachte, um sie zu läutern, zu beseitigen, zu erlösen …«

Die festspiele beginnen am 13. August 1876, einem Sonntag. Zahlreiche Festgäste finden sich in Bayreuth ein, an ihrer Spitze Kaiser Wilhelm I. und der Kaiser von Brasilien, Dom Pedro II., Großherzoginnen und Großherzoge, Fürstinnen und Fürsten, Schauspieler, Maler, Dichter, Kritiker und Komponistenkollegen wie Anton Bruckner, Peter Iljitsch Tschaikowskij, Edvard Grieg, Charles Gounod und natürlich eine große Schar von Wagner-Verehrern, unter ihnen Friedrich Nietzsche. Letzterer ist tief enttäuscht. Das seien Festspiele für die Reichen, wettert er, für die »Bildungsphilister«. »Alle unterbeschäftigten Kanaillen Europas« hätten sich in Bayreuth versammelt. Der Bruch mit Wagner ist endgültig.

Viele andere Zuhörer sind begeistert, von den Musikdramen Wagners überwältigt. Der Meister selbst ist unzufrieden. Es hat zu viele technische Pannen gegeben, vieles ist nicht zu seiner Zufriedenheit gelaufen. »Es war alles falsch«, bemerkt er zu Cosima. »Nächstes Jahr machen wir alles anders.« Aber im nächsten Jahr gibt es keine Bayreuther Festspiele. Das Defizit der ersten Spiele beläuft sich auf die stattliche Summe von 148 000 Mark. Richard und Cosima Wagner müssen dafür aufkommen. Ein Drittel davon berappt Cosima aus ihrem Erbe.

Die defizitären Festspiele haben im privaten Bereich ein höchst ersprießliches Nachspiel. Der alte Frauenfreund Wagner hat sich in die junge Französin Judith Gautier, die Tochter des Dichters Théophile Gautier, die er von Tribschen her kennt, verliebt. Sie ist schön, intelligent, Musik liebend und eine leidenschaftliche Verehrerin des Neutöners. Wagner hat sie während der Festspiele oftmals in ihrem Domizil besucht, er himmelt sie an.

Nach der Rückkehr in ihre französische Heimat sendet er ihr flammende Briefe. »Ach, ich mache Musik«, schrieb er ihr etwa am 9. November 1877, ein Jahr nach dem Ende der Spiele, »ich pfeife auf's ganze Leben und alle Welt. Ich fühle mich geliebt und ich liebe.«

Hat Cosima von der Tändelei – vielleicht war es sogar mehr – nichts bemerkt? O ja, aber sie sieht zunächst darüber hinweg. Dann aber, in einem günstigen Augenblick, stellt sie die Angelegenheit kurzerhand ab. Wagner gibt sich zerknirscht, der Ehefrieden ist wiederhergestellt. Sie sind ein zusammengeschweißtes Paar, das nicht mehr voneinander loskommt, einer braucht den anderen. Als Cosima im Februar 1879 allein nach München reist, um sich bei Franz Lenbach porträtieren zu lassen und wegen eines Ohrenleidens einen Arzt zu konsultieren, schickt ihr der Gemahl während ihrer dreitägigen Abwesenheit zehn Telegramme, und sie schreibt an ihn: »Deine Stimme nicht zu hören versetzte mich in einen stumpfen Zustand … In dieser todten stummen, nasskalten Welt, nur ein Feuerherd. Dein Herz, nur ein Leuchten, Dein Geist …« Und sie schließt: »Sage mir nur, wie kam es denn, dass ich, das armselig ich, Dein Leben leben durfte? Cosima.«

Wagner arbeitet emsig am *Parsifal.* Er spielt Cosima jeden Abend vor, was er komponiert hat. Sein Gesundheitszustand macht ihm viel zu schaffen, er leidet an Herzschwäche, eine Gesichtsrose, Verdauungsschwierigkeiten und Schlafstörungen plagen ihn. Cosima sorgt sich, kümmert sich um die Schuldentilgung, von der er nichts wissen will.

In den Jahren 1880 und 1881 verbringt die ganze Familie mit Dienerschaft einige Monate in Italien. Man reist im Salonwagen auf Kosten des Königs von Bayern. Ludwig II. lässt sein Idol nicht im Stich. Das milde südländische Klima steigert die Schaffenskraft. Im Januar 1882 vollendet Wagner in Palermo die Partitur des *Parsifal.* Sogleich nach der Rückkehr in die nördlichen Gefilde beginnen in Bayreuth, wo das Bühnenweihespiel bei den zweiten Festspielen uraufgeführt werden wird, die Proben. Cosima ist in die Probenarbeit voll integriert, sie kann den Text auswendig, kennt jede Note der Partitur.

Die Premiere am 26. Juli 1882 wird zum Triumph. Der Komponist müsste zufrieden und glücklich sein. Er ist es nicht. Der König und Nietzsche sind nicht zur Uraufführung gekommen, das Publikum applaudierte an den falschen Stellen. Vergrämt reist er Mitte September (wieder mit Familie) nach Venedig ab. Er mietet sich im Palazzo Vendramin am Canal Grande ein.

Richard Wagner ist weltberühmt, er hat zum ersten Mal in seinem Leben keine größeren materiellen Sorgen, der *Parsifal* hat viel Geld eingespielt. Sein Gesundheitszustand bessert sich vorübergehend. Besucher stellen sich ein, er schreibt Aufsätze, komponiert. Dann häufen sich wieder die Herzbeschwerden. Er ist jetzt oft unbeherrscht, kann kaum noch seinen Jähzorn meistern.

Am Abend des 12. Februar 1883 lesen Richard und Cosima Wagner gemeinsam den Roman *Undine*, in der Nacht hört sie ihn reden. Sie begibt sich in sein Schlafzimmer. Er umarmt sie, steht auf, spielt am Klavier ein Thema aus dem *Rheingold*.

Am nächsten Morgen setzt er die Arbeit an einem Artikel fort, die Teilnahme am Mittagessen sagt er ab. Er fühle sich nicht wohl, lässt er ausrichten. Cosima sitzt mit den Kindern und einem Gast bei Tisch, als plötzlich das Hausmädchen aufschreit. Cosima stürzt zur Tür hinaus und läuft die Treppe hinauf. Als sie in das Arbeitszimmer hineinstürmt, sieht sie ihren Mann zusammengesunken hinter dem Schreibtisch sitzen. Der Federkiel, den seine Hand noch eine Minute zuvor geführt hat, ist ihm entglitten. Das Herz Richard Wagners hat aufgehört zu schlagen. Die Wiederbelebungsversuche durch einen rasch herbeigerufenen Arzt bleiben ohne Erfolg. Der Leichnam wird auf ein Ruhesofa gebettet.

Cosima ist starr vor Schmerz. Einen Tag und eine Nacht lang verharrt sie neben dem Toten, verweigert regungslos jede Nahrungsaufnahme und jedweden Kontakt. Erst als aus Bayreuth der Vormund der Kinder eintrifft, gibt sie den Leichnam frei. Richard Wagner wird einbalsamiert und in einen Sarg gebettet. Ehe der Sargdeckel geschlossen wird, schneidet sich Cosima einen Teil ihres schönen Haares ab und legt es auf den Leichnam. Die sterbliche Hülle des Meisters wird per Bahn nach Bayreuth übergeführt und in der Gruft im Garten des Hauses Wahnfried beigesetzt. Cosima nimmt an der

Trauerzeremonie nicht teil. Erst als das Grab geschlossen wird, nimmt sie endgültig Abschied von ihrem toten Ehemann. Dann zieht sie sich wieder ganz in sich zurück. Monatelang meidet sie die Öffentlichkeit. Sie ist fünfundvierzig und sehnt sich nach dem Tod. Aber sie wird Richard Wagner um fast ein halbes Jahrhundert überleben.

DAS LEBEN GEHT nicht nur für Cosima weiter. In Bayreuth beschließt man die Weiterführung der Festspiele. Noch im Todesjahr des Meisters gibt es zwölf Aufführungen des *Parsifal*. Die Wagner-Witwe nimmt nicht daran teil. Aber sie schickt einen Vertrauten zu den Vorstellungen, der jede Einzelheit festhält und seine Eindrücke in einem vierzig Seiten umfassenden Schriftstück an die Auftraggeberin weiterreicht. Cosima vergleicht jedes Detail der Aufführung sorgfältig mit Wagners Regiekonzept. Sie stellt da und dort Abweichungen fest und gerät darüber in heftige Erregung. Will man das musikalische Erbe ihres Mannes, das ihr heilig ist, verunstalten? Das wird sie nicht zulassen, nie und nimmer. Als sie erfährt, dass geplant ist, die Festspielleitung einem Konsortium unter dem Vorsitz von Liszt und Bülow zu übertragen, gerät sie vollends außer sich. Mit wilder Entschlossenheit – Trauer ist jetzt nicht mehr am Platz – fordert sie ihr (vermeintliches) Recht ein. Mit fester Hand übernimmt sie höchstpersönlich die Leitung der Festspiele. Der Gemahl hat sie zwar nie als seine musikalische Erbin betrachtet. Wer seine Bayreuther Schöpfung einmal weiterführen sollte, blieb ihm »unbekannt und unerkenntlich«. Aber er hat Cosima offensichtlich unterschätzt. In dieser Frau steckt eine despotische Herrschsucht, die sie im Dienste ihres angebeteten Genies nur lange mühsam unterdrückt hat.

Bayreuth gehört ihr. Sie will und wird nicht zulassen, dass sich fremde Menschen am Werk ihres Mannes vergreifen. Sie wird die Gralshüterin seines Opus sein, seines musikalischen Universums, sie und sonst niemand. 1884, als *Parsifal* wieder aufgeführt wird, überwacht sie von einem seitlich der Bühne aufgestellten Holzverschlag aus die Proben und gibt detaillierte, kenntnisreiche Anweisungen an den Spielleiter, den Dirigenten, die Sänger, das Orchester. Die Künstler horchen auf. Ihre ursprüngliche Skepsis verwandelt sich in Erstaunen, Verwunderung, Achtung. Diese Frau versteht etwas von Musik, Schauspiel und Dramaturgie.

Die selbst ernannte Hohepriesterin des Bayreuther Kunst- und Weihetempels tritt bald und selbstbewusst in das Scheinwerferlicht der Öffentlichkeit. Sie inszeniert mit fanatischer Hingabe die *Meistersinger*, den *Tristan*, den *Tannhäuser*, den *Ring*, und zwar ganz genau und mit unbeirrbarer Konsequenz im Sinne des Meisters. Nichts darf verändert werden, keine Geste, keine Stimm- und Tonlage, kein Klang, kein Tempo. Cosima kümmert sich um alles, um die Bühnentechnik ebenso wie um die Beleuchtung, die Choreografie. Sie ist unduldsam, sie verlangt absolute Unterordnung, ihre Anweisungen sind unumstößlich. In bis auf die Knöchel reichende, wallende schwarze Gewänder gehüllt, streng und unnahbar herrscht sie über alles und beherrscht alle, ist sie die unumschränkte Herrin von Bayreuth. Sie verleiht den Festspielen einen kultischen Charakter, eine sakrale Weihe. Bayreuth wird unter ihrer Leitung zum völkischen Nationalheiligtum, zum Mittelpunkt germanentreuer elitärer Kunstauffassung und -ausübung. Und Cosima Wagner findet bald auch den Mann, der ihre rassistischen Vorurteile, die sich immer stärker in ihr verfestigen, in pseudowissenschaftliche Lehrsätze und

Theorien kleidet. Der englische Schriftsteller Houston Stewart Chamberlain, ein begeisterter Wagner-Anhänger und Cosima-Verehrer, veröffentlicht 1899 ein Buch mit dem Titel: *Die Grundlagen des 19. Jahrhunderts*, in dem er die kühne These vertritt, dass die höherwertige, kulturschöpferische arische Edelrasse durch das kulturzerstörende, minderwertige Judentum in seiner Existenz bedroht sei. Der Schwiegersohn Cosimas – Chamberlain heiratete 1908 die Wagner-Tochter Eva – wird mit dieser Unheil verkündenden, unsinnigen Behauptung zu einem Vordenker der nationalsozialistischen Rassenideologie. In Bayreuth und im Hause Wahnfried übernimmt und spielt er die Rolle eines Hofphilosophen.

Zwei Jahrzehnte lang, von 1886 bis 1906, führt Cosima im Bayreuther Weihebezirk ihr autoritäres Regiment. Dann muss sie sich aus gesundheitlichen Gründen zurückziehen (Gallen- und Nierenleiden, Herzbeschwerden) und über dringendes ärztliches Anraten ihr kräfteraubendes Kulturmanagement aufgeben. Die von ihr begründete Festspieltradition überträgt die Neunundsechzigjährige ihrem heiß geliebten Sohn Siegfried.

Noch ist sie lange nicht am Ende ihrer Tage angelangt, geistig wach und körperlich fit genug, um interessiert das Weltgeschehen zu verfolgen und Reisen zu unternehmen: nach Italien, England und in ihr Geburtsland Frankreich, dem sie freilich sehr reserviert gegenübersteht. Sie fühlt und denkt deutsch (national). Sie diktiert Tochter Eva Tausende Briefe, korrespondiert mit Gott und der Welt. 1910 verleiht ihr die philosophische Fakultät der Universität Berlin das Ehrendoktorat. Ein paar Jahre später muss sie sich vor Gericht mit ihrer Tochter Isolde herumschlagen, die offiziell als Wagner-Tochter anerkannt werden will. Isolde will ihrem Sohn einen Anteil an dem Wagnerschen Millionenvermögen sichern. Der Vaterschaftsprozess wirbelt in der deutschen Öffentlichkeit beträchtlichen Staub auf.

Nach Ausbruch des Ersten Weltkrieges geht in Bayreuth für volle zehn Jahre der Vorhang nieder. Cosima verfasst ihr Testament und sorgt dafür, dass Siegfried heiratet. Winifred, die Adoptivtochter eines englischen Pianisten, vergrößert den Wagner-Clan. Sie wird nach dem Tod der Schwiegermutter und ihres Mannes das Bayreuther Erbe im nationaldeutschen Sinn weiterführen und zuvor Nachwuchs gebären. Zwischen 1917 und 1920 bringt sie vier Kinder zur Welt: Wieland, Friedelind, Wolfgang und Verena.

Cosima erleidet 1920 einen schweren Schlaganfall, von dem sie sich nie mehr ganz erholt. Am Zeitgeschehen und an den Vorgängen in Bayreuth kann sie aber Anteil nehmen und nimmt ihn auch. Die neue demokratische Staatsordnung, die nach Abschaffung der Monarchie in Deutschland ins Leben gerufen wurde, missfällt ihr. Sie kann ihr absolut nichts abgewinnen.

Im Sommer 1923 taucht dann im Hause Wahnfried zum ersten Mal ein seltsamer Gast auf, den Winifred sofort in ihr treudeutsches Herz schließt und den sie dann nach Kräften unterstützt: Adolf Hitler. Cosima wird ihn wohl auch bemerkt haben, obwohl sie in den letzten Jahren zurückgezogen in den oberen Räumen der Villa lebt. Sie war vollkommen erblindet und nahm auch geistig nicht mehr alles wahr, was sich um sie und in der großen Welt abspielte. Am 1. April 1930 ist diese umstrittene Frau, der manche ihrer Biographen Größe zubilligen, gestorben.

Schwerblütige Schattenfrau

MILEVA EINSTEIN

GAB ES, WISSENSCHAFTLICH betrachtet, zwei Einsteins? Einen, der weltberühmt wurde, dessen Namen heute jeder halbwegs Gebildete kennt, und eine, die vergessen ist, aus dem Weltgedächtnis verdrängt, abgestellt in der Rumpelkammer der Vergangenheit? Wie sehr und in welchem Ausmaß war sie am Zustandekommen seiner Überlegungen zur Relativitätstheorie beteiligt? Welchen Anteil hatte sie daran? Fragen über Fragen.

Bis vor kurzer Zeit wussten wir nicht viel über Mileva Marić, die erste Frau Albert Einsteins, die ihm drei Kinder geboren hat, die er eine Zeit lang liebte, mit der ihn das gemeinsame Interesse für Fragen der theoretischen Physik verband und die er intellektuell hoch schätzte. Seit der Veröffentlichung der (Liebes)-Briefe, die die beiden in den Jahren zwischen 1897 und 1903 gewechselt haben, sind wir über die Persönlichkeit Milevas, aber auch über die geistige Entwicklung des jungen Einstein, seine speziellen naturwissenschaftlichen Vorlieben, seine familiären Bindungen und seine Gefühlswelt insgesamt gut informiert.

Die Fragen, die ich eingangs gestellt habe, sind dennoch nicht schlüssig zu beantworten und werden mangels an stichhaltigen Beweisen und Unterlagen möglicherweise für alle Zeit unbeantwortet bleiben müssen. Wie immer, an der Entfaltung, am Werdegang und am emotionalen wie intellektuellen Reifeprozess Einsteins hat Mileva Einfluss und Anteil genommen, stärker und intensiver, als das selbst der Fachwelt bislang bekannt war.

Als Einstein und Mileva Marić im Wintersemester 1896 einander in einem Hörsaal der mathematischen Sektion, Abteilung VI des Züricher Polytechnikums (der späteren Eidgenössischen Technischen Hochschule) zum ersten Mal begegneten, als ihre Lebenskurven sich berührten, waren sie durch ihre Familienverhältnisse, ihre schulische Ausbildung und ihre Umgebung verschieden vorgeprägt.

Albert Einstein, am 14. März 1879 in Ulm geboren, war jüdischer Abstammung. Er wuchs in München, wohin die Familie bald nach seiner Geburt übersiedelte, auf. Sein Vater und sein Onkel Jakob erwarben dort eine Elektrofirma, in der Bogenlampen, Glühbirnen, Dynamos und andere Gegenstände hergestellt wurden. Das Kind, das sich gerne mit Geduldspielen beschäftigte und an Puzzles knobelte, wird als drollig, für alles Neue interessiert, willensstark und jähzornig geschildert.

Die Schule bereitete dem hellwachen Buben keinerlei Schwierigkeiten. In der katholischen Volksschule, in der er der einzige Jude unter ungefähr siebzig Mitschülern war, zählte er leistungsmäßig zu den Besten, das Luitpold-Gymnasium verließ er vorzeitig, um der Verpflichtung zum Militärdienst zu entgehen. Am auffallendsten in der charakterlichen und geistigen Entwicklung des Gymnasiasten war wohl sein Hang zur Isolation, zum sozialen »Einspänner«, als den er sich selbst später einmal bezeichnete, und seine Vorliebe für Mathematik, insbesondere zur Geometrie. Auch der Musik brachte er reges Interesse entgegen.

Sogleich nach seinem Abgang vom Luitpold-Gymnasium begab sich der Studiosus zu seinen Eltern, die nach Mailand übersiedelt waren. Sie waren über sein plötzliches Erscheinen und seinen eigenmächtigen Schritt nicht wenig überrascht. Vater und Mutter machten gute Miene zum bösen Spiel. Gemeinsam mit einem Onkel, der Albert als ein »Wunderkind« betrachtete, beschloss man, den jungen Mann auf das Züricher Polytechnikum zu schicken. Die Aufnahme in diese Schule war an eine Prüfung und an ein Mindestalter von achtzehn Jahren gebunden. Die Familie erwirkte für den Sechzehneinhalbjährigen die Genehmigung zur Ablegung des Examens. Die gut gemeinte pädagogische Sonderregelung ging schlecht aus. Albert fiel bei der Aufnahmsprüfung wegen seiner schwachen Leistungen in den Sprachfächern durch. Man riet ihm, ein Schuljahr in der Kantonsschule in Aarau zu verbringen. Das tat er dann auch.

Die im liberalen Geist geführte Schule hat den weltanschaulichen Horizont des jungen Mannes entscheidend erweitert und geprägt. Im Hause von Professor Paul Winteler, seines Lehrers für Griechisch und Geschichte, in dem er wohnte, machte auch seine emotionale Entwicklung große Fortschritte. Mit einer der Töchter des Professors verband den Siebzehnjährigen eine platonische Romanze, die in ihm einen Sturm der Gefühle auslöste, dem er nach der erfolgreichen Ablegung des Abiturs und der Aufnahme seines Studiums am Züricher Polytechnikum Einhalt gebot. Er war fest entschlossen, Professor der theoretischen Physik zu werden.

Mileva Marić, der er in Zürich begegnete, war um etwas mehr als drei Jahre älter als er (sie wurde am 19. Dezember 1875 geboren). Unter den elf Studienanfängern war sie die einzige Frau. Sie muss ihm also aufgefallen sein. Nicht, weil sie so charmant oder gar schön war, sondern ganz einfach wegen ihres Geschlechtes. Frauen waren zu diesem Zeitpunkt im deutschen Sprachgebiet an allen anderen Universitäten zum Studium nicht zugelassen und auch in Zürich rare Ausnahmen. Die geborene Serbin war dort erst die fünfte weibliche Studentin.

Mileva kam in dem kleinen Ort Titel in der heutigen Wojwodina, die damals zur ungarischen Reichshälfte der k. u. k. Doppelmonarchie gehörte, als ältestes Kind eines Korporals zur Welt. Beide Eltern stammten aus verhältnismäßig wohlhabenden bäuerlichen Familien und waren bestrebt, ihren Kindern eine gute Ausbildung angedeihen zu lassen.

Die zarte Mileva war das Sorgenkind der Familie. Sie hatte, wie sich erst bei ihren ersten Gehversuchen herausstellte, ein angeborenes Hüftleiden. Beim damaligen Stand der medizinischen Wissenschaft war dieses körperliche Gebrechen nicht korrigierbar. Mileva hinkte. Sie war Zielscheibe des Spottes der übrigen Dorfkinder, blieb weitgehend von ihren Spielen ausgeschlossen und floh vor deren Sticheleien in eine Welt, die sie sich mit ihrer lebhaften Phantasie selbst erschuf. Sie träumte in den Tag hinein, beschäftigte sich mit Zahlenspielereien, zeichnete viel und zeigte ein reges Interesse für Musik, das von den Eltern eifrig gefördert wurde. Schon in jungen Jahren war Mileva eine gute Klavierspielerin. Wie sich das körperliche Gebrechen

Mileva Marić, um 1896

des Mädchens auf seine emotionale Entwicklung im Detail ausgewirkt hat, mag dahingestellt bleiben. Man braucht aber kein Tiefenpsychologe zu sein, um sagen zu können, dass es seelische Belastungen zur Folge gehabt hat. Mileva war jedenfalls intellektuell hoch begabt. Der Vater, der das bald erkannte, schickte seine Tochter nach der Volksschule auf die Höhere Töchterschule in Novi Sad (Neusatz). Die nächste Station im Ausbildungsweg des sensiblen Mädchens war das königlich-serbische Gymnasium in Sabač, wo es durch seinen unersättlichen Wissensdrang, vor allem in den Fächern Mathematik und Physik, auffiel. Nach einem Studienjahr am königlichen Obergymnasium in Zagreb ging Mileva mit Zustimmung des Vaters zur weiteren Ausbildung in die Schweiz.

Im Herbst 1894 traf sie, ganz auf sich allein gestellt, in Zürich ein. Sie fand sich rasch in der ihr ungewohnten, fremden Umgebung zurecht, ging zielstrebig ihrem Studium nach, legte das Abitur ab und begann im Sommersemester 1896 an der Universität Zürich Medizin zu studieren. Bereits nach dem ersten Semester gab sie das Medizinstudium auf und wechselte in das Polytechnikum über, um sich dort in Mathematik und Physik für das Lehramt ausbilden zu lassen. Es war in beruflicher Hinsicht eine völlig richtige, ihrer Begabung und ihren Fähigkeiten angemessene Entscheidung. Menschlich gesehen, war sie folgenschwer.

MILEVA MARIĆ UND Albert Einstein hörten an der Eidgenössischen Polytechnischen Schule in Zürich dieselben Vorlesungen, beschäftigten sich mit denselben Fachproblemen. Ihre wissenschaftlichen Interessen waren deckungsgleich. Sie kamen miteinander ins Gespräch, tauschten ihre Gedanken und Meinungen aus, arbeiteten gemeinsam an der Lösung von Aufgaben, beurteilten die Richtigkeit der von verschiedenen Professoren vertretenen Thesen. Einstein scheint von Milevas Intelligenz, ihrer raschen Auffassungsgabe und ihrer Wissbegierde beeindruckt gewesen zu sein. Er nannte sie sein »Gescheites Luder«. Mileva bewunderte die physikalische Begabung, die originellen Ansichten und die Breite der Interessen ihres Studienkollegen.

Albert Einstein akzeptierte die schwarzhaarige, nicht eben hübsche Kommilitonin jedenfalls zunächst als ebenbürtige wissenschaftliche Partnerin, ehe er der Frau seine Aufmerksamkeit schenkte. Mileva war darauf offenbar seelisch nicht vorbereitet. Sie unterbrach das Studium und inskribierte als Gasthörerin an der Universität Heidelberg. Sie wollte Distanz gewinnen, sich über ihre Gefühle klar werden. Sie wollte Karriere machen, sie war davon überzeugt, dass sie wissenschaftlich ebenso viel leisten konnte wie ein Mann. Die emotionale Beziehung, die sich zwischen ihr und Albert angebahnt hatte, stellte sie vor eine schwere persönliche Entscheidung. Sie wusste nicht aus und ein.

Im Februar 1898 kehrte sie nach Zürich zurück. Sie bezog wieder ihr altes Quartier, übersiedelte dann aber in ein Zimmer im vierten Stock einer nahe gelegenen Pension, wo sie Albert oft aufsuchte. Eine ihrer serbischen Freundinnen berichtete nach Hause: »… jetzt hat mich die Marić mit ihrem Freund bekannt gemacht, er ist ein Deutscher, heißt Einstein, spielt herrlich Geige, man kann sagen, er ist ein Künstler, und so werde ich mit jemandem musizieren können…« Zwei Jahre später urteilte sie über ihn ganz anders. »Mitza sehe ich wenig, wegen ihrem Deutschen, den ich hasse…« schrieb sie ihrer Mutter (7. Juni 1900). War es Eifersucht, die ihr die Feder diktierte?

Die fürsorgliche, sparsame Studentin aus Serbien und der oft ungekämmte, nachlässig gekleidete Studiosus aus jüdischer Familie, der sich um die Alltäglichkeiten des Lebens wenig kümmerte, diskutierten Fachfragen miteinander, lösten Aufgaben, steckten die Köpfe immer enger zusammen, sonderten sich von den Kameraden ab. Mileva war von der genialen Veranlagung ihres Freundes überzeugt, er schätzte ihr mathematisches Wissen, das dem seinen überlegen war, und ihre diesbezüglichen Ratschläge. Gemeinsam rückten sie physikalischen Problemen zu Leibe und verbrachten auch ihre Freizeit miteinander, wenn sie nicht gerade bei ihren Familien weilten, was in den Semesterferien zumeist der Fall war.

Die Briefe, die sie einander schrieben, dokumentieren neben den gemeinsamen Interessen ihre Vertrautheit. Mileva bereitete sich im Sommer 1899 auf die Zwischenprüfung am Institut vor, die Einstein bereits abgelegt hatte. Er gab ihr wohlmeinende Ratschläge für das Examen und sprach ihr Mut zu: »Sie sind halt ein Hauptkerl, haben viel Lebenskraft und viel Gesundheit in ihrem kleinen Leibchen«, ermunterte er sie. Noch immer sprach er sein »Liebes Doxerl« (süddeutscher Ausdruck für »Püppchen«) per »Sie« an, aber sie fehlte ihm. Er hätte sie gerne in seiner Nähe gehabt. »Wenn nur Sie wieder einmal ein bissel bei mir wären!«, seufzte er. »Wir verstehen uns gegenseitig so gut auf unsere schwarzen Seelen und daneben aufs Kaffeetrinken, Würstelessen etc…« Milevas Antwortbrief klingt in ihrem etwas fehlerhaften Deutsch recht holprig und prosaisch.

Mitte Oktober 1899 kam Albert wieder nach Zürich zurück. Er wechselte das Quartier, zog aber »den Zungen der Menschen zuliebe« nicht zu ihr.

Nach Milevas erfolgreich abgelegter Zwischenprüfung arbeiteten nun beide an der Diplomarbeit über ein Thema aus dem Gebiet der Wärmeleitung, für die sie Durchschnittsnoten erhielten. Die Diplomprüfung legte Albert Einstein am 28. Juli 1900 mit dem Notenmittel 4,91 (auf der Notenskala von 1–6 mit 6 als Höchstnote) ab, Mileva erreichte den Notendurchschnitt 4,00. Sie wurde aber aus Gründen, die wohl nicht mehr eruierbar sind, nicht diplomiert. Möglicherweise gab es ein Zerwürfnis mit einem Professor. Es muss für sie eine herbe Enttäuschung gewesen sein.

Zu diesem Zeitpunkt unterhielten Albert und Mileva bereits eine Liebesbeziehung. Im Briefwechsel wich das förmliche »Sie« dem vertrauten »Du«. Die schweigsame, schwermütige Serbin schrieb dem Geliebten jetzt einen für ihre Verhältnisse überschwänglichen Liebesbrief.

»Mein liebes Johonesl!«, hieß es da, »Da ich dich so gern hob und du so weit bist, dass ich dir kein Putzerl(Busserl) kann geben, schreib ich dir jetzt dieses Brieferl und frag dich, ob du mich auch so gern host, wie ich dich? Antworte mir s o f o r t. Tausend Küsserline von deins D(oxerl).«

NACH DER BESTANDENEN Diplomprüfung gönnte sich Albert Einstein in Melchtal, einem hoch gelegenen Kurort im Kanton Obwalden, einen Erholungsurlaub. In seiner Begleitung befanden sich eine Tante, die er bei bestem Willen nicht ausstehen konnte, seine Schwester Maja und seine Mutter. Gleich nach der Ankunft brachte die Mutter, die über das Verhältnis ihres Sohnes informiert war und es schärfstens missbilligte, das Gespräch auf Mileva. Albert hielt offenbar den Augenblick für gekommen, es auf eine Szene ankommen zu lassen. »Meine Frau«, setzte er zur Antwort an, konnte den Satz aber nicht zu Ende führen. Pauline Einstein »warf sich auf ihr Bett, verbarg den Kopf in den Kissen und weinte wie ein Kind«, schilderte Albert seinem Doxerl die Begebenheit und fuhr fort: »Als sie sich von dem ersten Schreck erholt hatte, ging sie sofort zu einer verzweifelten Offensive über: ›Du vermöbelst dir deine Zukunft und versperrst dir deinen Lebensweg. Wenn sie ein Kind bekommt, dann hast du die Bescherung.‹«

Albert hörte zunächst freundlich zu, dann aber riss ihm die Geduld. Energisch wies er den Vorwurf zurück, mit Mileva unsittlich zusammenzuleben. Die Mutter beruhigte sich. Am nächsten Tag setzte sie ihren Bekehrungsversuch mit anderen Argumenten fort. Mileva sei ein Buch wie er, formulierte sie, er sollte aber eine Frau haben. Und dann brach es aus ihr heraus: »Bis du dreißig bist, ist sie eine alte Hexe«, schleuderte sie dem verdutzten Sohn ins Gesicht, und sie scheint sich auch anderer Kraftausdrücke bedient zu haben. Albert hielt den mütterlichen Anschuldigungen tapfer stand. Aber seine Stimmung war auf dem Nullpunkt. Er fand das Leben und die Leute um ihn herum trostlos und öde, und da auch das Wetter schlecht war, sehnte er sich nach seinem Schätzchen.

Das Wiedersehen mit seiner Geliebten lag allerdings räumlich und zeitlich in weiter Entfernung. Mileva weilte bei ihren Eltern und bereitete sich auf die Wiederholung der Diplomprüfung vor. Gleichzeitig plante sie die Abfassung einer Dissertation zur Erlangung des Doktortitels an der Universität. Albert, der sich nach Beendigung seines Aufenthaltes in Melchtal vergeblich um eine Assistentenstelle am Polytechnikum beworben hatte und sich dann ebenfalls zu seinen Eltern nach

Mailand begab, traute ihr das selbstverständlich zu...
»wie stolz werde ich sein, wenn ich gar vielleicht ein
kleines Dokterlin zum Schatz hab' und selbst noch ein
ganz gewöhnlicher Mensch bin«, schrieb er ihr. Die
lange Trennung fiel ihm sichtlich schwer. »Ich sehne
mich furchtbar nach einem Brief von meiner geliebten
Hex. Ich kann es kaum fassen, dass wir noch so lange
getrennt sind – jetzt sehe ich erst, wie furchtbar lieb ich
Dich habe!« gestand er ihr.

Er war bis über beide Ohren in Mileva verliebt, sie
fehlte ihm an allen Ecken und Enden. »Ich mag hinge-
hen, wo ich will – ich gehöre doch nirgends hin und ich
vermisse zwei Ärmchen und das glühende Mäulchen
voll Zärtlichkeit und Puzerline«, beteuerte er. »Ohne
Dich fehlt mirs an Selbstgefühl, Arbeitslust, Lebens-
freude – kurz ohne Dich ist mein Leben kein Leben.«

Seine stürmische Verliebtheit ließ ihn sogar zum
Schnadahüpfldichter werden.

> »Mein Doxerl sei Schnaberl
> Des mecht i gern hern
> Und nachher ihm's lusti
> mit meinem versperrn...«

reimte er munter drauflos.

Als die Zeit des Wiedersehens näher rückte, wurden
seine Liebesschwüre noch inniger... »Meine einzige
Hoffnung bist Du, meine liebe treue Seele. Ohne den
Gedanken an Dich möchte ich gar nicht mehr leben im
traurigen Menschengewühl. Doch Dein Besitz macht
mich stolz & Deine Liebe macht mich glücklich. Dop-
pelt selig werde ich sein, wenn ich Dich wieder ans Herz
drücken kann und Deine liebenden Augen sehe, die nur
mir leuchten, und Deinen lieben Mund küsse, der nur
mir in Wonne gezittert«, liebkoste er sie verbal und
freute sich wie ein Kind auf ihre lustige Zweisamkeit.

»¾ von der dummen Zeit ist nun vorüber, bald werd ich wieder bei meinem Schätzchen sein und es küssen, herzen, Gofeerl (=Kaffee, Anm. d. Verf.) kochen, schimpfen, streben, lachen, bummeln, schwatzen... + in infinit!« schwelgte er in Zukunftsträumen und versprach sich zu bessern. »Wenn ich jetzt an Dich denk, mein ich grad, ich wollt Dich gar nie mehr ärgern & aufziehen, sondern immer sein wie ein Engel! O schöne Illusion!« Sie werde ihn sicherlich auch lieb haben, meinte er, auch wenn er wieder der alte Lump sei, voll von Kapricen, Teufeleien und launisch wie immer.

Und voll köstlichen Humors fügte er hinzu: »Weißt Du auch schon, dass ich mich seit einiger Zeit mit bestem Erfolg selbst rasiere?... Das kann ich immer dann tun, wenn Du's Gofeerl kochst nach dem Mittagessen, dass ich nicht, wie gewehnlich, weiter studier, während das arme Doxerl nadierlich gochen muss, während der faule Johonzel sich nimmer rührt...« (Alle Zitate aus Briefen zwischen dem 1. August und dem 19. September 1900).

Alberts Eltern waren unglücklich. Sie versuchten, ihren Sohn von seinem Liebesverhältnis abzubringen. Die Mutter verlegte sich auf das Weinen, der Vater hielt Moralpredigten. Sie waren davon überzeugt, dass Mileva nicht die richtige Frau für ihren Albert sei, dass er mit ihr nicht glücklich werden würde. Und dabei hatten sie die kleine serbische Studentin nie zu Gesicht bekommen, kein Wort mit ihr gewechselt.

Albert ließ sich allerdings nichts sagen. »Meine Alten haben sich, wenn auch zögernd und grollend, aus dem Kampf ums Doxerl zurückgezogen, als sie sahen, dass sie den Kürzeren ziehen müssen«, beruhigte er seine Geliebte.

Im Oktober 1900 sahen die beiden Liebenden einander wieder und setzten ihr Studium fort. Einstein begann an seiner Dissertation zu schreiben, die er im November des nächsten Jahres einreichte, die aber vorerst nicht approbiert wurde. Mileva büffelte für die Diplomprüfung, die sie dann abermals nicht schaffte. Die wissenschaftliche Zukunft, von der beide träumten, sah düster aus, bot kaum positive Perspektiven.

Die widrigen äußeren Umstände beeinträchtigten ihre Liebesbeziehung in keiner Weise. Albert und Mileva waren ein Herz und eine Seele. »Du bist mein Heiligtum, in das niemand dringen darf; auch weiß ich, dass Du mich von allen am innigsten liebst und am besten verstehst«, schrieb ihr Albert Ende März 1901 aus Mailand, wo er wieder seine Semesterferien verbrachte. Für Anfang Mai lud er sie nach Como für ein paar gemeinsame Urlaubstage ein. Mileva kam der Bitte nach. Nach der Rückkehr in die Schweiz betätigte sich Albert als Aushilfslehrer am Technikum in Winterthur, während Mileva in Zürich blieb. Sie trafen einander am Wochenende, wenn Albert mit der Bahn angereist kam, und schrieben einander an den übrigen Wochentagen zärtliche Briefe. »Ich bin so glücklich über alle Maßen. Wie lieb Du bist, oh wie werde ich Dich busseln, ich kann das Ende der Woche gar nicht erwarten, bis Du kommst«, schrieb sie ihm. Die Schweigsame, die Verschlossene ging jetzt ganz aus sich heraus, legte ihre Gefühle offen. »Gotterl, wie wird da die Welt schön aussehen, bis ich Dein Weiberl bin«, schwelgte sie im siebenten Liebeshimmel. »Du wirst sehen, es wird kein glücklicheres Weibchen geben auf der ganzen Welt, und dann muss das Manderl auch so sein.«

Kann man diese Gefühlsaufwallung damit erklären, dass sie schwanger war? Als sie es Albert Mitte bis Ende Mai mitteilte, reagierte er durchaus liebe- und verständnisvoll. »Sei nur guten Mutes, Liebe«, schrieb er ihr, »und mach Dir keine Grillen. Ich verlasse Dich ja nicht und werde schon alles zum guten Ende bringen.« Er stand voll zu ihr und machte Zukunftspläne. »Ich suche mir eine, wenn auch noch so ärmliche Stelle sofort«, versprach er. »Meine wissenschaftlichen Ziele und meine persönliche Eitelkeit werden mich nicht davon abhalten, die untergeordnete Rolle zu übernehmen. Sobald ich eine solche erhalten habe, verheirate ich mich mit Dir und nehme Dich zu mir…«

Das war ernst gemeint, aber es waren doch nur unerfüllbare Versprechungen, zumindest für den Augenblick. Die Realität sah anders aus. Ende Juli 1901 reiste Mileva unvermittelt zu ihren Eltern nach Novi Sad. Sie war zum zweiten Mal an der Diplomprüfung gescheitert. Ihre Eltern scheinen über ihre Schwangerschaft nicht wenig überrascht gewesen zu sein. Vor allem Mutter Marić machte der Tochter heftige Vorwürfe.

Der Vater in spe hielt unterdessen Ausschau nach einer Verdienstmöglichkeit und fand sie in einer Privatschule in Schaffhausen, wo er einen jungen Engländer für das Abitur in der Schweiz vorbereitete. Mileva stattete ihm dort im November aus Gründen, die wir nicht kennen, einen kurzen Besuch ab. Um ihn nicht zu kompromittieren – sie war bereits im siebenten Monat schwanger – quartierte sie sich in einem Hotel in Stein am Rhein ein, einem Ort, der ca. 20 Kilometer von Schaffhausen entfernt liegt. Nach ihrer Rückkehr in die Heimat gestaltete sich das Zusammenleben mit den Eltern reibungsloser.

Milevas Schwangerschaft verlief im Großen und Ganzen ohne Komplikationen. Am 22. Januar 1902 brachte sie, wie sie es sich gewünscht hatte, eine Tochter zur Welt, ein »Lieserl«, von der im Briefwechsel immer wieder die Rede ist.

Die Nachricht von der schweren Geburt wurde Albert, der inzwischen nach Bern übersiedelt war, von Vater Marić übermittelt. Der mittellose, ganz in seine wissenschaftlichen Studien und Pläne vertiefte Einstein zeigte für das Neugeborene großes Interesse. »Ist es auch gesund und schreit es schon gehörig?« erkundigte er sich. »Was hat es denn für Augerl? Wem von uns sieht es mehr ähnlich? Wer gibt ihm denn das Milcherl? Hat es auch Hunger? Gellst und ein vollständiges Glatzerl hats. Ich hab es so lieb & kenns doch noch gar nicht!« Der Vater wird auf seine Fragen wohl eine Antwort bekommen haben. Seine Tochter hat er nie kennen gelernt, nie gesehen.

Mileva blieb bei ihren Eltern, da Albert Einstein für Mutter und Kind nicht sorgen konnte. Erst am 23. Juni 1902 erhielt er am Eidgenössischen Patentamt in Bern als Experte III. Klasse mit einem Jahresgehalt von 3 500 Schweizer Franken eine provisorische Anstellung. Das Gehalt reichte aus, um eine dreiköpfige Familie zu ernähren. Einstein hätte jetzt sein Heiratsversprechen einlösen und Mileva mit dem Kind nach Bern holen können. Er tat es nicht. Seine Eltern sprachen sich weiterhin mit Nachdruck gegen die Ehe aus, und der gehorsame Sohn fügte sich. Erst nach dem Tod des Vaters und nachdem er eine möblierte Dachwohnung gemietet hatte, gesellte sich gegen Ende des Jahres 1902 Mileva zu ihm. Ihre Tochter brachte sie nicht mit. Aus welchen Gründen, wird wohl nie mehr eruiert werden können.

Blieb das Kind bei den Großeltern? Wurde es von ihnen aufgezogen oder von den Eltern zur Adoption freigegeben, wie manche Biographen vermuten? Was wurde aus ihm, wie sah sein Leben aus? Das Schicksal der Einstein-Tochter liegt im dunkeln, zumal weder Albert noch Mileva sich je darüber geäußert haben. Sie haben ihr voreheliches Kind totgeschwiegen. Für die Mutter muss dieser Verdrängungsprozess eine schwere seelische Belastung gewesen sein, unter der sie zeitlebens gelitten hat. Und der Vater? Er hat sich nach einer Phase der Bedrückung scheinbar darüber hinweggesetzt.

AM DREIKÖNIGSTAG DES Jahres 1903 wurden Albert Einstein und Mileva Marić auf dem Standesamt in der Berner Altstadt getraut. Trauzeugen waren zwei Freunde und Kollegen Einsteins: Conrad Habicht und Maurice Solovine. Familienangehörige oder Verwandte der Brautleute waren nicht zugegen. Eine konfessionelle Trauung fand nicht statt, es gab auch keine Hochzeitsreise. Die Mittel des jungvermählten Paares reichten gerade für ein Hochzeitsfoto und eine kleine abendliche Feier aus. Als sich das Brautpaar schließlich zur Hochzeitsnacht zurückzog, konnte es die Wohnung nicht betreten. Das Physik-Genie hatte den Türschlüssel irgendwo liegen gelassen und musste den Hauseigentümer aus dem Schlaf klingeln. Eine viel sagende Vergesslichkeit, die eine psychoanalytische Untersuchung wert wäre.

Das Eheleben ließ sich gut an. »Ich bin also jetzt ein verheirateter Ehemann und führe mit meiner Frau ein sehr nettes behagliches Leben. Sie sorgt ausgezeichnet für alles, kocht gut und ist immer vergnügt«, berichtete Albert einem Freund.

Jahrzehnte später stellte sich im Rückblick für den weltberühmten Forscher alles ganz anders dar. Er habe aus Pflichtgefühl geheiratet, meinte er nun, »aus innerem Widerstreben«. Über die Ehe als Institution sprach er sich abfällig aus: »Die Ehe ist bestimmt von einem phantasielosen Schwein erfunden worden«, äußerte er

Mileva und Albert Einstein

seinem Hausarzt gegenüber. Er liebte es, seinen Ansichten einen drastischen Ausdruck zu verleihen.

Mileva war eine fürsorgliche Frau. Auch in der neuen Wohnung im zweiten Stock der Berner Kramgasse Nr. 49, in die sie im Sommer übersiedelten, sorgte sie für Behaglichkeit. Sie hielt Albert den Alltag fern, führte trotz ihres körperlichen Gebrechens den gesamten Haushalt, bereitete die Mahlzeiten zu, wusch die Wäsche, putzte und bewirtete die Diskussions- und Leserunde, die sich regelmäßig bei ihnen zusammenfand. Sie bestand aus Einstein, seinen Trauzeugen Conrad Habicht und Maurice Solovine, zu denen sich auch noch Conrads Bruder Paul und Ing. Michele Besso gesellten. Man studierte und diskutierte nach einem wohl durchdachten Plan eine Reihe von grundlegenden physikalischen und erkenntnistheoretischen Büchern, etwa Ernst Machs *Die Mechanik in ihrer Entwicklung*, John Stuart Mills *System der deduktiven und induktiven Logik* oder David Humes *Traktat über die menschliche Natur*. Die jungen wissenschaftlichen Tausendsassas, die ihre lose Vereinigung »Akademie Olympia« nannten, beschäftigten sich aber auch mit Schöngeistigem.

Mileva wohnte dem Gedankenaustausch der Männerrunde bei, hörte aufmerksam zu, mischte sich aber in die Diskussionen nicht ein. An den Gesprächen mit dem Physiker Dr. Paul Gruner und Dr. Josef Sauter, seinem Kollegen im Patentamt, die ihr Ehemann in diesen Jahren führte, nahm sie überhaupt nicht teil. Daraus den Schluss abzuleiten, dass sie an der wissenschaftlichen Arbeit ihres Gatten keinen Anteil genommen, über seine Ideen, Projekte und Überlegungen nicht mit ihm gesprochen hat, halte ich für unzutreffend. Mileva kann doch nicht über Nacht ihr Interesse an all den vielen wissenschaftlichen Fragen, die sie mit Albert jahrelang diskutierte, verloren haben. Sie kannte sicherlich die Arbeiten, die er 1905 in den Leipziger *Annalen der Physik* veröffentlicht hat, die ihn weltberühmt machten und das Weltbild der Physik von Grund auf veränderten. Sie wusste um ihre Bedeutung und ihren Sinn. In einer dieser Arbeiten mit dem Titel *Zur Elektrodynamik bewegter Körper* begründete Einstein die »Spezielle Relativitätstheorie«.

Welchen geistigen Anteil seine Frau daran hatte, ist nicht mehr feststellbar. Die Manuskripte und die dazugehörigen Unterlagen existieren nicht mehr. Sie scheint ihm jedenfalls bei der Lösung mathematischer Probleme geholfen zu haben. Daraus zu folgern, dass Mileva Einstein-Marić die Relativitätstheorie maßgeblich beeinflusst hat, ist genauso abwegig wie die Behauptung, sie habe nach ihrer Heirat für die wissenschaftliche Tätigkeit ihres Mannes kein Interesse mehr gezeigt.

Im august 1903 stattete Mileva ihren Eltern in Novi Sad einen Besuch ab. Sie hat bei dieser Gelegenheit möglicherweise auf Wunsch des Gatten das weitere Schicksal der Tochter geregelt. »Die Geschichte mit dem Lieserl«, schrieb ihr Albert, »thut mir sehr leid. Es bleibt so leicht vom Scharlach etwas zurück. Wenn nur alles gut vorbeigeht. Als was ist denn das Lieserl eingetragen? Wir müssen sehr Sorge haben, dass dem Kinde nicht später Schwierigkeiten erwachsen.« Es ist die letzte Bemerkung über das voreheliche Kind der Einsteins, von der wir Kenntnis haben.

Mileva war zu diesem Zeitpunkt wieder schwanger. Der Vater nahm die diesbezügliche Mitteilung gelassen auf. »Mach Dir nur keine Sorgen, sondern komme vergnügt zurück und brüte recht sorgsam, dass was Gutes zu Stande kommt«, ermunterte er die Gattin und bat sie, bald wieder zurückzukehren. »3 ½ Wochen sind schon vorbei«, stellte er fest, »und länger darf ein braves Weiberl seinen Mann nicht allein lassen.«

Am 14. Mai 1904 brachte Mileva Einstein einen Sohn zur Welt, der den Namen Hans Albert erhielt. Die Sorge für das Neugeborene oblag selbstverständlicherweise der Mutter, die neben ihren Hausfrauenpflichten jetzt noch weniger Zeit hatte, sich wissenschaftlich zu betätigen.

Albert erhielt im September 1904 eine Gehaltserhöhung auf 3 900 Schweizer Franken, zwei Jahre später wurde das Gehalt auf 4 500 Franken hinaufgesetzt. Er brauchte sich keine Existenzsorgen mehr zu machen. Das Geld reichte jetzt sogar schon für eine Reise. Im Sommer 1905 verbrachten die Einsteins ein paar Wochen in Milevas Heimat, wo sie von ihren Freunden und der Familie herzlich empfangen wurden. Milevas Eltern gaben ihre Vorbehalte gegen den ungeliebten Schwiegersohn auf.

Nach ihrer Rückkehr in die Schweiz ging das Familienleben ungetrübt weiter. Die Einsteins bezogen im Frühjahr 1906 eine neue Wohnung (in den sieben Jahren, die sie in Bern verbrachten, haben sie sechsmal ihr Domizil gewechselt), die erste, die sie mit eigenen Möbeln ausstatten konnten. Albert spielte viel mit seinem Sohn, der ihm große Freude machte und dessen Entwicklung er mit großem Interesse beobachtete und förderte. Er bastelte für ihn eine Seilbahn aus Streichholzschachteln und versuchte, den Sinn des Kindes für die Musik zu wecken.

Karrieremäßig kam Albert Einstein jetzt gut voran. Im Frühjahr 1906 erhielt er von der Universität Zürich das längst fällige Doktordiplom, im Februar 1908 konnte er sich endlich als Privatdozent an der Berner

Universität etablieren. Er hatte nur ein paar Hörer und erhielt für seine Vorlesungen von der Universität keinen Heller, aber es war der erste Schritt auf dem Weg in eine akademische Laufbahn. Als seine nett gekleidete Schwester Maja einmal einen seiner Vorträge besuchen wollte und den Pedell nach dem Hörsaal fragte, in dem er stattfand, meinte dieser auf gut Bernerisch: »Der Schlämpi isch Eue Brueder? Das hätt' i aber no nie tänkt.«

Einstein legte auf sein Äußeres überhaupt keinen Wert. Er lief in zerknitterten, abgetragenen Anzügen herum, war selten gut rasiert, stand mit Haar- und Zahnbürste auf Kriegsfuß. Sein Lebenswandel war absolut ungesund. Er rauchte wie ein Schlot, arbeitete unermüdlich, hielt keine Mahlzeiten ein, schlang dann aber, wenn es ihm gerade passte, Unmengen in sich hinein, schlief unregelmäßig und trieb außer gelegentlichen Bergtouren überhaupt keinen Sport. Mit bürgerlichen Maßstäben kann man ihn nicht messen. Das scheint auch Mileva eingesehen zu haben. Sie ließ ihn gewähren.

Allmählich begann man den gesellschaftlichen Außenseiter in der Fachwelt zu schätzen. Im Mai 1909 wurde der knapp Einunddreißigjährige zum Außerordentlichen Professor an der Universität Zürich ernannt. Mitte Oktober hielt er seine Antrittsvorlesung. Die Last der Übersiedlung lag auf den Schultern der Ehefrau. Mileva trug sie gern. Zürich war ihre Lieblingsstadt.

Die Einsteins bezogen das mittlere Stockwerk eines dreigeschossigen Gebäudes am Zürichberg in unmittelbarer Nähe der Universität. Einstein verdiente zunächst so viel wie in Bern, sodass die sparsame Gattin sogar Studenten in Kost und Quartier nahm, um zum Familienunterhalt beizutragen. Es wäre nicht notwendig gewesen, aber sie konnte einfach nicht anders. Zur gnädigen Frau war sie nicht geboren, auf das Repräsentieren verstand sie sich nicht. Als ihr Mann später zur Berühmtheit aufstieg, wurde ihr das zum Verhängnis.

Im gleichen Haus, in dem die Einsteins Wohnung bezogen, hatte sich auch Friedrich Adler, der Sohn des Führers der österreichischen Sozialdemokratischen Arbeiterpartei, eingemietet. Albert besprach mit dem Gleichaltrigen, der in Zürich Mathematik, Physik und Chemie studiert hatte, Fachprobleme und erörterte mit ihm wohl auch so manche politische Frage.

Die Lehrtätigkeit machte ihm Freude, auch wenn sie ihm als Neuling viel abverlangte. Einstein war eine durchaus unprofessorale Erscheinung, und er wich auch vom üblichen Vorlesungsschema ab. Statt eines Manuskripts begnügte er sich mit ein paar hingeworfenen Wortfetzen auf einem Zettel, die ihm als Gedächtnisstützen dienten. Seine Studenten gewöhnten sich bald an den ungewöhnlichen Vorlesungsstil, und da der Herr Professor mit ihnen einen durchaus kameradschaftlichen Umgangston pflegte, erfreute er sich binnen kurzer Zeit großer Beliebtheit.

In seinen Mußestunden, die karg bemessen waren, besuchte er mit Mileva Theatervorstellungen und Konzerte oder man traf sich bei Freunden und Kollegen zu Hausmusikabenden, bei denen er auf der Violine virtuos aufspielte.

Am 28. Juli 1910, einem Dreivierteljahr nach ihrer Übersiedlung, brachte Frau Einstein ein drittes Kind zur Welt. Es war ein Knabe, der den Namen Eduard erhielt. Die Mutter nannte ihn von Geburt an zärtlich »Tete«, dem serbischen Wort für »Kind«.

ALBERT EINSTEIN HÄTTE in Zürich Ordinarius werden können, hätte er sich ein wenig geduldet. Aber er wollte auf akademischem Boden rasch vorankommen und vor allem seine finanzielle Situation verbessern. Als ihm im Herbst 1910 ein hoch dotiertes Ordinariat für experimentelle Physik an der Prager Universität angeboten wurde, griff er zu. Mileva war strikt dagegen. Sie hatte in Zürich Wurzeln geschlagen, sie wollte hier bleiben, nicht schon wieder mit zwei kleinen Kindern in eine völlig fremde Stadt übersiedeln. Aber ihre Einwände halfen nichts.

Beim Ortswechsel, der wegen der großen Entfernung noch beschwerlicher war als sonst, half Milevas Mutter, die gerade in Zürich zu Besuch weilte, kräftig mit.

In Prag bezogen die Einsteins eine Mietwohnung im Hochparterre eines neuerbauten Jugendstilhauses im Stadtteil Smirchov auf der so genannten »Kleinseite«. Das Haus verfügte bereits über elektrisches Licht, aber die sanitären Verhältnisse waren alles andere als kultiviert. Das Leitungswasser war nicht trinkbar und musste in Flaschen ins Haus geliefert werden, das Wasser zum Kochen holte Mileva von einem Straßenbrunnen.

Albert Einstein bezog als ordentlicher Professor ein jährliches Einkommen, von dem die Familie bequem leben konnte. Die Einsteins konnten sich jetzt sogar ein Dienstmädchen leisten.

An der Universität war der Herr Professor keineswegs mit Arbeit überlastet und konnte sich verstärkt seiner wissenschaftlichen Tätigkeit widmen. Das empfand er als durchaus erfreulich. Was ihn störte, waren die nationalen Feindseligkeiten zwischen den Deutschen und Tschechen, die alle Lebensbereiche durchzogen und die gesellschaftliche Atmosphäre vergifteten. Der Nationalitätenstreit hatte seinen Höhepunkt erreicht.

Mileva fühlte sich in Prag überhaupt nicht heimisch. Ihr jüngerer Sohn wurde von Fieberanfällen heimgesucht und benötigte intensive Pflege, Albert hielt sich den ganzen Tag im Physikalischen Institut auf und besprach alle seine wissenschaftlichen Probleme mit seinen Kollegen und nicht mehr mit ihr. Sie war viel allein und auf die Rolle der Hausfrau und Mutter beschränkt, sie fühlte sich zurückgesetzt, vernachlässigt. Von Natur aus zur slawischen Schwermut neigend, zog sie sich jetzt ganz in sich zurück, kapselte sich ab, pflegte ihre körperbedingten Minderwertigkeitskomplexe, setzte ein finsteres Gesicht auf, sprach wenig, war misstrauisch und eifersüchtig auf Alberts Bekanntschaften. Den gesellschaftlichen Verpflichtungen, die ihr aus der Stellung ihres Ehemannes erwuchsen, kam sie nur widerwillig nach. Es gab zwischen ihm und ihr Spannungen, Streit wegen läppischer Kleinigkeiten. Die Ehe war brüchig geworden.

Eine neue Frauenbekanntschaft Alberts, von der Mileva zunächst nichts wusste und ahnte, vertiefte den Riss in ihrer Beziehung. Bei einem Besuch in Berlin hatte der in der Fachwelt berühmt gewordene Physiker eine Reihe seiner Verwandten, darunter seine Cousine Elsa, getroffen. Sie war geschieden, hatte zwei Kinder und lebte in einer großen Mietwohnung in gutbürgerlichen Verhältnissen. Im Unterschied zu Mileva sah sie gut aus, war heiter und ausgeglichen.

Albert machte mit ihr einen Ausflug auf den Wannsee und fing Feuer. »Ich habe Dich in diesen wenigen Tagen so lieb gewonnen, dass ich Dirs kaum sagen kann«, schrieb er ihr nach seiner Rückkehr nach Prag. Er empfand seine Ehe als Joch, das er abzuschütteln gedachte. Noch war die Zeit allerdings nicht reif für eine so schwer wiegende Entscheidung.

Albert Einstein

Einstein kehrte nach eineinhalbjähriger Tätigkeit aus dem ungeliebten Prag nach Zürich zurück und übernahm an der Eidgenössischen Technischen Hochschule den für ihn geschaffenen Lehrstuhl für theoretische Physik. Mileva war glücklich, wieder in ihrer geliebten Schweiz zu sein.

Die Einsteins lebten jetzt in einer Sechszimmerwohnung am Zürichberg in geradezu feudalen Verhältnissen. Luxus und Komfort sind allerdings kein Ehekitt. Die Entfremdung zwischen den Ehepartnern war weit vorangeschritten. Albert hatte sich innerlich von seiner Frau bereits losgesagt und intensivierte den Briefwechsel mit Elsa in Berlin. »Ich behandle meine Frau wie eine Angestellte, der ich allerdings nicht kündigen kann«, schrieb er ihr. »Ich habe mein eigenes Zimmer und vermeide es, mit ihr zu sein. In dieser Form halte ich das Zusammenleben ganz gut aus.« Nach außen hin wurde der Schein einer intakten Ehe gewahrt. Albert wirkte in Anwesenheit Milevas in Hauskonzerten bei befreundeten Familien mit, man unternahm gemeinsame Bergtouren.

Im September 1913 besuchte Mileva mit den beiden Söhnen ihre Eltern in Novi Sad. Sie ließ dort beide nach orthodoxem Ritus taufen. Der Vater reagierte kühl, als er davon erfuhr. Es sei ihm egal, bemerkte er kurz und bündig. Ihn beschäftigten andere Probleme. Er arbeitete jetzt an der »Allgemeinen Relativitätstheorie«, eine Arbeit, die ihn voll in Anspruch nahm, und war im übrigen auf dem Sprung nach Berlin. Bedeutende Physiker wie Max Planck und Walther Nernst hatten sich tatkräftig für seine Berufung zum hauptamtlichen Mitglied der Preußischen Akademie der Wissenschaften ein- und diese auch durchgesetzt. Er konnte sich dann, so war er überzeugt, ganz auf seine wissenschaftliche

Arbeit konzentrieren. Die politischen Bedenken gegen das säbelrasselnde wilhelminische Deutschland, die er als Pazifist hatte, wischte er rasch beiseite.

In Berlin lockte nicht nur die Wissenschaft. »Du kannst Dir nicht vorstellen, wie sehr ich mich auf dieses Frühjahr freue, in erster Linie auf Dich«, schrieb er Ende November 1913 an Elsa.

Mileva war zutiefst unglücklich, als sie von den beruflichen Absichten ihres Mannes erfuhr. »Meine Frau heult mir unausgesetzt vor von Berlin und ihrer Angst vor den Verwandten«, berichtete er seiner geliebten Cousine. »Sie fühlt sich verfolgt und hat Angst, Ende März habe ihre letzte ruhige Minute geschlagen. Nun, etwas Wahres ist dabei.« Albert Einstein konnte ganz schön gefühllos und hartherzig sein.

Mileva begab sich dann aber doch in die Reichshauptstadt auf Wohnungssuche und mietete in Dahlem eine standesgemäße Unterkunft. Als ihr rechtmäßiger Ehemann Anfang April 1914 in Berlin eintraf, kam er allein. Sein »Kreuz« war mit den Buben auf ärztlichen Rat hin nach Locarno zur Kur abgereist. Sie kam erst einen Monat später nach. Sie mag noch immer gehofft haben, ihre Ehe zu retten, aber das war längst aussichtslos geworden. Die Ehepartner hatten einander nichts mehr zu sagen.

Anfang Juli 1914, zu Beginn der Sommerferien, schickte Albert Einstein seine Familie in Begleitung seines Freundes Michele Besso, den er eigens zu diesem Zweck herbeigerufen hatte, in die Schweiz zurück. Beim Abschied am Bahnhof hat der »Macho«, der er zweifellos war, geweint. Das wird von Fritz Habe berichtet, einem mit Einstein befreundeten Chemiker, der die Szene miterlebte.

DIE TRENNUNG WAR endgültig und blieb es. Dazu haben auch die Zeitereignisse beigetragen. Am 28. Juli 1914 brach der Erste Weltkrieg aus. Eine Wiedervereinigung der Familie wäre unter den gegebenen Verhältnissen nur schwer möglich gewesen. Albert zog sie gar nicht erst in Erwägung. Er fühlte sich so erleichtert, als hätte er eine Bürde von sich geworfen. »Ich hause ganz allein in meiner großen Wohnung in ungeschmälerter Beschaulichkeit«, schrieb er einem befreundeten Kollegen. Er konnte sich jetzt mit innerer Gelöstheit ganz seiner Arbeit widmen.

Mileva, die sich mit der Trennung lange Zeit nicht abfinden konnte, wohnte zunächst mit den Kindern in einer Züricher Pension, ehe sie am Zürichberg Quartier bezog. Der Gemahl überließ ihr einen Großteil der Möbel aus seiner Berliner Wohnung und übersiedelte in ein kleineres Logis. »Mit der Trennung bin ich sehr zufrieden, trotzdem ich nur selten etwas von meinen Buben höre«, schrieb er seinem Freund Besso. Das Verhältnis zu seiner Cousine fand er hübsch. Es störte ihn nicht, dass es ein ehebrecherisches war.

Mileva musste unterdessen als Alleinerzieherin, wie man das heute nennen würde, den Lebensunterhalt der Buben bestreiten. Der Vater schickte zwar jedes Jahr 7 000 Mark, aber der Betrag reichte nicht aus. Die Ehefrau Albert Einsteins war gezwungen, Mathematik- und Klavierstunden zu geben, um die nötigsten Anschaffungen machen und den Kindern eine angemessene Ausbildung angedeihen lassen zu können.

Der Vater kam im September 1915 und dann wieder im Frühjahr 1916 zu Besuch. Seine Schweizer Staatsbürgerschaft ermöglichte ihm eine Reise in das neutrale Ausland. Bei seiner zweiten Visite kam es zu unerfreulichen Szenen, als er von seiner Frau die Einwilligung

*Albert Einstein mit Charlie Chaplin nach der
Premiere des Films »Lichter der Großstadt« in Berlin,
1931. Rechts: Elsa, die zweite Ehefrau Einsteins* ˙

zur Scheidung verlangte. Für Mileva, die noch immer auf eine Versöhnung gehofft hatte, stürzte die Welt ein. Sie erlitt einen gesundheitlichen Zusammenbruch und musste sich mit schweren Herzanfällen in Spitalsbehandlung begeben. Den Ehemann ließ die Nachricht ungerührt. Erst als ihn sein ärztlicher Freund Heinrich Zangger darauf aufmerksam machte, dass Milevas Zustand sehr ernster Natur sei, und sich auch nicht scheute, Einsteins egozentrisches Verhalten dafür verantwortlich zu machen, zeigte sich der berühmte Physiker reuig. Er werde seine Frau mit der Scheidung nicht mehr behelligen, ließ er wissen. Es war ein leeres Versprechen, wie sich bald herausstellen sollte.

Mehr als um den Zustand seiner Frau sorgte Einstein sich um die Gesundheit seines jüngeren Sohnes. Eduard war ein hoch intelligentes Kind, das sich für alles interessierte, sich alles merkte. Seine Musikbegabung war enorm. Er erlernte bereits als Vierjähriger das Klavierspiel und beherrschte es bald meisterhaft, allerdings mechanisch und ohne innere Anteilnahme. Er war sehr oft krank, klagte über heftige, rätselhafte Ohrenschmerzen, die unerträgliche Kopfschmerzen verursachten. Die Mutter musste mit ihm immer wieder das Spital aufsuchen. Auch der Vater war besorgt. Er war der irrigen Meinung, die von der damaligen Medizin genährt wurde, dass es sich bei der Krankheit seines Sohnes um eine mütterlicherseits vererbte Gehirntuberkulose handle. »Der Zustand meines Kleinen deprimiert mich. Es ist ausgeschlossen, dass er ein ganzer Mensch wird«, klagte er und folgerte daraus mit geradezu fataler Logik: »Wer weiß, ob es nicht besser wäre, wenn er Abschied nehmen könnte, bevor er das Leben richtig gekannt hat.« Eduard erkrankte im Alter von zwanzig Jahren an Schizophrenie.

Einstein wurde zu Beginn des Jahres 1917 von einer schweren Krankheit heimgesucht, die er sich im Grunde selbst zuzuschreiben hatte. Er betrieb Raubbau an seinem Körper. Er arbeitete zu viel und lebte ungesund. Schon Mileva berichtet von chronischen Magenkoliken. Jetzt litt er an einem lebensbedrohenden Zwölffingerdarmgeschwür am Magenausgang und war physisch wie intellektuell völlig erschöpft. Seine initiative Cousine griff nun mit energischer Hand ein. Während der kaum Genesene im Sommer die Familie in der Schweiz besuchte und mit seinem älteren Sohn einen Kuraufenthalt in Arosa absolvierte, organisierte sie kurzerhand den Umzug in ihre Wohnung, Berlin, Haberlandstraße 5. Den Zurückgekehrten pflegte sie aufopferungsvoll. Nach einer mehrwöchigen Liegekur und einer Gelbsucht war seine Gesundheit erst im Sommer des Jahres 1918 wiederhergestellt.

EIN PAAR MONATE später war der furchtbare Krieg zu Ende. Aus dem deutschen Kaiserreich wurde eine Republik. Einstein begrüßte den Wechsel der Staatsform. Von seiner Warte aus gesehen nahm auch sein Privatleben eine erfreuliche Wendung. Nach langen Gesprächen mit Besso und Zangger und der Regelung der finanziellen Fragen rang sich Mileva den Entschluss ab, der Scheidung von Albert Einstein zuzustimmen. Am 14. Februar 1919 wurde in einem Bezirksgericht in Zürich die Ehe zwischen Mileva Marić und ihrem Gatten »wegen charakterlicher Unvereinbarkeit und anderen schwer wiegenden Gründen« für aufgelöst erklärt. Mileva erhielt das Sorgerecht für die beiden Söhne, Einstein als schuldiger Teil verpflichtete sich zu Unterhaltszahlungen in der Höhe von jährlich 8 000 Schweizer Franken. Knapp vier Monate später heiratete der eigenbrötlerische Individualist im Standesamt Berlin-Wilmersdorf seine Cousine und langjährige Geliebte Elsa Löwenthal.

Auch seine zweite Gattin erwartete keineswegs ein Eheparadies. Der weltberühmte Gelehrte konnte taktlos sein, ungeniert und mitleidlos. Er wurde von Frauen hofiert. Es gab Weibergeschichten und in deren Gefolge die unausbleiblichen Eifersuchtsszenen. Elsa, die es gerne hörte, mit Frau Professor Einstein angesprochen zu werden, hatte es neben ihm nicht leicht. Aber sie legte sich ein Verhaltensrezept zurecht. Sie fand sich mit den Eigenheiten und Neigungen ihres Mannes ab, nahm ihn so wie er war.

Mileva blieb von all diesen Problemen unberührt, hörte nur gerüchteweise von ihnen. Sie hatte andere Sorgen. Der Ex-Gatte konnte wegen des rapiden Kursverfalles der Mark in den Nachkriegsjahren die Unterhaltszahlungen nur in immer niedriger werdenden Beträgen in Schweizer Franken überweisen. Milevas Mittel wurden knapp. Einstein schlug eine Übersiedlung seiner ehemaligen Familienangehörigen nach Deutschland vor, was Mileva jedoch ablehnte.

Albert Einstein erhielt 1921 den Nobelpreis für Physik. Die damit verbundene Geldsumme wurde in der Schweiz auf einem Treuhandkonto angelegt (ca. 180 000 Franken). Mileva konnte, wie es im Scheidungsvertrag vorgesehen war, über den Zinsertrag verfügen. Sie war jetzt finanziell besser abgesichert, aber doch darüber enttäuscht, dass sie nicht über den gesamten Betrag verfügen konnte. Der siebzehnjährige Hans Albert solidarisierte sich in dieser Angelegenheit mit der Mutter und schrieb dem Papa einen »frechen und hässlichen Brief«, der zu einem schweren Zerwürfnis zwischen Vater und Sohn führte. Der Streit wurde

Albert Einstein mit seiner zweiten Ehefrau Elsa

schließlich gütlich beigelegt. Hans Albert schlug die Ingenieurslaufbahn ein, gründete 1928 nach Ablegung der Diplomprüfung an der Eidgenössischen Technischen Hochschule eine Familie und wurde später Professor für Hydraulik an der Universität Berkeley in Kalifornien. Das Vater-Sohn-Verhältnis bewegte sich fortan in normalen Bahnen.

Auch Mileva und Albert kamen jetzt besser miteinander aus. Wenn Einstein in der Schweiz weilte, stieg er in der Wohnung seiner Ex-Gattin ab und unternahm dann mit seinen Söhnen Ausflüge oder besuchte mit ihnen Konzerte.

Mileva investierte das Nobelpreisgeld in den Kauf dreier Mehrfamilienhäuser am Zürichberg und lebte von deren Mietzinsertrag. Die finanzielle Unabhängigkeit erleichterte ihr die kostspielige Fürsorge für ihren jüngeren Sohn, der ständige medizinische Betreuung benötigte und häufig Spitäler und psychiatrische Kliniken aufsuchen musste. Die erzieherische Verantwortung für das schwer gezeichnete Kind, die wie ein Alp auf ihrer Seele lastete, musste sie ganz alleine tragen. »Tete« hatte zwar die Matura geschafft und dann mit dem Medizinstudium begonnen, das er aber abbrechen musste. Er unternahm einen Selbstmordversuch, hatte von Zeit zu Zeit schwere schizophrene Schübe und musste mehrere Male ins »Burghölzli«, eine berühmte Züricher Heilanstalt, gebracht werden. Da die kleine, zarte Frau nicht im Stande war, alleine mit ihm fertig zu werden, benötigte sie einen Wärter, der den psychisch Kranken nicht aus den Augen ließ. Die Betreuung Eduards verschlang so viel Geld, dass Mileva schließlich die Häuser verkaufen musste und nur noch als Mieterin ihr Leben fristete. Das jahrelange Zusammenleben mit dem geisteskranken Sohn laugte sie seelisch völlig aus, ihr Gemüt verdüsterte, ihr Gesundheitszustand verschlechterte sich. Sie wurde krankhaft geizig, fühlte sich verfolgt und von den Nachbarn bestohlen.

Unterdessen verheerte im Frühsommer 1938 eine SA-Horde in Berlin die Wohnung Einsteins. Sein Bankkonto wurde gesperrt. Der berühmte Gelehrte, der gerade in Kalifornien weilte, blieb in den USA und setzte dort sein Forscherleben fort. Für die unglückliche Mileva hatte er nur Spott übrig, das Schicksal Eduards mag er beklagt haben. Sehr belastet hat es ihn nicht.

Mileva vergreiste und siechte dahin. Nach mehreren Schlaganfällen und Spitalsaufenthalten schied sie am 4. August 1948 verarmt, sinnesverwirrt und völlig vergessen in Zürich aus dem Leben. Wer ihrem Begräbnis am Friedhof Nordheim beigewohnt hat, ist nicht überliefert.

Der berühmte, geniale Nobelpreisträger überlebte seine erste Frau um sieben Jahre, der jüngere Sohn, ihr großes Sorgenkind, für das sie sich aufgeopfert hatte, starb siebzehn Jahre nach ihrem Tod in einer psychiatrischen Klinik. In der Todesnachricht, die der ältere Bruder anzeigte, wird Eduard als »Sohn des verstorbenen Prof. Albert Einstein« ausgewiesen. Die Mutter wird mit keinem Wort erwähnt. Es war die letzte bewusste oder unbewusste Demütigung, die die Familie Einstein dieser bedauernswerten Frau zugefügt hat.

Sklavin, Muse und Matrone

ALMA MAHLER-WERFEL

AM 3. NOVEMBER 1901 gaben Berta Zuckerkandl und ihr Mann, der angesehene Anatom Emil
Zuckerkandl, deren gastliches Haus in der Nusswald-
gasse in Wien-Döbling ein Treffpunkt der illustren Wiener Gesellschaft war, ein Abendessen. Geladen waren
der Schriftsteller Hermann Bahr, der Maler Gustav
Klimt, der Direktor des Hofburgtheaters Max Burckhard, der Direktor der Hofoper Gustav Mahler und als
einziger weiblicher Gast die schöne, zweiundzwanzig-
jährige Tochter des vor Jahren verstorbenen, bekannten
Landschaftsmalers Emil Jakob Schindler.

Mahler, der nur selten eine Einladung akzeptierte, erschien auf die Minute genau zur vorgegebenen Zeit. Er
war ein Pünktlichkeitsfanatiker und ein Asket. Er hatte
sich, aus welchen Gründen immer, Diätkost ausbedun-
gen, die er auch prompt vorgesetzt bekam. Das Tisch-
gespräch, das sich natürlich um Fragen des Wiener
Kunstlebens drehte, verlief anregend. Der ansonsten
eher scheue, verschlossene Hofoperndirektor ging an
diesem Abend aus sich heraus, war munter und redselig.

Alma Schindler hörte dem Gespräch gespannt und fasziniert zu. Sie richtete ihre Aufmerksamkeit vor allem

auf Mahler, den sie nach ihren eigenen Angaben nun kennen lernte. Das war er also, der kompromisslose, kunstbesessene, hässliche Mann, der sie, die begeisterte Musikliebhaberin, in den vergangenen Wochen Abend für Abend vom Dirigentenpult aus durch seine fanatische Hingabe an seine Aufgabe in einen Taumel der Begeisterung und ein Wirrsal der Gefühle gestürzt hatte. Schweigend saß sie da, sinnend, nachdenklich. Dann mischte sie sich einfühlsam in das Gespräch. »Mahler, der sie bisher nicht beachtet hatte, sah sie jetzt aufmerksam an«, berichtet Berta Zuckerkandl in ihren Erinnerungen.

Nach dem Dessert kam es dann zwischen den beiden zu einem heftigen Wortwechsel, als Alma ihrem Idol temperamentvoll vorwarf, ein Werk, das ihm ihr Musiklehrer Alexander von Zemlinsky zur Durchsicht und Begutachtung vorgelegt hatte, ein Jahr unbeantwortet liegen gelassen zu haben. Mahler nahm es ihr überraschenderweise nicht übel. Er reichte ihr zum Abschied die Hand und verließ das Haus, nicht ohne sie für den übernächsten Tag zur Generalprobe von Jacques Offenbachs *Hoffmanns Erzählungen* einzuladen. Der dämonische, sendungsbewusste jüdische Komponist und Dirigent aus Böhmen, der mit seinen einundvierzig Jahren noch Junggeselle war, hatte Feuer gefangen.

IN DEN NÄCHSTEN Wochen und Monaten verdichteten sich die Beziehungen zwischen dem despotischen Musikgenie und seiner jungen, charmanten, anbetungsfreudigen Verehrerin. Der Herr Hofoperndirektor schickte der schönheitstrunkenen, für Poesie empfänglichen jungen Dame ein paar (ungeschickte) Verse. »Das kam so über Nacht. Hätt' ich's doch nicht gedacht, dass Contrapunkt und Formenlehre mir noch einmal das Herz beschwere«, reimte er.

Alma Schindler, die spätere Ehefrau Gustav Mahlers

Wie sollte sie darauf reagieren? Sie hatte eine tiefe Zuneigung zu Alexander Zemlinsky gefasst, von dessen Geistigkeit sie gefesselt war und der ihre Musikalität gefördert und bis zur eigenschöpferischen Leistung gesteigert hatte (sie komponierte Lieder nach Gedichten von Heine, Rilke und Dehmel, Etüden, Intermezzi, Sonaten). Gustav Klimt, ein Freund der Familie, hatte eine Romanze mit ihr gehabt und lebte noch immer in ihrem Herzen. Was sollte sie tun, wie sollte sie sich verhalten?

Alma suchte in Begleitung der Mutter den hochgestellten Herrn in seinem Büro auf, die Mama lud ihn in das schöne, moderne Haus auf der Hohen Warte in Döbling ein, das sie mit ihrem zweiten Mann, dem Maler Carl Moll, und der Tochter bewohnte.

Der Besuch verlief nicht ganz so, wie man es sich vorgestellt hatte. Mahler riet Alma, deren Zimmer im ersten Stockwerk mit Büchern voll gestopft war, davon ab, sich zu viel mit Nietzsche zu beschäftigen. Nietzsche war ihr von Max Burckhard zur Lektüre empfohlen worden und ihr Abgott. Moll konnte den nervösen, fahrigen Mann und dessen neutönerische Musik ohnedies nicht leiden und machte aus seiner Antipathie kein Hehl.

Die arme Alma war von ihren Gefühlen hin- und hergerissen. Sie spürte, dass Mahler ein ungewöhnlicher, tief empfindender und empfindsamer Mensch war, der sich mit philosophischen Problemen herumschlug und um den Sinn des Daseins rang. Sie bewunderte ihn, schaute in Ehrfurcht zu ihm auf. Aber tief in ihrem Inneren sträubte sich in ihr etwas gegen das Fordernde, Herrische, Tyrannische seines Wesens. Würde er ihre hübsche musikalische Begabung achten, ihr genügend Freiraum für ihre schöpferische Tätigkeit geben?

Gustav Mahler hatte es eilig. Schon nach ein paar Besuchen gestand er ihr seine Liebe, sprach von Heirat, warb um die schöne Frau in allen Variationen, mündlich, schriftlich, mit Gedichten und Kompositionen.

Alma stand vor einer schweren Entscheidung, der schwersten ihres jungen Lebens. Sie wusste nicht ein und aus, sie zögerte und zagte. Sollte sie sich an einen Mann binden, der um zwanzig Jahre älter war als sie, den sie als Künstler und Mensch schätzte, dessen Seele aber so unergründlich war und tief, dass sie in einen Abgrund zu blicken vermeinte?

Die Eltern rieten ihr von einer dauerhaften Verbindung ab, die Freunde warnten. Burckhard, aus dem freilich die blanke Eifersucht sprach, ergriff gegen Mahler besonders vehement Partei.

»Ich weiß nicht, ob ich ihn liebe oder nicht, ob ich den Operndirektor, den berühmten Dirigenten oder den Menschen liebe«, notierte Alma verzweifelt in ihr Tagebuch. Sie entschied sich dann doch für ihn. Ob für den Dirigenten oder für den Menschen, darüber hat sie sich nicht geäußert. Zweifellos schmeichelte es ihr, die Frau eines berühmten Mannes zu werden, mit dem sie bedingungslos zumindest eine Liebe teilte: die Liebe zur Musik.

Noch ehe sie ihm ihre Entscheidung bekannt gab, fuhr Mahler nach Berlin, wo er unter anderem seine *Vierte Symphonie* zur Aufführung brachte. Er schrieb ihr von dort reihenweise Liebesbriefe, die sie knapp und ausweichend beantwortete. Die kokette junge Frau genoss in seiner Abwesenheit die himmelstürmende Verehrung eines Musikers, die sie weidlich auskostete.

Hat der lebenserfahrene Tonkünstler mit seismografischer Sensibilität erspürt, was im Herzen Almas vorging? Jedenfalls schrieb er ihr aus Dresden, wo er auf der

Rückreise einen kurzen Zwischenaufenthalt einlegte, einen ellenlangen Brief, in dem er schonungslos zum Ausdruck brachte, wie er sich das Zusammenleben mit ihr vorstellte. Die Ehefrau sei für den Mann kein Spielzeug und auch nicht seine Haushälterin. Nein, eine solche bourgeoise Vorstellung von der Ehe habe er nicht, ließ er sie wissen. Aber er erwarte doch von ihr, dass sie die Gestaltung ihres zukünftigen Lebens innerlich von seinen Bedürfnissen abhängig mache und nichts dafür fordere als seine Liebe, und dass sie *seine* Musik als die *ihre* ansehe. Und dieses Schreiben an seine liebe Almschi, das auf seine Art einmalig ist, gipfelte in dem Satz: »Du hast von nun an nur einen Beruf: *Mich glücklich zu machen.*« Alma war fassungslos, als sie den Brief las. Mahler forderte von ihr nicht mehr und nicht weniger als ihre bedingungslose Unterwerfung unter seinen dämonischen Willen, den Verzicht auf ihr menschliches wie künstlerisches Eigenleben. Sie besprach sich lange mit ihrer Mutter, die ihr dazu riet, den Kontakt mit dem besitzergreifenden Hofoperndirektor abzubrechen.

Alma befolgte den Rat nicht. Sie fügte sich in ihr Schicksal und wertete ihr Nachgeben als Dienst an der Kunst. Als Mahler zurückkehrte, tat sie, als sei nichts gewesen.

Alsbald wurde Verlobung gefeiert. Die Öffentlichkeit sollte davon nichts erfahren, aber das blieb ein frommer Wunsch. Irgendjemand hielt nicht dicht. Die Kunde hievon machte in Wien die Runde. Der hässliche, alternde Hofoperndirektor und die schöne, blutjunge Alma Schindler ein Ehepaar? Das konnten sich viele Menschen nicht vorstellen. Titan und Elfe, das passte nicht zusammen.

Die Verlobten kümmerten sich nicht um das alberne Geschwätz der Leute. Sie diskutierten heftig über Glau-

Gustav Mahler, 1898

bensfragen und ihre literarischen Vorlieben. Alma war glücklich, wie aus ihrem Tagebuch hervorgeht. »Wir konnten uns kaum voneinander losreißen«, notierte sie. »Wozu nur die schrecklichen Konventionen? Warum kann ich ihn nicht einfach zu mir herziehen? Unsere Begierde verzehrt den besten Teil unserer Kräfte ...«

Die körperliche Vereinigung, nach der sich beide sehnten, kam noch vor der Eheschließung zustande. Freilich nicht problemlos. Mahler war kein glühender Liebhaber. Kindheitserlebnisse und die verlogene puritanische Sexualmoral der Zeit dürften ihn geprägt haben. Lustvolles Genießen lag ihm fern. Ob er seine liebeshungrige Frau tatsächlich so kurz hielt, wie sie später behauptete, mag man für eine Mär halten. Vielleicht hat sie diese Version in die Welt gesetzt, um damit ihren unersättlichen Liebeshunger zu rechtfertigen. Wer weiß das schon? Sexuelle Harmonie zwischen ihr und ihren sexuell verklemmten Mann dürfte es aber wohl nicht gegeben haben.

DIE HOCHZEIT FAND am 9. März 1902 in der Sakristei der Karlskirche statt. Die Öffentlichkeit blieb davon so gut wie ausgeschlossen. Der kurzen Zeremonie wohnten von Seiten der Braut nur die Mutter und der Stiefvater bei, von Seiten Mahlers waren nur seine Schwester Justine (Justi) und der Konzertmeister der Wiener Philharmoniker, Arnold Rosé, zugegen.

Die Hochzeitsreise führte nach Russland, wo der vielgerühmte Meister des Taktstockes in St. Petersburg zur großen Zufriedenheit des Publikums drei Konzerte dirigierte.

Nach der Rückkehr aus den Flitterwochen bezog das jungvermählte Paar die Wohnung Mahlers in der Auenbruggergasse am Rennweg im dritten Wiener Gemeindebezirk. Dort hatte die Schwester dem Herrn Hofoperndirektor jahrelang den Haushalt geführt und für sein leibliches Wohl gesorgt. Diese Aufgabe fiel nun Alma zu. Sie musste sich erst daran gewöhnen, denn bis zu ihrer Eheschließung hatte sie sich beinahe ausschließlich ihren schöngeistigen Interessen gewidmet, viel gelesen, musiziert und komponiert, mit gleichgesinnten Freunden über das Wiener Kulturleben geplaudert. Ihre materielle Existenz war gesichert gewesen, mit Geld konnte sie nicht umgehen. Das musste sie nun lernen. Denn Gustav Mahler war verschuldet. Er hatte sich beim Bau eines Sommerhauses in Meiernegg am Südufer des Wörthersees übernommen. Seine junge Frau will die wirtschaftliche Misere, wenn es eine war, innerhalb weniger Jahre behoben haben. Man darf diese Feststellung in ihren Memoiren nicht wörtlich nehmen. Alma Mahler nahm es mit den Fakten nicht so genau. Um sich selbst ins rechte Licht zu setzen, verheimlichte und vertuschte sie vieles, stellte so manche Begebenheit ganz anders dar, als sie sich abgespielt hatte.

Auch ihre Ehe hatte sie sich anders vorgestellt. Sie musste ganz gegen ihre bisherige Gewohnheit ihre eigenen Bedürfnisse zurückstellen, sie fühlte sich innerlich leer und unausgelastet. Ihr Tagesablauf war völlig auf den Hausherrn ausgerichtet und darauf abgestellt, ihm zu Diensten zu sein. Der Wiener Opernchef war viel beschäftigt und viel außer Haus, seine Ehefrau viel allein. Besucher kamen selten, da Mahler gesellschaftliche Kontakte tunlichst vermied. Die wenigen Freunde, die er hatte, verärgerte Alma oder ekelte sie buchstäblich aus dem Haus.

Auch die Sommermonate in Kärnten waren für Alma keineswegs ein Quell reiner Freude. Zum Haus in Meiernegg gehörten ein großer Garten und ein Stück Wald, die Umgebung war prachtvoll, der Blick auf den See atemberaubend. Aber für die Schönheit der Landschaft hatte die Tochter des berühmtesten Landschaftsmalers der k.u.k. Monarchie wenig übrig. Sie war ein Stadtmensch.

Gustav Mahler hingegen war ein Naturliebhaber. Er unternahm ausgedehnte Spaziergänge, auf denen ihn Alma nicht gerade zu ihrem Vergnügen – sie war im fünften Monat schwanger – begleiten musste. Mahler spazierte allerdings nicht durch die Natur, er trabte. Seinem Eiltempo hielten selbst geübte Wanderer nur schwer stand. Auch das Schwimmen im See bereitete ihm Vergnügen. Einen Großteil des Tages widmete er allerdings der kompositorischen Arbeit. Er brachte seine Einfälle in einem »Komponierhäuschen« zu Papier, das etwa sechzig Meter oberhalb der Villa lag und mit einem Schreibtisch, einem Flügel und vielen Büchern ausgestattet war. Bei der Arbeit benötigte er absolute Ruhe. Das kleinste Geräusch brachte das nervöse, neurotische Genie aus der Fassung, selbst das Gebell der Hunde in der Nachbarschaft inkommodierte ihn beim Schaffensprozess.

In Meiernegg wie in Wien lief das Leben nach einem genauem Zeitplan ab. Das Mittagessen musste pünktlich auf dem Tisch stehen, die Speisen wünschte der autoritäre Herrenmensch weich gekocht und möglichst gewürzlos vorgesetzt zu bekommen.

Alma spielte das fürsorgliche Hausmütterchen, eine Rolle, die ihr gar nicht lag, die sie ihrem Wesen abringen musste. Das hielt sie eine Zeit lang durch, aber schon bald stellten sich Unzufriedenheit, Unausgefülltheit und Missmut ein: »Ich weiß nicht mehr, was ich tun soll«, klagte sie in ihrem Tagebuch. »In meinem Inneren tobt ein furchtbarer Kampf. Ich bin dem Schmerz

Alma Mahler

ausgeliefert, ich brenne darauf, ein menschliches Wesen zu finden, das an mich denkt und mir hilft, mich selbst zu finden. Ich bin nur noch Hausfrau.«

Merkte der Ehemann nicht, was im Inneren seiner jungen Frau vorging? Alma schluckte ihre Frustration einige Zeit hinunter, dann offenbarte sie Gustav ihre Gefühle. Er nahm ihre Vorhaltungen ernst und schrieb für sie ein Liebeslied, das sie anrührte. Gustav Mahler mag seine Frau vernachlässigt haben, aber er liebte sie aus ganzem Herzen.

AM 3. NOVEMBER 1902 brachte Alma Mahler ihr erstes Kind zur Welt, ein Mädchen, das auf den Namen Maria Anna getauft wurde. Es war eine schwere Geburt, weil das Kind in Steißlage kam. Den stolzen Vater ließ der schmerzvolle Gebärakt unbeeindruckt. »Das ist ganz mein Kind«, konstatierte er trocken, als ihm der Arzt davon Mitteilung machte, »es zeigt der Welt gleich das, was ihr gebührt: den Hintern.«

Man sollte diesen Satz nicht auf die Waagschale legen und nicht lange darüber philosophieren. Er war wohl humorvoll gemeint. Gustav Mahler war seinen beiden Kindern – Anna Justina (»Gucki« gerufen), die zweite Tochter, wurde am 15. Juni 1904 geboren – ein ausgesprochen liebe- und verständnisvoller Vater. Er spielte mit ihnen, erfüllte ihre Wünsche, konnte sich in ihre Erlebniswelt hineindenken. Als Zweitältester der Familie inmitten einer Schar jüngerer Geschwister aufgewachsen, hatte er praktische Erfahrung im Umgang mit kleinen Kindern gesammelt.

Alma wusste mit Kindern wenig anzufangen, auch nicht mit ihren eigenen. Sie besaß offensichtlich keinen Mutterinstinkt. Die Geburt ihrer beiden Töchter scheint ihr Leben kaum verändert zu haben. Frau Mahler zweifelte weiter an der Sinnhaftigkeit ihrer ehelichen Beziehung. Fünf Wochen nach der Geburt des ersten Kindes, das »Putzi« gerufen wurde, klagte sie in ihrem Tagebuch: »Gustav lebt sein Leben, und ich habe auch das seine zu leben. Ich kann mich auch nicht nur mit meinem Kind beschäftigen.« Und dann stieß sie den viel sagenden Seufzer aus: »Ach, wenn er doch jünger wäre! Im Genießen, im Erleben jünger!«

Kannte sie sein Geburtsdatum nicht? Sie hatte offenbar nicht Gustav Mahler geheiratet, sondern seine Position und seinen Ruhm.

Alma war untröstlich, niedergeschlagen, tief deprimiert. Sie versuchte, sich zu betäuben, nahm Zuflucht beim Alkohol. Ein Genie zum Partner zu haben, war kein Honiglecken. Das wusste sie jetzt.

Gustav Mahler stand in den Jahren 1905/06 auf dem Höhepunkt seiner beruflichen Karriere. Seine Stellung als Direktor der Wiener Hofoper, die er seit 1897 innehatte, war unangefochten, auch wenn ihm von so manchem Kritiker noch immer ab und zu Missgunst entgegenschlug. Als Dirigent war er in ganz Europa heiß begehrt, sein Werk als Komponist – er hatte sich bis zu diesem Zeitpunkt sieben große Symphonien abgerungen – war wohl umstritten, aber die Zahl jener Musikliebhaber und -kenner, denen Mahlers Musik etwas bedeutete, war in ständigem Steigen begriffen, seine Anhängerschaft wuchs.

Alma schätzte und bewunderte ihren Mann als Dirigenten, vom Komponisten war sie nicht überzeugt. Seine Musik blieb ihr lange Zeit fremd, sie konnte sich nur langsam mit ihr anfreunden. Wirklich davon begeistert war sie nie. Das schließt nicht aus, dass sie ihm bei der Arbeit zur Seite stand. Im Sommer half sie ihm beim Kopieren der Noten und sorgte das ganze Jahr über dafür, dass er möglichst ungestört allen seinen Tätigkeiten nachgehen konnte. Anfangs machte sie auch häufig seine Konzertreisen in das Ausland mit. Später blieb sie unter allen möglichen Vorwänden immer öfter zu Hause.

Hatte sie das Reisen satt? Wollte sie tatsächlich ihre Kinder nicht allein lassen? Sie hatte ein Dienst- und ein englisches Kindermädchen, die ihr die Haushalts- und Erziehungsarbeit erleichterten. Geldmangel, den sie vorschützte, kann es nicht gewesen sein, denn Frau Mahler verfügte, wie wir heute wissen, über ein monatliches Haushaltsgeld, das bequem ausreichte, um alle ihre Bedürfnisse zu befriedigen. Höchstwahrscheinlich war sie froh, ihren egozentrischen, tyrannischen Leidsucher nicht um sich zu haben, und genoss es, in seiner Abwesenheit von Verehrern, an denen es nicht mangelte, umschwärmt zu werden.

DER ENTSCHEIDENDE WENDEPUNKT im beruflichen und familiären Leben Gustav Mahlers fällt in das Jahr 1907, das man als sein Schicksalsjahr bezeichnen kann. Es waren im wesentlichen drei Ereignisse, die die Lebensumstände der Familie nachhaltig bestimmten und veränderten: der Rücktritt Mahlers vom Amt des Hofoperndirektors, der Tod seiner älteren Tochter Maria Anna (»Putzi«) und die ärztliche Diagnose eines (schweren) Herzleidens Mahlers.

Bereits im Spätherbst 1906 schossen gewisse Wiener Presseorgane, die Mahler seit jeher übel mitspielten und auch vor antisemitischen Anfeindungen nicht zurückschreckten, immer heftiger werdende Breitseiten auf ihn ab. Sie warfen ihm vor, durch seine schroffe Kompromisslosigkeit bei der Durchsetzung seiner künstlerischen Absichten und Ziele den Ensemblegeist zu zerstören, durch seine häufigen Konzertreisen, die vorwiegend der Propagierung seiner eigenen Werke dienten, die Leitung des Opernhauses zu vernachlässigen und zu wenig neue Stücke aufzuführen.

Gustav Mahler nahm die Kritik diesmal gelassen. Der kompromisslose Hofoperndirektor trug sich seit einiger Zeit insgeheim mit Rücktrittsabsichten. Das kräfteraubende Amt, das er seit nunmehr fast einem Jahrzehnt innehatte, hatte ihn ausgelaugt, körperlich und seelisch ausgezehrt. Zudem fühlte er sich unverstanden, seine unermüdliche Arbeit und seine hoch gesteckten Ziele fanden nicht die gebührende Anerkennung. Als ihm Heinrich Conried, der Direktor der Metropolitan Opera, einen lukrativen Vierjahresvertrag für eine jährliche dreimonatige Dirigententätigkeit in New York anbot, griff er zu. Im Mai 1907 reichte Mahler seinen Rücktritt ein, der vom Kaiser genehmigt werden musste.

Bis zu seinem endgültigen Abschied vergingen noch ein paar Monate, die von schweren persönlichen Schicksalsschlägen gekennzeichnet waren. Gleich zu Beginn des Sommerurlaubes, den die Familie wie jedes Jahr in Meiernegg verbrachte, erkrankte die ältere Tochter Maria Anna an Scharlach und Diphterie. Die Krankheit, die heute die Medizin vor keinerlei Probleme stellt, war vor einhundert Jahren lebensbedrohend. Als sich der Gesundheitszustand des Kindes von Tag zu Tag verschlechterte und die kleine Patientin zu ersticken drohte, nahm der behandelnde Arzt an Ort und Stelle einen Kehlkopfschnitt vor, der nur kurzzeitig eine Erleichterung brachte. Einen Tag später, am 5. Juli 1907, starb das Kind, das dem Vater, dem es charakterlich ähnelte, ans Herz gewachsen war.

Die Eltern waren wie von Sinnen. Alma erlitt beim Abtransport des Sarges, in dem das Kind lag, das sie unter schwersten Komplikationen zur Welt gebracht hatte, einen Kollaps. Gustav Mahler war zutiefst getroffen. Wegen seines Herzleidens musste er von nun an leiser treten, jede körperliche Anstrengung, vor allem seine kräfteraubenden Spaziergänge, meiden. Nur unwillig fügte sich der schicksalsgeprüfte Mann diesem ärztlichen Rat. Das Unglückshaus in Meiernegg wurde kurzerhand verkauft.

Am 15. Oktober 1907 gab Gustav Mahler mit dem *Fidelio* seine Abschiedsvorstellung an der Wiener Hofoper und verabschiedete sich mit einer eindringlichen Botschaft und einem kritischen Rechenschaftsbericht von der Belegschaft. In einem Schreiben an einen Freund schlug er profanere Töne an. »Ich gehe«, konstatierte er hart und unmissverständlich, »weil ich das Gesindel nicht mehr aushalten kann.« Wen er damit meinte, ließ er offen.

Am 9. Dezember 1907 verließ Gustav Mahler mit seiner jungen Frau die Kaiserstadt an der Donau. Zu seiner Verabschiedung hatten sich etwa zweihundert Freunde und Verehrer am Westbahnhof eingefunden. Das beglückte ihn. Die ereignisreiche Ära Mahlers an der Wiener Hofoper gehörte endgültig der Vergangenheit an.

Die seereise über den Atlantik vertrug das nervöse, neurotisch veranlagte Genie nur schlecht, der Gattin gefiel sie.

In New York bezog das ungleiche Paar eine geräumige Suite im 11. Stock des Majestic Hotels mit Blick auf den Central Park. Das Ambiente stimmte, aber das (Ehe)Leben verlief keineswegs nach den Wünschen der sinnlichen, möglicherweise sogar nymphomanen Alma. Gustav Mahler blieb bis tief in den Vormittag hinein im Bett und widmete sich dann voll und ganz der Proben-

Alma Mahler mit ihren Töchtern Maria und Anna, 1906

arbeit. Alma war viel allein, fühlte sich einsam, verlassen und vernachlässigt. Besucher waren selten, der Alltag verlief in monotoner, beinahe klösterlicher Abgeschiedenheit. Da tat es gut, dass sie eines Tages ein junger Pianist aufsuchte, den sie etliche Monate zuvor kennen gelernt und der sich in sie verliebt hatte. Er war gekommen, um von ihr Abschied zu nehmen. Das unschuldige Liebesverhältnis (so wird es jedenfalls von ihr dargestellt) fand durch das Erscheinen des Gatten ein unliebsames Ende. Gustav Mahlers Vertrauen in die Treue seiner von ihm angebeteten Frau erfuhr eine erste Erschütterung. Es kam zu einer heftigen Aussprache. Alma trug sich, wenn man ihr glauben darf, mit Selbstmordgedanken. Glaubhafter ist, dass sie erkrankte. Sie hatte eine Fehlgeburt, die sie in eine psychische Krise stürzte.

Der egozentrische Gemahl reagierte diesmal mit größerer Rücksichtnahme auf ihre persönlichen Wünsche und Bedürfnisse. Er lud Freunde und Bekannte ein, nahm sie in die Metropolitan mit, war umgänglicher und geselliger. Der Tod der Tochter und sein Herzleiden hatten seine Lebenseinstellung verändert, seine Weltsicht relativiert.

Auch musikalisch präsentierte sich in der Neuen Welt ein »neuer Mahler«. Der Dirigenten-Despot war nachsichtiger, er spielte Wagner mit Streichungen und nahm Pannen gelassener.

Sein Met-Debüt mit *Tristan und Isolde* am Neujahrstag des Jahres 1908 war ein voller Erfolg und auch seine Dirigierkunst bei den übrigen Aufführungen (es waren insgesamt siebenundzwanzig) wurde von der Kritik und vom Publikum sehr freundlich aufgenommen. Als er im April nach Europa zurückkehrte, konnte er künstlerisch und finanziell eine durchaus positive Bilanz ziehen.

Ob auch Alma mit den neuen Lebensumständen zufrieden war? In den nächsten drei Spielzeiten, die sie in den USA zubrachten, scheint sie sich trotz mancher »nervöser Beschwerden«, die sie plagten, im Großen und Ganzen wohl gefühlt zu haben. Sie hatte ihre jüngere Tochter bei sich, die sie freilich der Obhut einer englischen Gouvernante überließ, sie machte interessante Bekanntschaften und nahm mit dem spröden Gemahl an eleganten Abendessen und gesellschaftlichen Veranstaltungen teil, zu denen sie von der Hautevolee geladen waren.

Die Sommermonate der Jahre 1908 bis 1910 verbrachten die Mahlers in einem Bauernhaus in der Nähe von Toblach in Südtirol, dessen geräumiges Obergeschoß sie gemietet hatten. Gustav zog sich tagsüber in ein »Komponierhäuschen« zurück, in dem er seine letzten Symphonien komponierte, während sich Alma trotz der Anwesenheit ihrer Mutter und einiger dienstbarer Geister massiv langweilte. Lediglich die Konzertreisen nach Paris, Prag, München und in andere europäische Kulturzentren, auf denen sie den Gatten begleitete, behagten ihr, gaben ihr die Gelegenheit, sich in seinem Ruhm ein wenig zu sonnen.

Mahlers Musik blieb ihr allerdings weiterhin fremd. Der Zwang, sich dem Ehemann völlig unterzuordnen, ihr Leben ausschließlich nach seinen Bedürfnissen ausrichten zu müssen, lastete wie ein Albdruck auf ihrer Seele. Selbstverleugnung passte nicht zu ihrem Naturell, für ein duldendes, willenloses Heimchen am Herd war sie nicht geschaffen.

DIE EHEKRISE, DIE lange geschwelt hatte, brach im Sommer 1910 aus. Mahler, wie üblich viel beschäftigt, reiste von einem Konzert zum anderen, seine

Frau begab sich Anfang Juni zu einem Kuraufenthalt nach Tobelbad südlich von Graz. Dort lernte sie einen gut aussehenden jungen Mann kennen, der im selben Hotel wohnte und ihr unverhohlen den Hof machte. Er hieß Walter Gropius, war Berliner und von Beruf Architekt. Jahre später sollte er als Direktor der Kunstgewerbeschule in Weimar und Gründer des Bauhauses neue architektonische Wege beschreiten und Ruhm ernten. Ob Alma seinen Genius erkannt hat? Möglich wäre es. Sie hatte einen Instinkt, ein Gespür für außergewöhnliche Menschen.

Wie immer, Alma und Walter fanden aneinander Gefallen und wurden von heute auf morgen ein Liebespaar. Sie schliefen miteinander und kosteten Seligkeiten aus, währenddessen der musikbesessene Gemahl bei den Proben für seine *Achte Symphonie*, deren Aufführung in München im September 1910 den Höhepunkt seines Lebens und seines Schaffens markierte, seine letzten schöpferischen Kräfte mobilisierte.

Obwohl er ganz von seiner Arbeit in Anspruch genommen wurde, spürte Mahler, dass mit Alma etwas nicht stimmte. Ihre Briefe klangen seltsam befremdend. »Verbirgst Du mir etwas? Denn ich glaube immer etwas zwischen den Zeilen herauszufinden«, schrieb er ihr ahnungsvoll. Und ob sie ihm etwas verbarg! Sie wurde wohl von Gewissensbissen geplagt, aber sie dachte nicht daran, Gustav reinen Wein einzuschenken. Nach ihrer Rückkehr von Tobelbad verlor sie über ihre Liebeskur kein Wort.

Da platzte eines Tages unverhofft und unerwartet die Bombe. Gropius schrieb Alma einen glühenden Liebesbrief, den er (irrtümlich oder mit Absicht?) nicht an sie, sondern an Mahler adressierte. Jetzt gab es nichts mehr zu verheimlichen. Wie ein Vulkan schleuderte Alma dem Gemahl all die Vorwürfe, Aggressionen und Frustrationen ins Gesicht, die sich jahrelang in ihr aufgestaut hatten. Für Mahler brach eine Welt zusammen. Das weltfremde Genie war total zerknirscht, wurde von Schuldgefühlen übermannt, versprach Besserung.

Einige Tage später tauchte plötzlich Gropius in Toblach auf. Alma musste nun eine Entscheidung treffen. Ehemann oder Liebhaber? Sie entschied sich für ersteren. Das Liebesverhältnis mit dem potenten Berliner Architekten führte sie insgeheim weiter und ergriff jede Gelegenheit, sich mit ihm zu treffen. »Wann wird die Zeit kommen«, schrieb sie ihm, wenn sie ihn lange missen musste, »wo du nackt an meinem Leib liegst, wo uns nichts trennen kann als höchstens der Schlaf? ... Ich weiß, dass ich nur für die Zeit lebe, wenn ich ganz und gar die Deine werden kann.« Anna Moll, die Mutter, war in ihre Pläne eingeweiht und unterstützte das Verhältnis.

In ihrer Ehe gab jetzt Alma den Ton an. Die Machtverhältnisse hatten sich grundlegend verändert. Aus Angst, seine vergötterte Gattin zu verlieren, unterwarf sich ihr Mahler bedingungslos. Der sittenstrenge Despot, der zum unterwürfigen Sklaven geworden war, las seiner Herrin jeden Wunsch von den Lippen ab, buhlte um ihre Gunst, überschüttete sie mit Zärtlichkeiten und Liebesschwüren. Alma durfte wieder komponieren, er spielte ihre Lieder auf dem Klavier.

In der tiefen seelischen Krise, in der er sich befand, ließ sich Mahler dazu überreden, den Rat Sigmund Freuds einzuholen. Die Begegnung fand im holländischen Leiden statt, wo sich der große Seelenforscher zu dieser Zeit aufhielt. Bei einem mehrstündigen Spaziergang durch die Stadt erläuterte Freud dem Musikgenie, das sich ihm anvertraute, aus psychotherapeutischer

Sicht dessen eheliche Situation. Mahler fand das Gespräch interessant. Es scheint ihm nicht nur psychisch, sondern auch in erotischer Beziehung geholfen zu haben. Er fand wieder sexuellen Zugang zu seiner Frau.

Ehe das Ehepaar Mahler mit Tochter »Gucki« im Spätherbst des Jahres 1910 zum vierten und letzten Mal nach Amerika aufbrach, traf sich Alma mit Gropius in Paris und schwelgte im Liebesglück. War der Gatte ahnungslos oder nahm er es hin, dass ihn seine Frau weiter hinterging, solange sie sich nicht von ihm trennte? So oder so, Gustav Mahler gab sich jedenfalls die größte Mühe, sie bei guter Laune zu halten. Er tat alles, was sie wünschte, und erwarb in Breitenstein am Semmering ein Grundstück, auf dem er eine Familienvilla zu errichten gedachte.

In Amerika konnte der berühmte Dirigent auch diesmal musikalische Erfolge erzielen, es gab aber auch Reibereien mit den Gesellschaftern der New Yorker Philharmoniker.

Alma war in bester Stimmung. Eines ihrer frühen Lieder wurde zu ihrer und Mahlers großen Freude bei einem Konzert dem nicht sonderlich beeindruckten Publikum vorgestellt. Sie verringerte ihren Alkoholkonsum und schrieb Gropius feurige Liebesbriefe.

Kurz vor Weihnachten laborierte Mahler an einer Halsentzündung, die er nicht sonderlich ernst nahm. Zwei Monate später kehrte die Krankheit mit hohem Fieber verbunden wieder. Obwohl es geraten gewesen wäre, das Bett zu hüten, gab er am 21. Februar 1911 in der Carnegie Hall ein Konzert. Er hatte sich schon des Öfteren gesund dirigiert, warum sollte es diesmal anders sein? Es war anders. Er erholte sich zwar tatsächlich ein wenig, aber es war nur eine kurzzeitige Besserung. Der Tod hatte seine Hand nach ihm ausgestreckt. Dr. Josef Fraenkel, ein aus Wien gebürtiger Arzt, den man ans Krankenbett rief, konstatierte eine schwere Herzinnenhautentzündung, beim Stand der damaligen medizinischen Wissenschaft ein diagnostisches Todesurteil.

Die folgenden Wochen waren qualvoll. Der Patient wurde schwächer und schwächer, Alma erwies sich, von ihrer Mutter tatkräftig unterstützt, als aufopfernde Pflegerin.

Die Zwiespältigkeit ihres Wesens versetzt den nachgeborenen Betrachter in Erstaunen. Während sie den Ehemann hingebungsvoll betreute, waren ihre Gedanken beim Liebhaber, sehnte sie sich nach körperlicher Vereinigung mit ihm.

Ende April wurde der todkranke Komponist über Paris nach Wien zurücktransportiert, wo er am 18. Mai 1911, kurz nach 23 Uhr, seinem schweren Leiden erlag. Sein Leichnam wurde seinem Wunsch gemäß auf dem Grinzinger Friedhof beigesetzt.

»NACH DEM TOD Mahlers«, schreibt Alma in ihrer Autobiographie, die man cum grano salis lesen muss, »kam eine lange Zeit der geistigen und seelischen Pein für mich. Ich konnte den Gedanken schwer fassen, von ihm verlassen worden zu sein. Ich fühlte mich entwurzelt.« Die zweiunddreißigjährige, begehrenswerte Witwe quartierte sich vorübergehend wieder bei ihren Eltern auf der Hohen Warte in Döbling ein. Im Herbst bezog sie dann mit ihrer Tochter eine geräumige Wohnung in der Wiener Innenstadt, die sie ganz nach ihrem Geschmack einrichtete. Sie tat es im Stil der Zeit: sezessionistisch. In ihrem roten Musiksalon, der vierundzwanzig Gästen Platz bot, empfing sie die Besucher im langen Abendkleid, eine glänzende Gesellschafterin, schön, klug, sinnenfreudig. Sie brauchte nur den Finger zu rühren, und alle fanden sich bei ihr ein: Schriftsteller, Maler, Theaterleute, Komponisten. Um Namen zu nennen: Peter Altenberg, Egon Friedell, Arthur Schnitzler, Arnold Schönberg, Alban Berg, Kolo Moser, Josef Hoffmann, Gustav Klimt, Hans Pfitzner, Bruno Walter, kurzum, die künstlerische und geistige Elite der Kaiserstadt.

Das Verhältnis mit Walter Gropius ging weiter, aber obwohl jetzt niemand mehr zwischen ihnen stand, kam es zu einer merklichen Abkühlung. Sie trafen einander wohl, tauschten Briefe aus. Zu einer dauerhaften Verbindung konnte sich Alma aber (vorerst) nicht entschließen.

Es kam etwas dazwischen, ein stürmisches erotisches Intermezzo, das sie im Innersten aufwühlte, ein Liebesabenteuer leidenschaftlichsten Ausmaßes mit einem jungen Maler namens Oskar Kokoschka, der in der Wiener Kunstszene durch seinen revolutionären Malstil und sein ungehobeltes Benehmen bereits mehrere Male unliebsames Aufsehen erregt hatte.

Carl Moll, Almas Stiefvater, lud den Malerkollegen in sein Haus auf der Hohen Warte ein und riet der attraktiven Tochter, sich von ihm porträtieren zu lassen. Alma stimmte zu. Sie hatte bereits Bilder von Kokoschka gesehen und hielt ihn für hochtalentiert.

Für künstlerische Begabung hatte sie ein todsicheres Gespür. Über diese erste Begegnung schreibt sie in ihrer Autobiographie: »Er hatte rauhes Papier mitgebracht und wollte zeichnen. Ich aber sagte nach kurzer Weile, ich könne mich nicht so anstarren lassen, und ich bat ihn, ob ich währenddessen Klavier spielen könne. Er begann zu zeichnen, unterbrochen von Husten, und wenn er heimlich sein Taschentuch verbarg, waren Blutflecken darin. Seine Schuhe waren zerrissen, sein Anzug zerschlissen. Wir sprachen kaum, und er konnte trotzdem nicht zeichnen. Wir standen auf – und er umarmte mich plötzlich stürmisch. Diese Art der Umarmung war mir fremd ... Ich erwiderte sie in keiner Weise, und gerade das schien auf ihn gewirkt zu haben ...«

Kokoschka blieb die Szene ein wenig anders in Erinnerung. Aber das tut nichts zur Sache. Bereits am nächsten Tag erreichte sie ein Brief, in dem sie der ungestüme junge Maler bat, »solange er noch arm sei, im Geheimen seine Frau zu werden«.

Alma hielt das Angebot für verrückt, aber dieser schüchterne, unkonventionelle Mann hatte ihr Interesse erweckt. Sie nahm sich vor, ihn näher kennen zu lernen. Bald darauf suchte sie ihn in seinem engen, armseligen Atelier auf, das ihm auch als Quartier diente, und wurde seine Geliebte.

»Die drei folgenden Jahre mit ihm waren ein einziger heftiger Liebeskampf. Niemals zuvor habe ich so viel Krampf, so viel Hölle, so viel Paradies gekostet.«

Sie hätte formulieren müssen: Niemals zuvor und niemals danach. Denn so viele Liebhaber (einschließlich der Ehemänner) sie hatte, so stürmisch ihr Leben verlief, die leidenschaftlichen Liebesnächte mit Oskar Kokoschka vergaß sie bis an das Ende ihrer Tage nicht, die Höllenqualen, die er ihr mit seiner Eifersucht bereitete, gruben sich tief in ihr Gedächtnis ein.

Alma Mahler war dem um sechs Jahre jüngeren Mann, der sie bei jeder Gelegenheit liebte und malte, dem sie stundenlang Modell saß, der ihr nach jeder Begegnung einen schmachtenden Brief schrieb, sie war diesem besitzergreifenden, besessenen Mann mit Haut und Haar verfallen.

Oskar Kokoschka liebte sie mit der ungekünstelten Aufrichtigkeit eines ungeduldigen, trotzigen Kindes, schöpfte aus ihrer Verbindung den Quell seiner künstlerischen Inspiration. »Ich muss Dich bald zur Frau haben, sonst geht meine große Begabung elend zu Grunde«, schrieb er ihr. »Du musst mich in der Nacht wie ein Zaubertrank neu beleben ...«

Ohne ihre Zustimmung und in ihrer Abwesenheit leitete er Schritte für eine Heirat ein, bestellte ein Aufgebot. Alma tobte, als sie zurückkam, versuchte ihn auf Distanz zu halten. Es gelang ihr nur für kurze Zeit. Sie unternahm mit ihm Urlaubsreisen nach Neapel, in die Dolomiten, nach Holland, in die Schweiz, bezog mit ihm das Haus auf dem Kreuzberg im Gemeindebezirk Breitenstein, das bereits Mahler geplant hatte und für dessen Wohnzimmer Kokoschka nun ein Wandfresko über dem Kamin schuf. Als sie die Totenmaske Mahlers im Haus aufstellen wollte, geriet Oskar Kokoschka in unsägliche Wut, schlug wild um sich und versetzte ihr einen Schlag in den Unterleib. Wenig später verlor sie in einem Wiener Krankenhaus das Kind, das sie von ihm unter dem Herzen trug.

Sie wusste jetzt, dass sie sich von ihm trennen musste, wollte sie sich nicht aufgeben.

»Ich möchte von Oskar loskommen«, notierte sie im August 1914. »Er passt nicht mehr in mein Leben. Er nimmt mir meine Antriebskraft ... Wir müssen Schluss machen. Aber er gefällt mir immer noch so sehr – zu sehr!«

Es ging nicht so schnell, wie sie es sich vorgestellt hatte. Sie hatte nicht die Kraft zu einer raschen Trennung. Sie war Oskar sexuell hörig. Schließlich nahm ihr die Weltgeschichte die Entscheidung ab. Der Erste Weltkrieg war ausgebrochen. Kokoschka wurde bei der Musterung für tauglich befunden und meldete sich freiwillig an die Front.

»Alles war zu Ende.« Mit diesem lapidaren Satz zieht Alma einen Schlussstrich unter eine dreijährige intensive Liebesbeziehung, die sie voll auskostete und die sie doch zu zerstören drohte. Man spürt förmlich den Stoßseufzer der Erleichterung, der sich ihr entrang, als sie es niederschrieb. Sie war an Oskar nicht mehr interessiert. »Oskar ist für mich ein fremder Schatten geworden«, vertraute sie ihrem Tagebuch an. »Und ich habe ihn doch geliebt!« Er schrieb ihr zwar noch Briefe, aber sie machte sich nichts daraus. Als er mit einer schweren Verwundung in einem Wiener Krankenhaus lag, war sie nicht bereit, ihn zu besuchen.

Sie knüpfte jetzt die Fäden zu Walter Gropius wieder enger, die lockerer geworden waren, die sie aber nie ganz gekappt hatte. Gropius wusste natürlich, wie rasend Alma Kokoschka geliebt hatte. Aber er ließ sich von ihr umgarnen, konnte ihren Reizen offenbar nicht widerstehen. Welch berauschende Anziehungskraft muss diese seltsame Frau auf die Männer ausgeübt haben! Und wie hat sie ihre Liebhaber gegeneinander ausgespielt! Während ihr Kokoschka von der Front glühende Liebesbriefe schrieb, ging sie am 18. August 1915 mit Leutnant Walter Gropius, der zu diesem Zweck Sonderurlaub bekommen hatte, in Straßburg vor einem Feldkaplan eine Kriegsehe ein. Der Bräutigam begab sich gleich danach zurück an die französische Front, Alma fuhr heim nach Wien.

Am 26. September 1915 notierte sie: »Ich bin über einen Monat verheiratet. Es ist die merkwürdigste Ehe, die sich denken lässt. So unverheiratet, so frei, und doch gebunden … Unsere Ehe wird einstweilen geheim gehalten.«

Das frisch vermählte Ehepaar traf einander nur von Zeit zu Zeit, wenn der Herr Leutnant Urlaub bekam. Die leidenschaftliche Frau Gropius, die abwechselnd in ihrem Haus in Breitenstein und in ihrer schönen Wohnung in der Wiener Innenstadt lebte, musste wochen- und monatelang ohne Mann auskommen. Das traf sie hart.

Am 5. Oktober 1916 gebar Alma eine Tochter, die nach der Schwiegermutter auf den Namen Manon getauft wurde. Das Kind brachte wieder etwas Abwechslung in ihr Dasein. Mit ihrem Leben zufrieden war sie nicht. »Meine Empfindung für Walter Gropius ist einer müden Dämmerehe gewichen. Man kann keine Ehe auf Distanz führen«, fand sie. Millionen anderer Frauen mussten das auch. Es war Krieg.

Alma juckte es, etwas Böses zu tun. Meinte sie damit einen Seitensprung, ein neues Liebesverhältnis? Ein Ehebruch gehörte für sie zum erotischen Alltag.

DER NEUE FLIRT bahnte sich im geistigen Bereich an, ein bei der kunstsinnigen Mahler-Witwe und derzeitigen Gropius-Gattin durchaus üblicher Vorgang. Bei einem Aufenthalt in Berlin im Oktober 1915 war sie in der Monatsschrift »Die weißen Blätter« auf das Gedicht »Der Erkennende« von Franz Werfel gestoßen, von dem sie »vollkommen gebannt« war. Nach Breitenstein zurückgekehrt, setzte sie sich ans Klavier und vertonte die Verse, die ihr so sehr ans Herz gewachsen waren. Sie konnte nicht ahnen, dass sich zwei Jahre später ihr Lebensweg mit dem Dichter beinahe schicksalhaft kreuzen würde.

Franz Werfel, am 10. September 1890 als Sohn eines jüdischen Fabriksbesitzers in Prag geboren, steckte zu diesem Zeitpunkt in der k. u. k. Armee. Er war eine völlig unsoldatische Erscheinung, für den Wehrdienst ungeeignet. Zwar musste er bei Kriegsbeginn einrücken, wurde aber aus Gesundheitsgründen immer wieder freigestellt, hierhin und dorthin transferiert. Im August

1917 wies man ihn dem k. u. k. Kriegspressequartier zu, das in der Wiener Stiftskaserne untergebracht war. Dort wurde ihm die Aufgabe zuteil – wie übrigens auch Stefan Zweig, Rainer Maria Rilke und Robert Musil –, im Dienst der Kriegsmaschinerie schriftstellerisch tätig zu sein. Er tat es mit sichtlichem Unbehagen. Der (damals) revolutionär gesinnte Franz Werfel war ein Kriegsgegner. Nach Dienstschluss, den er täglich kaum erwarten konnte, besuchte er des Öfteren das Café Central in der Herrengasse, den Treffpunkt der Literaten. Dort begegnete er unter anderem dem Schriftsteller Franz Blei, zu dessen großem Bekanntenkreis auch Alma Gropius gehörte. Blei nahm seinen Dichterkollegen eines Tages – es war Mitte November 1917 – in den Salon der Mahler-Witwe mit, wo sich Werfel »gleich sehr zu Hause fühlte«.

Werfel, den Alma als kleinen, untersetzten Mann mit sinnlichen Lippen und wunderschönen großen blauen Augen unter einer Goetheschen Stirn beschreibt, war alles andere als ein Adonis. Seine Figur neigte zur Fettleibigkeit, er hatte schlechte Zähne. Aber auch Mahler und Kokoschka waren weit vom griechischen Schönheitsideal entfernt. Auf männliche Schönheit legte die kultivierte Wiener Muse keinen Wert. Sie setzte auf schöngeistige Übereinstimmung, auf eine Kombination von Esprit und Manneskraft.

Mit Franz Werfel verstand sie sich auf Anhieb. Er liebte die Musik Mahlers, und sie seine Gedichte. Zudem besaß er, wie Alma sogleich konstatierte, eine wunderschöne Sprechstimme und eine faszinierende Rednergabe. Werfel war ein blendender Unterhalter, ein Verdi-Verehrer, der gerne Proben seines musikalischen Talentes gab. Der Dichter, der erst am Beginn seiner schriftstellerischen Karriere stand, berichtete seiner Geliebten Gertrud Spirk nach ihrer ersten Begegnung, dass

Frau Mahler »eine ungeheuer lebendige, warme und sehr wertvolle Frau« sei.

Von nun an ging Franz Werfel bei Alma ein und aus. Bei einem seiner nächsten Besuche lernte er Walter Gropius kennen, der in Wien auf Kurzurlaub war. Werfel trug an diesem Abend eigene Gedichte vor und sang Verdi-Arien, von der Dame des Hauses am Klavier begleitet. Musikberauscht ging sie dann mit ihrem Mann ins Bett und schlief »an der Seite eines ihr merkwürdig fremd Gewordenen« ein. Walter Gropius bedeutete ihr nicht mehr viel, und sie ließ es ihn spüren. Ihr Herz schlug jetzt für Franz Werfel, mit dem sie sich musikalisch und seelisch tief verbunden fühlte. Was noch fehlte, war die körperliche Vereinigung. Sie kam zwangsläufig, allerdings erst ein paar Monate nach ihrem ersten Zusammentreffen, ein verhältnismäßig langer Zeitraum für die erfolgsverwöhnte Dame. Nach einem Konzert, bei dem Mahlers *Vierte Symphonie* auf dem Programm stand, nahm sie den Dichter mit in ihr Schlafzimmer. Er schlug sich tapfer. Am nächsten Morgen war sie so beglückt, dass sie alles »hinhauen« und ihrem Liebhaber bis ans Ende der Welt folgen wollte.

Sie besuchte ihren »Götterliebling« nun so oft es ging im Hotel Bristol, wo er wohnte, und spornte ihn zur Arbeit an. Die Druckfahnen seines Gedichtbandes *Der Gerichtstag* lagen dort seit Wochen ungelesen herum. »So kam ich, und er musste arbeiten, ob er nun wollte oder nicht, Zeile für Zeile, mit mir an der Seite«, rühmt sich Alma in ihren Memoiren. Auch später, als sie längst verheiratet waren, hat sie ihn gnadenlos zur Arbeit angetrieben. »Sie hat ihn zweifellos zum Romancier gemacht. Er wäre ohne sie ziemlich sicher ein Lyriker und Bohèmien geblieben, sein Leben lang«, urteilte Anna Mahler, die jüngere Tochter Almas. Auch Werfel selbst sah es so. »Wenn ich Alma nicht begegnet wär', hätt' ich noch ein paar Gedichte geschrieben und wär' selig verkommen ...« bemerkte er einmal einem Freund gegenüber. Er benötigte eine starke Persönlichkeit, die ihm Halt gab, die sein schriftstellerisches Talent und seine Kreativität in produktive Bahnen lenkte. Alma war seine Muse, seine matronenhafte »Mutterfrau«.

LIEBE IST EIN privates Weltereignis. Dieses Bonmot seines Schriftstellerkollegen Alfred Polgar trifft haargenau auf Franz Werfel zu, der im letzten Kriegsjahr an zwei erotischen Fronten tätig war (das militärische Fronterlebnis blieb ihm ja erspart). Dieses von ihm selbst heraufbeschworene, kräfteraubende Engagement stellte den feinfühligen Dichter vor schwer lösbare emotionale und seelische Probleme. Er hatte sein Herz an eine Wiener Liebesgöttin verloren und konnte sich doch von seiner Geliebten, die sich in Prag nach ihm sehnte, nicht lösen. Während einer von seiner militärischen Dienststelle veranlassten Vortragsreise in die Schweiz bescheinigte er beiden mit Dichterworten seine Zuneigung. Als Gertrud Spirk dann Mitte des Jahres nach Wien auf Besuch kam, war das Wiedersehen allerdings alles anders als erfreulich. Werfel war kühl, abweisend, unbeherrscht. Über sein Verhältnis zu Alma Mahler, die zur Kur weilte und wieder einmal schwanger war (von ihm oder von ihrem Ehemann konnte sie selbst nicht mit Bestimmtheit sagen), kam ihm kein Wort über die Lippen. Nach Prag zurückgekehrt, machte er ihr Hoffnungen auf eine gemeinsame Zukunft, während er Alma anbetete und ihr versicherte, ihr »in einer wunderbaren Demut hingegeben« zu sein.

Das Doppelspiel ging weiter und erfuhr Ende Juli/Anfang August 1918 eine dramatische Steigerung. Nach einer Liebesnacht mit Werfel stellten sich bei Alma schwere Blutungen ein. Der mühsam aus Wien herbeigerufene (im Hause in Breitenstein gab es kein Telefon) Gynäkologe Prof. Josef Halban nahm an Ort und Stelle einen kleinen Eingriff vor und wies die Patientin dann ausgerechnet in jene Klinik ein, in der Mahler sein Leben ausgehaucht hatte: in das Sanatorium Löw, das damals größte und renommierteste Privatspital Wiens. Dort brachte Alma in der Nacht vom 1. auf den 2. August 1918 ein Siebenmonatekind zur Welt, das einige Zeit später auf den Namen Martin Carl Johannes getauft wurde. Im Sanatorium gaben sich in diesen Tagen der von seinem Gewissen geplagte Liebhaber und der von seiner Truppe beurlaubte Ehemann die Türklinke zum Zimmer 190 in die Hand. Einer von ihnen war der Vater des Kindes. Aber wer? Alma entschied sich für Werfel, und sie dürfte die richtige Wahl getroffen haben, denn das Baby sah dem Dichter frappant ähnlich. Franz Werfel in seinem Tagebuch: »Es ist durchaus entwickelt, hat ein unglaublich ausgebildetes Gesicht, ich habe sofort die bestimmte Empfindung gehabt, dass es meine Rasse ist …« Jetzt brach er auch endlich das Verhältnis zu Gertrud Spirk ab.

Sein Liebesverhältnis mit Alma ließ sich vor dem gehörnten Ehemann nicht länger verheimlichen. Gropius reagierte mit großer Noblesse. »Ich komme, Sie mit der Kraft zu lieben, die mir zu Gebote steht«, schrieb er an Werfel, mit dem er sich aussprechen wollte, aber nicht konnte. »Schonen Sie Alma. Es kann ein Unglück geschehen. Die Erregung – wenn uns (Uns!) das Kind stürbe.« Dann verließ er Wien. Dem kleinen Martin war kein langes Leben beschieden. Er starb zehn Monate nach der Geburt. Die Mutter, die sich zu diesem Zeitpunkt (Mai 1919) in Deutschland aufhielt, kam nicht zum Begräbnis.

Das Dreiecksverhältnis ging weiter. Alma machte keine Anstalten, sich endgültig für einen der beiden zu entscheiden, degradierte sie zu Hampelmännern. Sie inszenierte bei jeder Gelegenheit einen Streit mit Werfel und verordnete ihm Arbeitstherapien und Abmagerungskuren in Breitenstein. Er war »ein winziger Vogel« in ihrer Hand. Mit Gropius, den sie des Öfteren besuchte – er hatte in Weimar das Staatliche Bauhaus begründet –, rang sie um das Sorgerecht für die gemeinsame Tochter Manon und behielt die Oberhand. Schließlich einigte man sich einvernehmlich auf eine Scheidung, die im Oktober 1920 zustande kam.

ALMA WAR JETZT wie nach dem Tod Mahlers wieder unverheiratet. Sie war frei, aber nicht ungebunden. Mit Gropius blieb sie in loser Verbindung, mit Franz Werfel verband sie in den nächsten Jahren eine Partnerschaft, in der sie zunehmend die dominierende Rolle spielte. Sie kaufte einen kleinen Palazzo in Venedig, den sie renovieren und vergrößern ließ. Werfel entwarf dort die Skizze für seinen *Verdi*-Roman, der einen neuen Abschnitt in seiner literarischen Laufbahn einleitete. Er erschien 1924 und war sogleich ein großer Verkaufserfolg.

Werfels Popularität stieg. 1926 erkoren ihn die Leser einer deutschen Zeitschrift zum beliebtesten deutschsprachigen Schriftsteller der Gegenwart. Alma, die an seinem Schaffen regen Anteil nahm, konnte zufrieden sein. Sie begleitete ihr »Mannskind«, das sich ihr völlig unterwarf, auf Vortragstourneen und unternahm mit ihm Reisen, die sich bis in den Nahen Osten erstreckten. So harmonisch das Zusammenleben des Liebespaares sein konnte, es war nicht frei von Dissonanzen und Anfechtungen. Werfel flüchtete sich, wenn das

Dominanzverhalten Almas unerträglich wurde, in Tobsuchtsanfälle und schreckte dann auch vor beleidigenden Äußerungen nicht zurück. Die politischen und weltanschaulichen Standpunkte des Paares klafften weit auseinander und waren Anlass für so manchen heftigen Streit. Ab und zu stand auch der Schatten Kokoschkas zwischen ihnen, wenn Briefe von ihm eintrafen, die Almas Innerstes anrührten. Noch war die Erinnerung an ihn hellwach in ihr.

War es unter diesen Umständen dem Partner gegenüber fair, seinem Drängen nach Verheiratung nachzugeben? Alma überlegte lange, schwankte, war heute für, morgen gegen diesen Schritt. Der Altersunterschied – Werfel war um elf Jahre jünger – gab ihr zu denken. »Ich werde in wenigen Wochen fünfzig Jahre alt – und Franz Werfel ist jung. Ich muss Schritthalten, muss Jugend heucheln«, notierte sie nüchtern in ihrem Tagebuch. Schließlich gab sie ihre Zustimmung zur Ehe, allerdings unter der Bedingung, dass er auf sein jüdisches Glaubensbekenntnis verzichte. Werfel tat es.

Am 8. Juli 1929 heirateten sie – standesamtlich. Die Nacht zuvor hatte sie schlecht geschlafen und ihrem Tagebuch anvertraut: »Weiß nicht, ob ich recht handle bei meiner Freiheitssucht.« Und einen Monat später schrieb sie: »Ich fühle meine neuerliche Ehe als Zwang. Viel mehr, als ich mir das vorgestellt hatte. Merkwürdig.« Sie kam einfach mit sich selbst nicht zurecht, taumelte von einem Gemütszustand in den anderen, änderte von heute auf morgen ihre Meinung. Werfel bekam es zu spüren. Er trug sich in den sechzehn Jahren ihrer ehelichen Verbundenheit des Öfteren mit dem Gedanken, sich aus Almas Umklammerung zu befreien. Aber es fehlte ihm ganz einfach die Kraft dazu.

Alma Mahler-Werfel und Franz Werfel

Die Hochzeitsreise führte das Paar zum zweiten Mal in den Nahen Osten, wo Werfel mit dem grauenhaften Schicksal der Armenier konfrontiert wurde – mehr als eine Million Männer, Frauen und Kinder wurden nach dem Ersten Weltkrieg aus der Türkei vertrieben und getötet –, das ihn nicht mehr losließ. In den nächsten Jahren arbeitete er dieses Thema mit riesigem Zeit- und Arbeitsaufwand quellenmäßig auf und verarbeitete es zu seinem inhaltlich und stilistisch überzeugendsten Werk. Es trägt den Titel *Die vierzig Tage des Musa Dagh* und brachte ihm internationale Anerkennung und Ruhm.

Inzwischen hatte Alma die herrschaftliche Villa in der Steinfeldgasse Nr. 2 auf der Hohen Warte eingerichtet, die sie angekauft hatten. Das von einem großen Garten umgebene dreistöckige Gebäude mit herrlichem Blick auf die Weingärten und die beiden Stadtberge (Kahlen- und Leopoldsberg) umfasste nicht weniger als achtundzwanzig Zimmer und gab der geltungssüchtigen Herrin des Hauses Gelegenheit, die gesellschaftliche Elite Wiens, die einflussreichsten Persönlichkeiten aus Politik, Wirtschaft, Kirche und Diplomatie um sich zu scharen. Alma Mahler-Werfel, schon ein wenig füllig geworden, aber noch immer attraktiv und imponierend, organisierte Zusammenkünfte, rauschende Feste und brillierte als Gastgeberin. Wenn sie im Mittelpunkt stand, sich alles um sie drehte, war sie in ihrem Element. Werfel behagte das große Haus, in welchem die Gattin im Dachgeschoß für ihn eine geräumige Arbeitsstätte hatte einrichten lassen, nicht sonderlich. Er zog die Abgeschiedenheit Breitensteins dem lärmenden Treiben in der Döblinger Villa vor. Eine intime Beziehung Almas mit einem Priester übersah Werfel großzügig. Er gönnte ihr die Verfehlung, die er als sexuelle Torschlusspanik wertete.

Alma Mahler-Werfel und ihr unterwürfiger Gatte hätten ein glückliches, sorgenfreies Leben führen können. Aber die Zeitumstände und ein schwerer familiärer Schicksalsschlag ließen es nicht zu. Der politische Horizont verdüsterte sich. In Deutschland ergriff Adolf Hitler die Macht. Im Mai 1933 verbrannten auch Werfels Bücher auf dem Scheiterhaufen der Nazis, die Errichtung des faschistoiden Ständestaates in Österreich, mit dem Alma sympathisierte, und der Bürgerkrieg im Februar 1934 erfüllten den Dichter mit Sorge. Den Amtsantritt Kurt von Schuschniggs, einem Liebhaber seiner Bücher, begrüßte er ausdrücklich. Am 22. April 1935 starb die achtzehnjährige Manon Gropius, die ein Jahr zuvor an Kinderlähmung erkrankt war. Der Tod des schönen, eigenwilligen Mädchens traf nicht nur die Mutter, sondern auch den Stiefvater ins Herz. Das Haus in Venedig wurde verkauft, zwei Jahre später entschloss sich Alma, die Villa auf der Hohen Warte, ihr »Unglückshaus«, zu vermieten. Franz Werfel erhielt 1937 das österreichische Verdienstkreuz für Wissenschaft und Kunst I. Klasse verliehen und erfreute sich hohen literarischen Ansehens. Aber bis zum März 1938 war es nicht mehr weit.

DAS EHEPAAR WERFEL hielt sich in Italien auf, als die Bedrohung der staatlichen Unabhängigkeit Österreichs durch Hitler-Deutschland immer konkretere Formen annahm. Alma fuhr sogleich nach Wien zurück. Sie quartierte sich in einem Hotelzimmer ein und erlebte ungläubig, staunend und schaudernd die Szenen, die sich in diesen turbulenten Tagen in der Stadt abspielten. »Täglich fuhr ich über die Kärntner Straße auf die Hohe Warte zu meiner Mutter«, hält sie in ihren Lebenserinnerungen fest. »Täglich wuchsen die

Blumenmengen vor dem Deutschen Verkehrs-Büro, in dem das Riesenbild Hitlers prangte. Der Gehweg war völlig ungangbar. Die Blumen überwucherten die Fahrstraße. Die Frauen legten kniend ihre blühende Last vor dem Bild des Führers nieder.«

Am 13. März 1938 verließ sie mit zwei Handkoffern ihre Heimatstadt. Sie hätte bleiben können. Aber die Antisemitin hatte sich dazu entschlossen, mit dem Juden Franz Werfel das harte Brot der Emigration zu essen. Über Prag, Budapest und Triest fuhr sie in Begleitung ihrer Tochter nach Mailand, wo es ein Wiedersehen mit dem verzweifelten Ehemann gab. Nach kurzem Auenthalt bei Werfels Schwester in Zürich verbrachten die Flüchtlinge die nächsten beiden Jahre in Paris, London und Südfrankreich. Der herzkranke Franz Werfel setzte unter teils widrigen Umständen seine schriftstellerische Tätigkeit fort, wurde von Angstzuständen und Depressionen heimgesucht. Alma fand sich vor allem in England nur schwer zurecht, behandelte ihren »Franzl« einmal fürsorglich, das andere Mal launisch und vorwurfsvoll, je nach Stimmung und Gemütsverfassung.

Mit dem Ausbruch des Zweiten Weltkrieges verschlechterten sich ihre Lebensbedingungen beträchtlich. Es gab Anhaltungen durch die Gendarmerie, Hausdurchsuchungen, politische Verdächtigungen. »Ceterum censeo: Die Emigration ist eine schwere Krankheit«, klagte Alma, und später, im Frühjahr 1940, nach den raschen Siegen der deutschen Armeen im Westen: »Wohin gehören wir eigentlich? In die Niemandszeit … ins Niemandsland.«

Spät, fast zu spät, entschlossen sie sich zur Flucht, hetzten von einem Ort, von einer Stadt zur anderen, nach Süden, der französisch-spanischen Grenze zu. Gemeinsam mit Golo Mann, Heinrich Mann und seiner Frau erkletterten sie auf steilen, steinigen Pfaden bei glühender Hitze einen Pyrenäengipfel und erreichten schweißgebadet und total erschöpft den spanischen Grenzposten. Buchstäblich in letzter Minute erhielten sie die Durchreisegenehmigung für Spanien und Portugal und das Einreisevisum in die Vereinigten Staaten. Sie waren gerettet. Nun ging es per Bahn über Barcelona nach Madrid und von dort per Flugzeug nach Lissabon. Nach vierzehntägigem Aufenthalt sagten sie ihrer europäischen Heimat, die Werfel nicht mehr wiedersehen sollte, adieu. Gemeinsam mit Hunderten anderer Emigranten bestiegen sie den griechischen Dampfer »Nea Hellas«, der am 13. Oktober 1940 im Hafen von New York anlegte. Alma hätte am liebsten den Boden geküsst, hätte sie sich vor den anderen nicht geniert (warum eigentlich?). Franz Werfel hoffte, dass ihm der neue Kontinent günstig gesinnt sein werde (Brief an die Eltern). Das war er ihm zweifellos.

In New York bezogen die Werfels eine Suite im Hotel St. Moritz mit Blick auf den Central Park. Sie unterhielten einen regen Kontakt mit den anderen Vertriebenen. Werfel gab Interviews und schrieb für Zeitungen. Er hatte sein seelisches Gleichgewicht wiedergefunden. Ende Dezember 1940 übersiedelten sie in ein kleines Haus in den Hollywood Hills über den Dächern von Los Angeles, das eine befreundete Familie für sie angekauft und fürsorglich eingerichtet hatte. Werfel fühlte sich in Kalifornien pudelwohl. Das Klima behagte ihm, … »die Riviera ist ein Dreck dagegen«, berichtete er seinen in Frankreich zurückgebliebenen Eltern, er fühlte sich um zehn Jahre jünger.

Unverzüglich begann er wieder zu arbeiten und schrieb innerhalb von vier Monaten die erste Fassung seines Romanes *Das Lied von Bernadette* nieder, ein Gelübde erfüllend, das er auf seiner Flucht durch Frankreich in Lourdes abgelegt hatte. Das Buch wurde unerwarteterweise in den USA ein Bestseller.

Und Alma? Fühlte sie sich wohl in Amerika? War sie glücklich? Sie erzählt in ihren Memoiren viel über ihre zahlreichen Kontakte mit prominenten Emigranten, aber verhältnismäßig wenig über ihre seelische Befindlichkeit. Mit Vorwürfen an Werfel über das von ihm verschuldete Emigrantendasein sparte sie nicht.

Ende September 1942 bezogen die Werfels einen Bungalow im vornehmen Villenviertel Beverly Hills, den sie aus den Einkünften des *Bernadette*-Romanes angekauft hatten. In der unmittelbaren und nächsten Umgebung lebten Freunde und Bekannte, die das Emigrantenschicksal mit ihnen teilten: der Dirigent Bruno Walter, der Schauspieler Ernst Deutsch, Erich Maria Remarque, Friedrich Torberg, Arnold und Gertrud Schönberg, die häufig bei ihnen zu Besuch waren. Thomas Mann trug die neuesten Kapitel aus seinem Roman-Vierteiler *Joseph und seine Brüder* vor, man diskutierte über kulturelle Themen und besprach die Weltlage. Nicht immer ging es dabei ohne Streit ab. Almas Ansichten – sie sprach positiv über Hitler, machte bei jeder Gelegenheit abfällige Bemerkungen über die Juden und pries die Vorzüge der arischen Rasse – stießen auf heftigen Widerstand, auch und vor allem des Ehemannes. Als sie einmal die Bemerkung machte, die KZ-Häftlinge würden hervorragend betreut, geriet der sanfte, liebenswürdige Werfel derart in Rage, dass die anwesenden Gäste das Ärgste befürchteten. Alma blieb gänzlich ungerührt und nippte ohne mit der Wimper zu zucken von ihrem Likörglas. Sie leerte täglich eine Flasche Bénédictine.

Trotz seines schlechten Gesundheitszustandes setzte Werfel seinen ungesunden Lebensstil – er rauchte und trank viel zu viel – und seine literarische Tätigkeit unbeirrt fort. Er verfasste in Santa Barbara, einem idyllischen Ort an der Pazifikküste, rund hundertzwanzig Kilometer von Los Angeles, wohin er sich von Zeit zu Zeit zurückzog, das Theaterstück *Jacobowsky und der Oberst*, das nach der Premiere von der Kritik wohlwollend aufgenommen wurde.

In der Nacht zum 13. September 1943 erlitt Werfel eine erste, Mitte Dezember eine zweite schwere Herzattacke, die ihn monatelang an das Bett fesselten. Kaum genesen, machte er sich wieder an die Arbeit. Er schrieb jetzt an einem Roman mit dem Titel *Stern der Ungeborenen*. Es war sein letztes großes Werk, das ihn bis kurz vor seinem Tod, immer wieder von gesundheitlichen Rückfällen unterbrochen, beschäftigte.

Alma betreute ihren Mann liebevoll und aufopfernd. Mitleid hatte die Nietzsche-Verehrerin mit ihm nicht. Das passte nicht zu ihrer Weltanschauung, das stand ihr nicht zu Gesicht.

Das müde, seit vielen Jahren kranke Herz Werfels hörte am Sonntag, dem 26. August 1945, kurz vor achtzehn Uhr auf zu schlagen. Alma arrangierte das Leichenbegängnis, zu dem sich viele Freunde und Bekannte einfanden. Bruno Walter spielte Bach, Lotte Lehmann sang Schubert-Lieder, ein katholischer Geistlicher, Pater Georg Moenius, ein Freund Werfels, hielt die Trauerrede. Alma Mahler war nicht unter den Trauergästen. In ihren Memoiren hat sie darauf vergessen, dieses unnötige kleine Detail zu erwähnen.

Mit dem tod ihres dritten Ehemannes und x-ten Liebhabers erlosch das eigene Leben dieser gebildeten, ungewöhnlichen und unergründlichen Frau nicht, wie sie sich das in ihren Tagträumen unrealistischerweise vorgestellt hatte. Sie war jetzt sechsundsechzig Jahre alt und wahrlich noch nicht jenseits von Gut und Böse. Immerhin maß ihr das Schicksal noch eine weitere Lebensspanne von fast zwei Jahrzehnten und eine gehörige Portion Vitalität zu.

Zwei Jahre nach Kriegsende, im Herbst des Jahres 1947, besuchte Alma Mahler-Werfel Wien. »Die Reise war furchtbar strapaziös und noch schlimmer war der Aufenthalt dort«, schreibt sie in ihren Lebenserinnerungen. Der Krieg hatte ihrer Heimatstadt, in der sie eine so hervorragende gesellschaftliche und kulturelle Rolle gespielt hatte, schwere Wunden geschlagen. Zahlreiche Ringstraßengebäude sowie der Stephansdom, das ehrwürdige Wahrzeichen der Stadt, waren beschädigt, das Haus auf der Hohen Warte, das einen Bombentreffer abbekommen hatte, glich einer Ruine. Wertvoller Besitz (Briefe Mahlers, Werfels etc.) war verloren gegangen, ihr Stiefvater Carl Moll und andere Familienangehörige, großteils Nazi-Sympathisanten, hatten sich vor der Einnahme Wiens durch die russischen Truppen das Leben genommen. Als sie den Versuch unternahm zurückzubekommen, was von ihrem Hab und Gut übrig war, stieß sie bei den Behörden auf zum Teil provokantes Unverständnis und schroffe Zurückweisung.

Enttäuscht und verbittert flog sie in die USA zurück und kehrte nicht wieder. Die Einladung, der Wiedereröffnung der Staatsoper im Jahre 1955 beizuwohnen, lehnte sie ab.

Am 31. August 1949 feierte sie ihren siebzigsten Geburtstag, zu dem ihr eine Reihe von Ehrungen zuteil wurde, die sie freuten und die sie wie eine Selbstverständlichkeit entgegennahm. Sie war sich stets ihres Wertes bewusst.

Einige Zeit später verlegte sie ihren Wohnsitz von

Kalifornien wieder nach New York zurück, wo sie regen Anteil am Kulturbetrieb nahm. Ihre Emigranten-Freunde waren verstorben oder nach Europa zurückgekehrt. Sie bewohnte ein paar geräumige Zimmer im dritten Stock eines Hauses, das sie angekauft hatte, umgeben von Büchern und Kunstwerken. Sie versammelte wie eh und je Freunde um sich, verwaltete den Nachlass Mahlers und Werfels und unternahm, solange das möglich war, Reisen nach Paris und Rom. Der Musik, neben den Männern die große Liebe ihres Lebens, blieb sie selbstverständlich auf das innigste verbunden. Sie besuchte Konzerte, wohnte den Proben der Philharmonie bei, dinierte mit Leonard Bernstein, empfing berühmte Dirigenten und spielte täglich ihre Lieblingsstücke auf dem Klavier. Dienstbare Geister sorgten für ihr leibliches Wohl. Um Alltägliches hatte sie sich nie viel gekümmert. Sie widmete sich zeitlebens voll und ganz ihren gesellschaftlichen Ambitionen und geistigen Interessen. Mit den Jahren wurde es still und stiller um sie, langsam erlosch das Lebensfeuer in ihr, das so hell und so kräftig gelodert hatte. Der Geist blieb wach.

Alma Mahler-Werfel litt an Altersdiabetes, eine Krankheit, die sie ignorierte.

Zwei Jahre vor ihrem Tod erlitt sie einen Schlaganfall, von dem sie sich wieder erholte. Am 11. Dezember 1964 beendete eine Lungenentzündung ihr Leben. Ihr Leichnam wurde nach Wien übergeführt und an der Seite Gustav Mahlers und ihrer geliebten Tochter Manon auf dem Grinzinger Friedhof beigesetzt. »Sie war«, schrieb Friedrich Torberg, der sie gut kannte, »eine große Figur und eine große Frau. In dieser Ausführung werden sie nicht mehr geliefert. Alma Mahler-Werfel war die letzte.« Wir wollen es ihm glauben, aber dennoch dieses Urteil nicht unwidersprochen lassen.

Verständnisvolle Gefährtin
und Dienerin am Werk

KATIA MANN

THOMAS MANN HATTE schon die *Buddenbrooks* geschrieben und war ein weithin anerkannter
Schriftsteller, als er der jungen, schönen Frau begegnete,
die ihm bereits im Theater aufgefallen war, ihn be-
zaubert hatte. Er sah sie in der Münchener Tramway.
Katia Pringsheim war auf dem Weg in eine Vorlesung.
Als sie ausstieg, sprach er die Mathematikstudentin an.
»Immer schon wollte ich Sie kennen lernen«, sagte er,
»jetzt muss es sein.«

Er hätte seine angebetete »Prinzessin« auf eine Tasse
Kaffee einladen können. So etwa ginge das heute vor
sich. Damals, zu Beginn des 20. Jahrhunderts, war das
nicht so ohne weiteres möglich, verstieß es gegen den
guten Ton. Es war schon Fauxpas genug, eine junge
Dame auf offener Straße anzureden.

Katia, Tochter aus großbürgerlichem Haus, zwanzig
Jahre alt, intelligent, gebildet und wohlerzogen, machte sich nicht viel aus der Begegnung. Sie verhielt sich
abwartend, ließ die Dinge an sich herankommen. Thomas Mann musste sich in Geduld üben. Aber er war
hartnäckig. Er blieb auf Kurs. Für jemand, der bislang

zum eigenen Geschlecht neigte, ist das bemerkenswert. Nach einiger Bemühung gelang es ihm, Elsa Bernstein, die Frau eines angesehenen Rechtsanwaltes, die ein kultiviertes Haus führte, für sein Anliegen zu gewinnen. Frau Bernstein lud die beiden jungen Leute zum Abendessen in ihren Salon ein und platzierte sie geschickt bei Tisch nebeneinander.

Dem ersten gesellschaftlichen Zusammentreffen folgten weitere. Schließlich erhielt auch der Autor der *Buddenbrooks* eine Einladung in das elterliche Palais Katias in der Arcisstraße Nr. 12, das in der Münchener Gesellschaft als maßgebliches musikalisches, künstlerisches und geistig-kulturelles Zentrum einen hohen Stellenwert besaß. Thomas Mann war von den Bewohnern und der Atmosphäre des Hauses zutiefst beeindruckt. »Pringsheim sind ein Erlebnis, das mich ausfüllt...«, schrieb er an seinen Bruder Heinrich (Brief vom 27. Februar 1904). »Der Vater Universitätsprofessor mit goldener Cigarettendose, die Mutter eine Lenbach-Schönheit, der jüngste Sohn Musiker, seine Zwillingsschwester Katia (sie heißt Katia) ein Wunder, etwas Unbeschreiblich Seltenes und Kostbares, ein Geschöpf, das durch sein bloßes Dasein die kulturelle Thätigkeit von 15 Schriftstellern oder 30 Malern aufwiegt... Es war am nächsten Abend. 150 Leute, Literatur und Kunst. Im Tanzsaal ein unsäglich schöner Fries von Hans Thoma. Ich hatte Frau Justizrath Bernstein (Ernst Rosmer) zu Tisch. Zum ersten Mal seit den 18 Auflagen war ich in großer Gesellschaft und hatte in der anstrengendsten Weise zu repräsentieren.«

Von der Mutter Katias, die viel für Literatur übrig hatte, wurde der junge Schriftsteller sogleich akzeptiert. Der Vater, Professor Alfred Pringsheim, Ordinarius für Mathematik an der Münchener Universität und Mitglied der Bayerischen Akademie der Wissenschaften, trat ihm kühl und reserviert entgegen. Er war durch und durch wissenschaftlich orientiert. Gegen Schöngeistigkeit hatte er Vorbehalte, mit Literatur befasste er sich kaum. Mit dem Lübecker Senatorensohn teilte der Musikfreund lediglich die Begeisterung für Richard Wagner. Das war immerhin die geistig-kulturelle Brücke, die sie miteinander verband.

Auch Katia blieb zurückhaltend. »Ich war zwanzig und fühlte mich sehr wohl und lustig in meiner Haut, auch mit dem Studium, mit den Brüdern, dem Tennisklub und mit allem, war sehr zufrieden...« erinnerte sie sich Jahrzehnte später.

Ihr sprödes Verhalten schürte das Feuer seiner Zuneigung. Auf seine Liebesbeteuerungen reagierte sie lange mit Ausflüchten. »Was ich von Ihnen erbitte, erhoffe, ersehne, ist Vertrauen«, schrieb er ihr, »ist das zweifellos Zumirhalten, selbst einer Welt, s e l b s t m i r s e l b s t gegenüber, ist etwas wie Glaube, kurz – ist L i e b e ... Seien Sie meine Bejahung, meine Rechtfertigung, meine Vollendung, meine Erlöserin, meine – Frau!...« Das war für einen Liebesbrief, auch wenn er sie darin als seine kluge, süße, gütige, geliebte kleine Königin ansprach, ein wenig zu hochtrabend formuliert. Sie antwortete ausweichend, dass sie seiner nicht wert sei, dass sie ihm nicht sein könne, was er von ihr erwarte. Es war zum Verzweifeln.

Er solle sie doch mit männlicher Energie vor die Entscheidung stellen, rieten die Freunde. Nein, gerade das wollte er nicht. Er wollte mit geduldiger Beharrlichkeit und überlegter Diplomatie sein Ziel erreichen, ihr Zeit geben, die Dinge reifen lassen. Bei Radtouren und auf gemeinsamen Spaziergängen kam er ihr ein wenig näher. Mehr nicht. Im Juli 1904 erschwerten Katias Familienverhältnisse die Möglichkeit weiterer, intensiverer Annäherungsversuche. Alfred Pringsheim erkrankte schwer und musste sich einer dreiwöchigen Kur in Bad Kissingen unterziehen. Seine Gattin und Katia begleiteten ihn. Anschließend sollte sich Katia mit der Mutter ein paar Tage in der Schweiz aufhalten und dann mit ihrem Zwillingsbruder Klaus bei Verwandten an der Ostsee die restliche Sommerzeit zubringen. Das bedeutete eine Trennung auf längere Zeit.

Thomas Mann war untröstlich, der Abschied fiel ihm unsäglich schwer. »Dienstag früh war ich am Zuge, brachte ihr Blumen und fand... noch Gelegenheit, ihr zu sagen, wie traurig mir zu Muthe sei«, schrieb er an seinen Schriftstellerkollegen Kurt Martens (Brief vom 14. Juli 1904). »Ihr auch ein bischen?« fuhr er fort. »Ein bischen, ja. Sehr vorsichtig. Aber ich bekam doch einen langen Händedruck, und sie sah nur mich an, während der Zug aus der Halle fuhr. Mir ist zum Sterben...«

Abschließend öffnete er dem Freund vollends sein Herz. »Du glaubst nicht, wie ich dieses Geschöpf liebe«, brach es aus ihm heraus. »Ich träume jede Nacht von ihr und erwache mit einem völlig wunden Herzen. Ich habe zu viel von ihr gekostet, um resignieren zu können. Der Tod scheint mir als eine weit geringere Resignation, als ohne sie zu leben.«

Die Briefe, die er Katia in diesem Sommer schrieb, glühten vor anbetender Leidenschaft... »Sie wissen, dass ich Sie unbeschreiblich gern habe und dass ich an unsere Vereinigung glaube, wie man an sich selbst und die Zukunft glaubt: ohne diesen Gedanken könnte man sich begraben lassen...« sprach er sich selbst Trost zu, um ihr dann anderntags zu gestehen: »Katia, liebe, geliebte kleine Katia, nie war ich mehr erfüllt von Ihnen, als in diesen Tagen!« (Brief von Mitte August 1904). »Ich glaube, den seltsamen und unbestimmten Klang Ihrer Stimme zu hören, den dunklen Glanz Ihrer Augen, die perlen-artige Blässe Ihres süßen, klugen, wechselvollen Gesich-tes unter dem schwarzen Haar vor mir zu sehen – und eine brennende Bewunderung ergreift mich, eine Zärt-lichkeit schwillt in mir auf, für die es kein Zeichen und Gleichnis giebt! Und Sie? Und Sie?«

Wurde die bange Frage beantwortet? Gewiss. Aber ihre Briefe waren nicht ganz so schön wie die seinen, erinnerte sich Katia. Wir wissen nicht, in welchem Ton sie geschrieben wurden, mit welchen Empfindungen, mit welcher Innerlichkeit. Sie sind verloren gegangen.

Im September sahen sie einander in München wieder. Erst jetzt war Katia dazu bereit, seinem monatelangen Drängen nach der Legalisierung ihrer Beziehung nach-zugeben. Der Vater gab seine Zustimmung. Thomas teilte am 4. Oktober 1904 Kurt Martens seine vortägige Verlobung mit, und auch an einige andere Freunde und Bekannte erstattete er mit fühlbarem Stolz die Voll-zugsmeldung.

In den nächsten Wochen und Monaten war der Frisch-verlobte viel beschäftigt. Zu seiner schriftstellerischen Tätigkeit und seinen häufigen Vortragsreisen traten die familiären Verpflichtungen. Er stellte Katia seiner Mut-ter vor, die in Augsburg lebte, und präsentierte sich selbst den Großeltern der Braut in Berlin. Während Julia Mann Vorbehalte gegen ihre zukünftige Schwieger-tochter anmeldete, wurde Thomas von den Pringsheims in der Reichshauptstadt mit offenen Armen aufgenom-men. Der steinreiche Großvater schenkte ihm eine kostbare goldene Uhr und stellte sich dann auch zur Hochzeit mit einem prachtvollen Geschenk ein: einem Silberservice für vierundzwanzig Personen. Über Katias Herzensregungen in dieser vorehelichen Phase ihres Lebens sind wir nicht unterrichtet.

DIE STANDESAMTLICHE TRAUUNG des Paares fand am 11. Februar 1905 im Münchener Rathaus statt. Eine kirchliche Heirat gab es auf Wunsch der Braut und ihres konfessionslosen Vaters nicht. Die Mutter des Bräutigams konnte sich nur schwer damit abfinden, aber sie wurde vor vollendete Tatsachen gestellt. Julia Mann machte ihrer Verstimmung in einem Brief an den ältesten Sohn Heinrich Luft, in welchem es auch an antisemitischen Untertönen nicht fehlte (die Pringsheims waren jüdischer Abstammung). Ihr Groll wird neben den religiösen gewiss auch andere Gründe gehabt haben (mütterliche Eifersucht, Neid auf den sozialen Status und Luxus der neuen Verwandtschaft).

An die kurze Trauungszeremonie schloss sich ein Hochzeitsmahl in der Arcisstraße an, bei der ein paar kurze Reden gehalten wurden. Der Bräutigam begnügte sich erstaunlicherweise mit einem knappen Trinkspruch auf das Wohl seiner neuen Verwandten. Kürze war bei diesem wichtigen Familienereignis offenbar Trumpf. Denn auch die Flitterwochen, die das Paar nach Zürich und Luzern führten, waren kurz. Gleichwohl führten Katia und Thomas im Hotel »Baur au Lac« ein Schlaraffenleben und wurden von livrierten Kellnern umschwänzelt.

Das »Glück« stellte sich freilich noch nicht ein, wie Thomas seinem Bruder Heinrich gestand. Glück hat etwas mit innerer Zufriedenheit zu tun. Aber bei einem jungen Ehepaar könnte damit auch die körperliche Befindlichkeit gemeint gewesen sein. Spielte er mit dieser Bemerkung auf seine eigene Unerfahrenheit mit dem anderen Geschlecht und auf die sexuelle Unaufgeklärtheit seiner Frau an? Die männliche Bewährungsprobe hat Thomas Mann-Buddenbrook jedenfalls bestanden. Knappe neun Monate nach der Hochzeitsnacht, am

9. November 1905, erblickte eine Tochter das Licht der Welt. Man(n) taufte sie Erika.

Die junge Familie lebte in einer komfortablen Wohnung in der Franz-Joseph-Straße Nr. 2 in Schwabing, dem Künstlerviertel Münchens, die der Schwiegervater gekauft und prachtvoll hatte einrichten lassen. Sie bestand aus einem Arbeitszimmer mit Bücherwand und einem neuen Schreibtisch für Thomas, einem Raum für Katia, einem Speisezimmer, getrennten Schlafzimmern und zwei Wasserclosets!, was Mutter Mann in einem Bericht an Heinrich besonders vermerkte und als ideal empfand. Sogar ein Telefon stand zur Verfügung. Professor Pringsheim unterstützte das junge Ehepaar auch mit einem ansehnlichen monatlichen Geldbetrag.

Man lebte stilvoll, in luxuriöser Bürgerlichkeit, wie Katia es gewohnt war und der junge Dichter es sich schon immer gewünscht hatte. Diesen Lebensstil sollte er zeitlebens beibehalten. »Man führt, möchte ich sagen, ein symbolisches, ein repräsentatives Dasein, ähnlich einem Fürsten«, hatte er 1903 einem Freund mitgeteilt. Jetzt traf es zu.

Nach einer kurzen Phase der Eingewöhnung nahm Thomas Mann seinen Arbeitsrhythmus wieder auf: Er brachte am Vormittag seine Gedanken zu Papier, an jedem Satz feilend, um das jeweils treffendste Wort oder Wortgebilde ringend, gönnte sich nach dem Mittagessen eine Ruhepause und widmete sich an den Nachmittagen und Abenden der Korrespondenz und der Lektüre oder kam gesellschaftlichen Verpflichtungen nach.

Katia musste sich an diesen Tagesablauf, den er im Wesentlichen an allen seinen Domizilen und Aufenthaltsorten beibehielt, erst gewöhnen. Ihr Aufgabenbereich, der sich rasch herauskristallisierte, war die Führung des Haushaltes, die Aufsicht über das Dienstpersonal und die Abwicklung der »geschäftlichen« Angelegenheiten, wozu selbstverständlich die Korrespondenz, die Vertragsverhandlungen mit den Verlagen und die Finanzgebarung zählten. Mit dem wachsenden Ruhm ihres Mannes ergaben sich später noch zahlreiche andere Verpflichtungen. Sie hielt ihrem Gemahl den Alltag fern und schuf damit die grundlegenden Voraussetzungen für seine ungestörte schriftstellerische Tätigkeit. Die Sorge um das Wohlbefinden und Gedeihen der Kinder gesellte sich dazu.

Die lange und schwierige Geburt des ersten Kindes, die im Hause vonstatten ging, versetzte (auch) den Vater in helle Aufregung. »Ich hatte einen Begriff vom Leben und einen vom Tod«, schrieb er Freunden, »aber was das ist, die Geburt, das wusste ich nicht. Die Anschauung davon hat mich gewaltig durchgerüttelt.«

Mit dem Geschlecht seines ersten Kindes konnte er sich zunächst nicht ganz anfreunden. Er hatte sich einen Sohn gewünscht. Schon während Katias Schwangerschaft hatte er auf die Frage der Großmutter mütterlicherseits, ob er sich einen Jungen oder ein Mädchen wünsche, ein wenig gefühl- und herzlos geantwortet: »Natürlich einen Jungen. Ein Mädchen ist doch nichts Ernsthaftes.« Nun war ein solches »unernsthaftes« Wesen auf der Welt.

Der Vater musste sich nolens volens damit abfinden. Er tröstete sich aber rasch mit dem Gedanken, dass ein Sohn ja nicht auszubleiben brauche. »Und vielleicht bringt mich die Tochter innerlich in ein näheres Verhältnis zum ›anderen‹ Geschlecht, von dem ich eigentlich, obgleich nun Ehemann, noch immer nichts weiß...«, gestand er seinem Bruder Heinrich. Eine aufschlussreiche Bemerkung. Mit seiner Erstgeborenen verband ihn dann eine besonders herzliche, wenn auch nicht immer konfliktfreie Beziehung. Sie war sein Lieblingskind. Er zog dann überhaupt die Töchter den Söhnen vor.

DIE FAMILIE WUCHS. In den ersten fünf Jahren der Ehe brachte die zarte Mutter vier Kinder zur Welt. Auf Erika folgten Klaus (1906), Golo (1909) und Monika (1910). Der Vater hoffte, dass der Kindersegen nun ein Ende haben würde, und auch die Ärzte rieten wegen Katias fragiler Gesundheit von weiterem Nachwuchs ab. Es kamen nach einer längeren Unterbrechung dann aber doch noch zwei Nachzügler hinzu: Elisabeth (1918) und Michael (1919).

War Katia Mann mit ihrer neuen Rolle als Mutter und Geschäftsführerin der (Literatur) Firma Thomas Mann glücklich? Man darf es annehmen. Sie sei »in ihren beiden Kindern absolut glücklich, das Mütterliche sei überhaupt ihr recht eigentliches Gebiet« schrieb Hedwig Pringsheim, Katias Mutter, 1906 an eine Freundin. Ob sie mit dieser Aufgabe auch restlos zufrieden war, muss man bezweifeln. Wie ließe sich sonst der Satz verstehen, den sie am Ende ihres Lebens äußerte, dass sie nie habe tun können, was sie habe tun wollen? Wie immer sie es gemeint hat, sie fügte sich in ihr Schicksal, sie stellte ihr Dasein ganz in den Dienst ihres Mannes und ihrer Familie.

Der Ehemann fühlte sich durch die Kleinkinder in seiner Arbeit, seinem dichterischen Auftrag und seinem Sendungsbewusstsein gestört. »Mir geht es miserabel...« ließ er im Sommer 1906 seinem Bruder Heinrich wissen. »Ich sage es niemandem von meiner Umgebung, wie schlecht und erschöpft und abgenutzt und tot und fertig ich mich fühle. Ohne Frau und Kind und Anhang wäre mir wohler und wurstiger. Mich quält der Gedanke, dass ich mich nicht hätte menschlich attachiren und binden dürfen.« »Er ist ein rechter Pimperling, der nicht viel verträgt«, charakterisierte ihn die Schwiegermutter in einem Brief an eine Freundin. Wollte sie damit sagen, dass er wehleidig war, dass ihn Kindergeschrei aus der Fassung brachte? Es wird wohl so gemeint gewesen sein. Thomas Mann war ein neurotisch veranlagter Hypochonder. Seine Tagebücher, denen er seine innersten, seine geheimsten Gedanken und Gefühlsregungen anvertraute, beweisen es. Immer wieder klagt er darin über Verdauungsbeschwerden, spricht er von »hartnäckiger Konstipation«, von einer »Verstockung des Unterleibs«, dann wieder von einer »Neigung zum Durchfall«. Erregungszustände und »melancholische Depressionen«, Muskelzittern und Nervenschwäche plagten ihn, er hatte schlaflose Nächte.

Diese Krankheitszustände und seelischen Ängste waren wohl psychosomatischer Natur, aber auch Ausdruck seiner egomanischen Veranlagung. Der größte deutsche Schriftsteller des 20. Jahrhunderts beschäftigte sich viel und zärtlich mit sich selbst, horchte in sich hinein, registrierte mit minuziöser Pedanterie die kleinste körperliche Unpässlichkeit.

Die arme Katia musste immer wieder Krankenschwester spielen, ihm Kompressen auflegen, Beruhigungsmittel verabreichen, Trost spenden. Und dies, obwohl sie selbst gesundheitlich nicht auf der Höhe war. Sie musste sich häufig ärztlichen Behandlungen unterziehen, Sanatorien aufsuchen, Kuren absolvieren. Nur dann, wenn er mit den Kindern allein war und sich mit den Banalitäten des Alltages abplagen musste (die Dienstboten räumten ohnedies vieles aus dem Weg), scheint ihm zum Bewusstsein gekommen zu sein, welch ungeheure Stütze seine Frau für ihn war. Sagen wir es frei heraus: ohne seine große, tüchtige, uneigennützige Ehegattin wäre Thomas Mann nicht das gewesen und geworden, was er war, wäre sein Leben in anderen Bahnen verlaufen, hätte er seine geistige und politische Mission nicht erfüllen können. Es sei denn, er hätte nicht geheiratet und keine Familie gegründet.

Im Herbst 1908 kauften die Manns ein Grundstück in Bad Tölz, auf dem sie sich eine repräsentative Villa errichten ließen, die ganz dem Geschmack der Zeit und des Hausherrn entsprach. Die Familie verbrachte dort bis zum Verkauf des Hauses im Jahre 1917 die Sommermonate. Die Kinder konnten in dem großen, baumbestandenen Garten, der dazu gehörte, ihrem Spieltrieb frönen, der Pater familias ungestört seiner Arbeit nachgehen und behaglich repräsentieren.

Seinen Kindern begegnete der Vater, sobald sie das Babyalter hinter sich gelassen hatten und einigermaßen »ansprechbar« waren, mit freundlicher Distanz bis zu kühler, strenger Reserviertheit. Sein Arbeitszimmer war für die Kleinen absolut tabu, sie sahen den Papa (nannten sie ihn überhaupt so?) nur beim Mittagessen und wenn er ihnen zunächst Märchen, später, als sie herangewachsen waren, aus seinen eigenen Werken vorlas. So richtig warm wurden zumindest die Söhne mit ihm nie. Im Gegenteil. Klaus, der ebenfalls den Schriftstellerberuf ergriff, war erfolglos darum bemüht, aus dem Schatten des berühmten Vaters zu treten. »Man beurteilt mich als den Sohn, das ist die bitterste Problematik meines Lebens«, stellte er einmal verbittert fest. Er bewunderte den Vater, brachte ihm Verehrung entgegen, bemühte sich um seine Gunst, kämpfte um seine Anerkennung. Vergeblich. Der in aller Welt bekannte Dichter war von den literarischen Qualitäten des homosexuellen, drogenabhängigen Sprösslings nicht überzeugt, wenn er ihm dann und wann auch Ermunterung zusprach. »Er arbeitet zu leicht und zu rasch, was die mancherlei Flecken und Nachlässigkeiten in seinen Büchern erklärt«, urteilte er nüchtern. Vater und Sohn fanden nicht zueinander, beide brachten kein tiefes, echtes Gefühl familiärer Zusammengehörigkeit füreinander auf. »Ich glaube nicht, dass er sich jemals ernste Sorgen um mich gemacht hat«, urteilte Klaus trocken und hart in seiner Autobiographie *Der Wendepunkt.*

Auch Golo, später ein großer Historiker, wurde von der strengen Autorität des Vaters erdrückt. Von den Eltern nach eigener Aussage als hässlich, ungeschickt und linkisch hingestellt (wie furchtbar!), von seinen beiden älteren Geschwistern mit infantiler Boshaftigkeit gequält und gepeinigt, wuchsen schon in der Seele des Knirpses Minderwertigkeitsgefühle und Komplexe, von denen er sich, wenn überhaupt, erst in den späten Erwachsenenjahren freispielen konnte. Geborgenheit suchte er in der Familie vergeblich, den Vater zeichnet er in der rückblickenden Erinnerung als steif, förmlich, schweigsam, fahrig und nervös.

Erika, die Erstgeborene, die Vielgeliebte, hatte direkten Zugang zum Herzen des Vaters. Sie wurde von ihm den Geschwistern vorgezogen. Eine ähnliche Vorzugsstellung innerhalb des Familienkreises genoss später nur ihre um dreizehn Jahre jüngere Schwester Elisabeth.

Erika war eine vielseitig begabte Frau. Sie schrieb Kinder- und Jugendbücher, verfasste Reportagen und Film-Drehbücher und war eine hervorragende Kabarettistin. Charmant, aber auch energisch und entschlossen, bekämpfte sie mit unbeirrbarem Widerstandswillen den Nationalsozialismus und schreckte auch nicht davor zurück, die politische Haltung des geliebten und bewunderten Vaters zu kritisieren. In der amerikanischen

Katia mit ihren Kindern Monika, Golo, Michael,
Klaus, Elisabeth und Erika, 1920

Emigration und nach dem Ende des Zweiten Weltkrieges stand sie dem alternden Dichter mit Rat und Tat zur Seite, nahm ihm die verschiedensten Verpflichtungen ab, ermunterte den »Zauberer« (so sprach sie ihn liebevoll an und so zeichnete er seine Briefe an sie) zur Arbeit und lektorierte seine Manuskripte. Nach seinem Tod machte sie sich durch zahlreiche Publikationen um sein Andenken verdient.

MIT DER MUTTER verband die Mann-Kinder ein absolutes Vertrauensverhältnis. Sie waren ihr in Liebe zugetan, fühlten sich in ihrer Obhut geborgen. Katia war der Familienmittelpunkt. In ihrem Herzen liefen alle Fäden zusammen, sie war der Ansprechpartner für alle Probleme, Sorgen und Wünsche der kleinen (und erwachsenen) Kinder, die Bezugsperson, die alles regelte, in richtige und geordnete Bahnen lenkte. »Mielein«, wie sie in der Familie liebevoll genannt wurde, erteilte Ratschläge, schlichtete Streitigkeiten, tadelte und ermahnte, redete zu, spornte an, ermunterte, beschwichtigte, veranlasste, schlug vor, gab Impulse und ließ ab und zu auch einmal den vom Vater geerbten Jähzorn freien Lauf. »Blitzgescheit, schnell von Witz und Verstand, ist sie ›gut‹ wie die Neger braun sind, auf die natürlichste, selbstverständlichste Art von der Welt. Überhaupt würde es schwer halten, ein natürlicheres und direkteres Wesen aufzuspüren als sie...« preist Tochter Erika ihre Vorzüge. »Ihrer Klugheit wegen könnten Unbelehrte sie für eine ›Intellektuelle‹ halten; und auf Grund ihrer ungemeinen Belesenheit (bei vorzüglichem Gedächtnis) möchten fremde Toren gar versucht sein, einen ›Blaustrumpf‹ in ihr zu sehen.«

Das war sie aber keineswegs. Dazu war sie viel zu praktisch veranlagt. Ihr Alltag war an- und ausgefüllt mit Tätigkeiten und Pflichten aller Art. Nach dem Frühstück, das sie mit dem Gatten gemeinsam einnahm, tippte sie die Diktate des »Zauberers« vom Vortag in die Schreibmaschine, gab Telegramme auf und begab sich dann mit dem Auto, das sie leidlich zu lenken verstand, auf Einkaufstour in die Stadt. Der Haushalt war mit Lebensmitteln zu versorgen, der Gatte mit Rasierklingen und Zigaretten. Sie brachte dann auch gleich seine Manuskripte zur Post, die sie fein säuberlich verpackt hatte, die zahlreichen Antwortschreiben, die sie in seinem Namen an Verlage, Bittsteller und andere Personen zu Papier gebracht und abgefasst hatte (persönliche Post war natürlich auch darunter).

Um halb ein Uhr war sie dann pünktlich zu Hause zurück, um mit »Pielein« (das war sein Kosename) den unvermeidlichen täglichen Spaziergang zu unternehmen, auf dem sie in einer Art Beichtvaterfunktion seinen literarischen Plänen lauschte und alle möglichen Probleme und Schwierigkeiten mit ihm erörterte.

Beim Mittagstisch, der pünktlich um halb zwei Uhr seinen Anfang nahm, leistete sie ihm natürlich Gesellschaft und trug ihren Teil zur Unterhaltung der Gäste bei, so solche geladen waren. Es war dann ihre Aufgabe, den Vielbeschäftigten und leicht Ermüdbaren vor zu langen, anstrengenden Gesprächen zu bewahren. Während sich der Herr des Hauses dann ein Stündchen Ruhe gönnte, ehe er sich am Nachmittag der gedanklichen und lesenderweisen Vorbereitung für den nächsten Tag zuwandte, Fahnenkorrekturen las, Beiträge für Zeitschriften schrieb und manchmal sogar Telefonanrufe tätigte, wandte sie sich unverzüglich wieder der Arbeit zu, erledigte die gesamte umfangreiche »Geschäftskorrespondenz« und wurde zwischendurch bei allen ihren Tätigkeiten von den Kindern in Atem gehalten. Katia lehrte sie beten, die Zähne putzen, sie kontrollierte die Schulaufgaben, ging mit ihnen Rad fahren, Rodeln und Schlittschuh laufen.

Nach dem Abendessen las Thomas Mann ihr, den größeren Kindern und den anwesenden Gästen aus seinen abgeschlossenen Werken vor oder Katia begleitete ihn in die Oper und in das Theater. Zuweilen wurde auch ein wenig Musik gehört (Grammofonplatten von Wagner-Opern hörte er besonders gerne) oder beide Eltern widmeten sich der Lektüre. Um Mitternacht gingen sie zu Bett.

Nicht nur Erika, auch die anderen Kinder erinnerten sich als Erwachsene liebevoll an die Mutter. »Wenn Mama abends ans Bett gute Nacht sagen kam«, entsann sich Klaus, »war sie zuweilen so wunderbar, dass man sie mit einem Übermaß lieben musste, dessen man sich am hellen Tag sicher geschämt hätte.« Monika blieben die Sonntagmorgen als kleines Kind im Gedächtnis. »Sonntag früh empfing die Mama«, schreibt sie. »Nämlich meine Schwester und ich durften zu ihr ins Bett hinein schlüpfen. Dies war breit und aus elfenbeinfarbenem, mit Schnitzwerk versehenem Holz. Die Mama hatte ein überfußlanges Hemd an, am Hals und an den Handgelenken mit Volants... Zwei schwarze Zöpfe – die sie tags um den Kopf gewunden trug – lagen auf den großen Kissen... und mit tiefer, rauher, liebkosender Stimme wünschte sie uns guten Morgen.«

Golo bleibt ein wenig kühler. Von der Mutter habe er sich nie recht trennen können, meint er, sie sei sachlicher und praktischer gewesen als der Vater und habe mehr Sinn für die Erfordernisse des Alltags gehabt. Darüber gibt es allerdings keinen Zweifel.

Der Gatte, von Katia liebevoll »Reh« genannt, porträtierte sie in der Person der Imma Spoelmann in seiner

Novelle *Königliche Hoheit*. Sie war damit absolut nicht zufrieden. »Auch wenn Thomas Mann dabei ziemlich wesentlich an mich gedacht hat«, urteilte sie in ihren *Ungeschriebenen Memoiren*, »ist es nach meinen Ansichten ein ganz schiefes Porträt. Imma ist ein bisschen zu schnippisch, so war ich eigentlich nicht. Ich habe schon mal ganz gern ein bisschen Überlegenheit durchblitzen lassen, doch Imma ist zu outriert nach meiner Meinung – aber ich kenne mich ja nicht so genau.«

Hat Katia Einfluss auf das Werk ihres Mannes genommen oder gehabt? Kaum. Sie hat es selbstverständlich genau gekannt, schon einmal deshalb, weil sie seine handgeschriebenen Aufzeichnungen abtippte, die nur sie mühelos entziffern konnte. Natürlich besprach er so manches Problem mit ihr, beriet sie ihn, wenn er Rat suchte, brachte ihn auf diese oder jene Idee, redete ihm zu, ermunterte ihn zur Weiterarbeit oder zum Sich-Ausruhen, wenn er in einer Krise steckte. Lediglich beim *Zauberberg* hat sie ihn nach eigener Aussage »direkt beraten und das Thema beherrscht«. Der Gemahl habe viele ihrer Beobachtungen und Erlebnisse bei ihren Kuraufenthalten in Davos (1912) und Arosa (1913), die sie ihm brieflich ausführlich mitteilte, in den Roman einfließen lassen. Sie war dort seine Chronistin. Ansonsten hielt sie sich aus dem Schaffensprozess heraus. Auf ihr Urteil hielt er jedoch viel. »Ich habe nicht an seinen Büchern mitgearbeitet«, erklärt sie so bescheiden wie glaubwürdig.

Im Januar 1914 bezog die Familie Mann das neuerbaute Haus in der Poschingerstraße Nr. 1 am Herzogspark, das bis zum Februar 1933 ihr Domizil blieb. Das zweistöckige Gebäude inmitten eines großen Gartens genügte allen Ansprüchen der Familie und entsprach in seiner Herrschaftlichkeit dem Repräsentationsbedürfnis des prominenten Hausherrn, dessen kostbar möbliertes Arbeitszimmer von Büchern überquoll. Natürlich gab es auch in der Poschingerstraße getrennte Schlafzimmer, einen Salon mit Flügel, ein Speisezimmer, das durch einen Aufzug mit der Küche in Verbindung stand, Räume für die Kinder und die Bediensteten. Eine Freitreppe führte von der Terrasse in den Garten. Als Besitzerin war Katia vermerkt. Der literarische Großbürger Thomas Mann vergrub sich sogleich nach dem Umzug in das neue Haus in seine Arbeit, steckte seinen unpolitischen Kopf in den Sand und sah daher den Abgrund nicht, dem das in feindliche Blöcke aufgespaltete Europa entgegentrieb. Um das Weltgetriebe kümmerte er sich nicht viel.

Vom Ausbruch des Ersten Weltkrieges wurde Mr. Buddenbrook aus diesem Grund völlig überrascht. »Im Ernst muss man sich nicht schämen, so gar nichts geahnt und gemerkt zu haben?« fragte er (sich). Man musste. Der nunmehr Neununddreißigjährige meldete sich pflichtgemäß beim Heer und pflichtgemäß sang er mit zahlreichen anderen deutschen Schriftstellern das Lied vom »großen, grundanständigen, feierlichen Volkskrieg«, den er als »Reinigung und Befreiung von der Korruption der Zivilisation im Frieden« begrüßte. Er überwarf sich mit seinem Bruder Heinrich, der eine völlig andere Haltung einnahm, aber auch Katia, die in einem liberalen Elternhaus aufgewachsen war, distanzierte sich vom nationalen Begeisterungstaumel. Thomas hingegen schmerzte es, dass er sich nicht für Deutschland opfern durfte – ein Militärarzt hatte befunden, dass man ihn in Ruhe lassen sollte –, aber diese Qual wich dann doch der resignierten Einsicht, dass der Kriegsdienst ihm körperlichen Schaden zugefügt hätte. Sein Kopf, sein Magen, seine Nerven hätten ihn nicht länger als ein paar Tage ertragen.

In der Nobelvilla in der Poschingerstraße zog allmählich der Kriegsalltag ein, dessen schwere Bürde größtenteils auf den Schultern Katias lag. Wie stets in Notsituationen bewies sie echte menschliche Größe. »Im Ersten Weltkrieg war es sehr schwierig, eine Familie mit vier heranwachsenden Kindern einigermaßen zu ernähren, und ich habe es nicht leicht gehabt«, erinnert sie sich. »Ich bin da wirklich den ganzen Tag mit dem Fahrrad in München herumgefahren, um da oder dort etwas aufzutreiben.« Sie war eine von Zehntausenden geplagten Kriegsmüttern. Sie besorgte nicht nur Lebensmittel, sie verstand es, aus dunklen Quellen Brennmaterial heranzuschaffen (die Zentralheizung war längst abgeschaltet), sodass wenigstens ein paar Räume mit Wärme versorgt werden konnten. Für den Hausherrn beschaffte sie die unentbehrlichen Zigarren und Zigaretten, den Kindern widmete sie sich wie auch in Friedenszeiten mit fürsorglicher Liebe. Als Klaus im ersten Kriegsjahr im Spital lag, rieb sie ihn von Kopf bis Fuß mit Eau de Cologne ein und rettete ihm durch die seinem Körper zugeführte Erfrischung wahrscheinlich das Leben. Die Uneigennützige schob dem Gatten und den Kindern den letzten Bissen Brot zu. Thomas, der Selbstbezogene, der vom Alltag abgehobene Schriftsteller und Intellektuelle, nahm es als Selbstverständlichkeit oder es fiel ihm gar nicht auf. Um solche Trivialitäten kümmerte er sich nicht. Sie mögen den Tee nur kräftig zuckern, es sei genug im Haus, pflegte er seine Gäste zum Konsum zu ermuntern, nicht wissend oder zur Kenntnis nehmend, dass die ganze Familie ihm zuliebe täglich auf einen Teil der Ration verzichtete.

Er vergrub und verbiss sich statt dessen in eine Arbeit, die ihn bis zur physischen und psychischen Erschöpfung beanspruchte und die er 1918 unter dem Titel *Betrachtungen eines Unpolitischen* der Öffentlichkeit vorlegte. Einer seiner Biographen bezeichnet das Werk, das vielerorts und vielerlei Anstoß erregte, als »Produkt einer intellektuellen und moralischen Verkrampfung, die den Autor mitunter an den Rand des geistigen Infarkts gebracht hat«. Ein Exemplar des Buches überreichte der Autor der Gattin mit der Widmung: »Wir haben es zusammen getragen, liebes Herz, und wer weiß, wer schwerer daran zu tragen hatte, denn zuletzt hat der immerhin Thätige es leichter, als der nur Duldende. Auch trug ich es nur aus Not und Trotz, Du aber trugst es aus Liebe.« Die duldende, die liebende Gattin, die sich seinem Genie völlig unterordnete, sich ganz zurücknahm, still und unverdrossen ihre Pflicht tat, schenkte in dieser schweren Zeit zwei weiteren Kindern das Leben.

Die militärische Niederlage Deutschlands, der Sturz der Monarchie, die radikale Veränderung der politischen Verhältnisse traf ihn tief. Ein paar Jahre später, nach einem mühsamen geistigen Wandlungsprozess, konnte er sich mit der republikanischen Staatsform bereits einigermaßen anfreunden.

Das leben in der Poschingerstraße Nr. 1 blieb von den Irrungen und Wirrungen der Nachkriegsjahre im Großen und Ganzen unbeeinträchtigt und wurde in den gewohnten Bahnen fortgeführt. Der Hausherr hielt an der täglichen Routine fest, sein literarisches Ansehen hatte kaum Einbußen erlitten, seine Bücher verkauften sich gut. Er entwickelte nicht nur neue Pläne und schrieb unentwegt seine Gedanken zu den Zeitereignissen nieder, er führte auch sein Tagebuch mit unverblümter Offenheit weiter. Seit der Veröffentlichung seiner Tagebücher sind wir auch über Manns homoerotische Neigungen aus erster Quelle informiert. Er verzeichnet darin zu diesem heiklen Thema mit quälender Selbstanalyse jede intimste Regung und Erregung. Der Anblick eines nackten, schönen männlichen Körpers löste in ihm bis in das Alter bestürzende (?) erotische Gefühle aus. Einen jungen Burschen mit gebräuntem nacktem Oberkörper, der in einer Gärtnerei arbeitete, beobachtete er von seinem Arbeitszimmer aus mit »großer Freude und Ergriffenheit«, über seinen Sohn Klaus notierte er: »Entzücken an Eissi, der im Bade erschreckend hübsch.« Und dann wieder: »Ich hörte Lärm im Zimmer der Jungen und überraschte Eissi völlig nackt vor Golo's Bett Unsinn machend. Starker Eindruck von seinem vormännlichen, glänzenden Körper, Erschütterung –«. 1927, bei einem Aufenthalt auf der Insel Sylt, erregte ein Siebzehnjähriger seine Aufmerksamkeit. Jahrzehnte später übermannte ihn eine »unwiderstehliche Zuneigung« zu einen jungen bayrischen Kellner, der ihn in einem Hotel bediente. » N o c h e i n m a l a l s o d i e s «, steht in seinem Tagebuch zu lesen, » n o c h e i n m a l d i e L i e b e, das Ergriffensein von einem Menschen, das tiefe Trachten nach ihm – seit 25 Jahren war es nicht da.«

Zu einer Realisierung seiner gleichgeschlechtlichen Gelüste ist es augenscheinlich nie gekommen. Sie blieben Wunschträume. Die Homoerotik war jedoch ein wesentlicher Bestandteil seiner Persönlichkeit. Darüber gibt es keinen Zweifel. In seinen Büchern ist sie vielfach präsent.

Katia blieb die homophile Veranlagung ihres Mannes natürlich nicht verborgen. Sie hat sich nie darüber geäußert, wie sie sich auf das eheliche Geschlechtsleben ausgewirkt hat. Sie nahm die Tatsache als naturgegeben hin und fand sich damit ab, dass es im Ehebett nicht immer klappte. Der Herr Gemahl war ihr zumindest im Tagebuch dafür dankbar. »Dankbarkeit gegen K.«, notierte er, »weil es sie in ihrer Liebe nicht im Geringsten beirrt oder verstimmt, wenn sie mir schließlich keine Lust einflößt und wenn das Liegen bei ihr mich nicht in den Stand setzt, ihr Lust, d. h. die letzte Geschlechtslust zu bereiten. Die Ruhe, Liebe und Gleichgültigkeit, mit der sie das aufnimmt, ist bewundernswürdig, und so brauche ich mich nicht davon erschüttern zu lassen.« Und dann später: »Umarmung mit K. Meine Dankbarkeit für die Güte in ihrem Verhalten zu meiner sexuellen Problematik ist tief und warm.«

Katia hatte nicht nur für seine sexuelle Unzulänglichkeit und seine Abwegigkeit Verständnis, sie passte sich auch seinen wechselnden Launen an und verzieh ihm seine selbstgefällige Egozentrik und seine Gefallsucht. Sie war für ihn schlicht unentbehrlich. Thomas wusste das und wird es ihr wohl auch dann und wann gesagt haben. Bei besonderen Anlässen brachte er jedenfalls im Familienkreis und auch bei größeren gesellschaftlichen Anlässen zum Ausdruck, was er ihr verdankte, wie viel sie ihm bedeutete. Er wisse nicht, wie sein leicht ermüd- und verstörbares Leben abgelaufen wäre, ohne den klugen, tapferen und zart energischen Beistand der außerordentlichen Gefährtin, sagte er 1930, als sie ihre silberne Hochzeit feierten.

Katia stand ihm treu zur Seite, teilte sein Schicksal, traf an wichtigen Wendepunkten ihres gemeinsamen Lebensweges essenzielle Entscheidungen, ging mit ihm durch dick und dünn. Nicht immer konnte sie freilich an seiner Seite sein, sich um seine alltäglichen Bedürfnisse kümmern. Es gab Wochen und Monate der Trennung, die durch Krankheiten oder familiäre Gründe

Thomas Mann, Tochter Erika, Ehefrau Katia und Sohn Klaus (o. J.)

bedingt waren. Aber wann immer es ihre Gesundheit und die Umstände erlaubten, begleitete sie ihn auf seinen Reisen, seinen Vortrags- und Lesetourneen.

Thomas Mann war ein gesuchter Vortragender. Er sprach aus den verschiedensten Anlässen zu den verschiedensten Themen, über *Goethe und Tolstoi* etwa, *Lübeck als geistige Lebensform, Freud und die Zukunft, Hundert Jahre Reclam.* Stets hatte er auch das Bedürfnis, aus den Werken, an denen er arbeitete, vorzulesen. Er bereitete sich darauf gründlich und exakt vor und war darauf bedacht, bei seinen Zuhörern einen günstigen Eindruck zu hinterlassen. Sein Hang zum Theatralischen leistete ihm dabei gute Dienste. Thomas Mann, der ein makelloser Exzentriker war, suchte und benötigte die Anerkennung des (Lese)Publikums, seine Zustimmung, seinen Respekt. Er dürstete nach äußeren Ehrungen. Zurückweisungen kränkten ihn, nagten an seinem Selbstbewusstsein, verletzten seine Eitelkeit. Mit Kritik kam er nur schwer zurecht. Nicht selten fühlte er sich dadurch persönlich beleidigt. Kritische Bemerkungen über ihn oder sein Werk ließ auch Katia nicht gelten. Die (Sonnen)Strahlen seines Ruhmes wärmten schließlich auch sie.

Es gab ohnehin nicht allzu viele Zeitgenossen, die es wagten, den großen deutschen Schriftsteller offen zu kritisieren. Noch dazu, da auch die internationale Anerkennung seinem Ansehen einen gehörigen Auftrieb verschaffte. 1929 wurde Thomas Mann – ausdrücklich für die *Buddenbrooks*, nicht für sein Gesamtwerk – der Nobelpreis für Literatur verliehen. Die »sensationelle Auszeichnung«, die nach siebzehn Jahren wieder an einen deutschen Schriftsteller ging (1912 hatte Gerhart Hauptmann den Preis erhalten), habe ihn nicht unvorbereitet getroffen, resümierte er in seinem Lebensabriss

Alfred und Hedwig Pringsheim, Katia, Thomas,
Elisabeth, Monika und Golo Mann, 1931

und fügte hinzu: »Sie lag wohl auf meinem Wege – ich sehe es ohne Überheblichkeit, aus gelassener, wenn auch nicht uninteressanter Einsicht in den Charakter meines Schicksals, meiner ›Rolle‹ auf Erden, zu der nun einmal der zweideutige Glanz des Erfolges gehört.« In seiner Rede bei der Verleihungszeremonie gab er sich moderater. »Ich tue wohl daran, den Weltpreis, der mehr oder weniger auf meinen Namen lautet, meinem Lande und Volke zu Füßen zu legen«, führte er unter anderem aus.

Katia, die ihn nach Stockholm begleitete, bemängelte Jahrzehnte später, dass der schwedische König lediglich einem der Preisträger, nämlich dem Duc de Broglie, ein paar Schritte entgegenging, während alle anderen sich zum Thronstuhl hinbegeben mussten. Das habe sie falsch gefunden. Beim Diner habe er sich dann von seinem Leibjäger persönlich bedienen lassen. Das sei komisch gewesen. Im Übrigen aber fand sie, »war auch alles sehr schön und festlich, und wir waren natürlich in gehobener Stimmung«.

BEI DER NOBELPREISVERLEIHUNG hätte es sich Thomas Mann wohl nicht träumen lassen, dass er kaum ein Jahr später bei einer Rede im Berliner Beethovensaal, die er im Oktober 1930 unter dem Titel *Deutsche Ansprache. Ein Appell an die Vernunft* hielt, von braunen Krakeelern, die im ganzen Raum postiert waren, angepöbelt werden würde. Vor Gewalttätigkeiten konnte er sich gerade noch in Sicherheit bringen.

Die politische Szenerie war in einem dramatischen Wandel begriffen. Die Weltwirtschaftskrise begann ihre Schatten über Europa zu werfen und trieb die (arbeitslosen) Massen in das Lager der Nationalsozialisten, von denen sie sich eine Besserung ihrer politischen Lage erhofften. Thomas Mann, in den Jahren der Weimarer

Republik zum Demokraten geworden, warnte eindringlich vor dem Ungeist der Nazis, bezeichnete Hitlers Einfluss als verbrecherisch und appellierte an die Vernunft der Deutschen. Es sollte, was er nur ungern zur Kenntnis nahm, vergeblich sein. Er sah sich in wachsendem Maße Pöbeleien ausgesetzt. Er erhielt anonyme Anrufe und Drohbriefe, in sein Sommerhaus in Nidden, einem Dorf an der Ostsee, wurde ihm ein verkohltes Exemplar der *Buddenbrooks* zugesandt, ein unheilverkündender Vorbote der NS-Bücherverbrennungs-Schandtat vom Mai 1933 (seine Werke blieben vom Autodafé verschont).

Am 30. Januar 1933 wurde Adolf Hitler vom greisen Reichspräsidenten Hindenburg in das Amt des Reichskanzlers berufen. Knappe zwei Wochen später hielt Thomas Mann im Auditorium maximum der Münchener Universität zum 50. Todestag Wagners einen Vortrag über das Thema *Leiden und Größe Richard Wagners*. Am nächsten Tag – es war ihr Hochzeitstag – brach er mit Katia nach Amsterdam auf, um den Vortrag dort zu wiederholen. Sie sollten nicht wieder nach Deutschland zurückkehren. Ihr Emigrantendasein hatte begonnen. Es war ihnen nur noch nicht bewusst.

Nach der Vortragsreise, die sie auch nach Brüssel und Paris führte, erholte sich Thomas Mann mit seiner Familie in Arosa und verfolgte gespannt die weiteren Ereignisse in Deutschland. Im Gegensatz zu Katia dachte er zunächst noch an die Möglichkeit einer Rückkehr. Bald wurde ihm jedoch klar, dass daran nicht mehr zu denken war. »Bleibe in der Schweiz! Du wärst hier nicht sicher«, hatten ihm Erika und Klaus, die kurz in das Münchener Haus zurückgekehrt waren, am Telefon dringend geraten.

Die Erkenntnis, dass ein langer Lebensabschnitt zu Ende gegangen war, dass er genötigt war, sein Dasein neu zu organisieren und zu gestalten, löste in dem nunmehr Achtundfünfzigjährigen düstere Zukunftsvisionen aus. Er hatte in München sein gesamtes materielles und geistiges Hab und Gut zurückgelassen, das Haus, Buchmanuskripte, Briefe, die Tagebücher. Er war unfähig zu arbeiten. War unter diesen Umständen ein Neubeginn möglich, ja überhaupt wünschenswert? In diesen schweren Tagen, Wochen und Monaten war ihm die Gattin, die vieles klarer und nüchterner sah als er, wie stets eine unentbehrliche Stütze.

Das Wanderleben in der Emigration führte von Arosa über Lugano zunächst nach Sanary-sur-Mer, einem kleinen Ort an der französischen Mittelmeerküste, wo sich die Familie ein paar Monate aufhielt. Ende September 1933 übersiedelten die Manns, auch wegen der beiden jüngsten Kinder, die noch im Schulalter waren, in die deutschsprachige Schweiz. Sie fanden in Küsnacht (Schiedhaldenstraße Nr. 2) bei Zürich ein Haus, das ihren Vorstellungen entsprach. An einem Hang gelegen, mit einem schönen Blick auf den See, weitläufig, wenn auch nicht so stattlich wie die Villa in München, bot es in den nächsten fünf Jahren dem weltberühmten Schriftsteller jene Atmosphäre der Behaglichkeit, in der er sein Schöpfertum entfalten konnte. Sein Arbeitszimmer wurde wieder so eingerichtet wie in der Poschingerstraße – das Mobiliar war über Deckadressen in die Schweiz gebracht worden –, er hatte wieder seine Bücher zur Hand, auch wenn die wertvollsten fehlten. Katia hatte zwei Dienstmädchen zur Verfügung, in der Garage stand ein neues Auto. Thomas Mann konnte seinen grandseigneuralen Lebensstil und seine Lebensgewohnheiten beibehalten: arbeiten, Spaziergänge machen, die Tageszeitungen lesen, Reisen unternehmen, Gäste empfangen, am Abend im Lehnstuhl mit einer Brille auf der Nase aus seinen Manuskripten vorlesen.

Katia war stets um ihn und an seiner Seite. Sie umsorgte ihn wie eh und je, begleitete ihn überall hin, tat still und unauffällig ihre Pflicht, erfüllte ihre Lebensaufgabe, Dienerin am Werk ihres Mannes zu sein.

Mit öffentlicher Kritik am NS-Regime hielt sich Thomas Mann zurück. Er wollte seinen Verlag (S. Fischer) und den Verkauf seiner Bücher nicht gefährden. Noch waren sie im Buchhandel zu haben. Der Autor war noch nicht ausgebürgert. Aber sein Reisepass, der abgelaufen war, wurde nicht mehr verlängert, sein bewegliches und unbewegliches Vermögen konfisziert. Eine Aussöhnung mit dem NS-Regime war ausgeschlossen. Worauf wartete er?

Die passive politische Haltung Manns, sein beharrliches Schweigen stieß in Emigrantenkreisen, vor allem aber bei seinen beiden älteren Kindern auf heftige Kritik. Erika schrieb ihm einen zornerfüllten, vorwurfsvollen Brief, der ihm sehr zu Herzen ging. Ein Bruch zwischen dem Vater und seiner geliebten Tochter zeichnete sich ab. Er wurde durch Vermittlung der klugen, auf Ausgleich bedachten Mutter verhindert. »Du bist außer mir und Medi (Tochter Elisabeth, Anm. d. Verf.) der einzige Mensch, an den Z.'s Herz ganz wirklich hängt und Dein Brief hat ihn sehr geschmerzt und gekränkt«, schrieb sie der leidenschaftlichen, engagierten Antifaschistin. Sie nehme an, dass sich in absehbarer Zeit ein Weg finden werde.

Der Weg fand sich. In einem ausführlichen Briefwechsel zwischen Vater und Tochter wurde die Missstimmung ausgeräumt, Thomas Mann solidarisierte sich in einer öffentlichen Erklärung, die am 3. Februar 1936 in der »Neuen Zürcher Zeitung« erschien, mit der

Exilliteratur und sprach sich eindeutig gegen die NS-Machthaber aus. Der Erstentwurf der Erklärung stammte von Katias Hand. Er wurde dann von Thomas Mann überarbeitet und ergänzt. Katia stand voll und ganz hinter ihrem Mann, dessen politische Ansichten sie weitgehend teilte.

Die Nazis reagierten mit ungewohnter Verspätung. Anfang Dezember 1936 wurde Thomas Mann mit seiner Familie ausgebürgert, die Universität Bonn entzog ihm die Ehrendoktorwürde. Der größte deutsche Schriftsteller seit Goethe war kein Deutscher mehr. Er hatte das alles kommen gesehen und schon zuvor die tschechische Staatsbürgerschaft angenommen.

Im häuslichen Bereich klappte nicht alles nach Wunsch. Es gab Probleme mit dem jüngsten Sohn Michael, der mit seinem »unnahbaren« Vater nicht zurechtkam und den Eltern mit törichten Streichen Kopfzerbrechen bereitete. Mütterlicher Zuspruch und Ermunterung erwiesen sich als notwendig.

Es war ein gemeinsam gefasster Entschluss. Am 17. September 1938 verließen Katia und Thomas Mann per Schiff den alten Kontinent. Im März hatten deutsche Truppen Österreich okkupiert, Adolf Hitler streckte seine Hand nach dem nächsten Opfer, das Sudetenland, aus. In Europa roch es nach Krieg.

Es war keine Fahrt ins Ungewisse. Die Manns hatten in den Jahren zuvor einige Male die Vereinigten Staaten besucht und dort die Bekanntschaft zahlreicher bedeutender und einflussreicher Menschen gemacht. Ihre Existenz war gesichert. Ein Haus in Stockton Street 65, Princeton, New Jersey, stand zur Verfügung, an der Universität wartete eine Gastprofessur auf den berühmten Emigranten.

Katia, die Unermüdliche, hatte schwere Wochen und Monate hinter sich. Das Mobiliar des Hauses in Küsnacht, die Bücher, der gesamte Hausrat mussten eingepackt und in einen Möbelcontainer verfrachtet werden. Sie entschied und veranlasste alles ohne das Zutun des Gemahls, der ihre Mühe lediglich bemerkte, aber sie dann doch mit Dankbarkeit anmerkte.

Im Hafen von New York wurde das Ehepaar von Agnes E. Meyer, der Gattin des Inhabers der einflussreichen »Washington Post«, einer begeisterten Verehrerin seines dichterischen Werkes, herzlich willkommen geheißen. Am Tag nach der Ankunft hielt Thomas bei einer Massenkundgebung zum Protest gegen die Besetzung des Sudetenlandes eine kurze Rede. Sein Ausruf »Hitler must fall« fand stürmischen Beifall. Sein Einstand in dem Land, das ihn und seine treue Gefährtin in den nächsten vierzehn Jahren beherbergen sollte, hätte nicht besser ausfallen können.

Die Eingewöhnung fiel ihnen nicht ganz leicht, aber nach dem Eintreffen der Bücher und Möbel fanden sich Katia und Thomas in der neuen Umgebung bald zurecht. Als einige Zeit später Erika den Eltern einen Besuch abstattete, bot sich ihr ein Bild zufriedener Behaglichkeit. Es war Teestunde, John und Lucy, die beiden schwarzen »Hausgeister«, waren emsig tätig, der Vater las der Mama und den Kindern, die um den Teetisch saßen, etwas stockend aus der »New York Times« vor. Er zeigte Erika sein Arbeitszimmer, sein »studio«, das so aussah wie in München und Küsnacht. »Es ist schon seltsam«, sagte er, »hier steht er nun (der Schreibtisch, Anm. d. Verf.) und all die kleinen Dinge sind in alter Weise auf ihm angeordnet: der große Brieföffner aus Elfenbein, die Münzen und die Fotografien. Der Diener staubt sie ab, und ich habe ihn auf Englisch gebeten, nichts durcheinander zu bringen…«

Zum Dinner am Abend gab es Sauerbraten und Knödel, die jedoch nicht ganz nach dem Geschmack Katias
waren. »Die Semmeln waren noch nicht alt genug«,
sagte sie, »Lucy muss noch lernen, dass nur alte Semmeln gut für die Knödel sind.«

Nach dem Dinner gestaltete der Hausherr ein Schall-
platten-Musikprogramm mit Werken von Beethoven,
Brahms, Schubert und ein paar Liedern von Hugo Wolf.
Anschließend las er aus seinem jüngsten Manuskript
vor. Es war wie in alten Zeiten in der Münchener Villa,
nur: die Zeiten hatten sich gewandelt.

Das erste Weihnachtsfest in den USA verlief stiller
und nachdenklicher als früher, aber den Eltern war es
ein Trost, dass sich mit Ausnahme Monikas die gesamte Familie zur Feier zusammenfand, ehe die Kinder wieder ihre eigenen Wege gingen. Thomas fiel das Alleinsein nicht schwer. Er liebte die Zurückgezogenheit, die
Einsamkeit des Schreibens war ein wesentlicher Bestandteil seiner Existenz. Für Katia war es eine neue
Lebenserfahrung. Aber sie hatte keine Probleme damit.
Ihre Tage waren ausgefüllt. »Was Mutter trieb und leistete«, schreibt Klaus in seinem Lebensbericht, »hatte
wohl mit Zauberei zu tun. Eine Energie, die aus Liebe
kommt, bewährt zauberische Kraft und Zähigkeit…
Ihre Pflichten sind ohne Zahl; zahllos sind die Opfer, die
sie bringen muss. Pflichten und Opfer scheinen ihr
selbstverständlich… Nur für andere da, denkt sie kaum
an sich selber: Wozu auch? Ich bin nicht so wichtig…«
Thomas arbeitete unermüdlich und unbeirrt weiter,
beendete den Goethe-Roman *Lotte in Weimar*, hielt
Vorlesungen, unternahm Lesereisen und fand auch
noch Zeit, in den verschiedensten Komitees Hilfe für
andere Flüchtlinge zu organisieren, sich in persönlicher
Fürsprache für manche von ihnen einzusetzen, Emp-

fehlungen für Visa zu schreiben, und selbst karitativ
tätig zu sein. Auch diese oft vernachlässigte oder baga-
tellisierte humanitäre Ader gehört zum Gesamtbild
seiner vielschichtigen Persönlichkeit. Thomas Mann
wurde zum und war der Mittelpunkt der deutschsprachigen intellektuellen Emigration in Amerika. Im
Sommer 1939 reiste das Ehepaar noch einmal nach
Europa, um am Kongress des PEN-Klubs in Stockholm
teilzunehmen, der dann nicht zustande kam. Adolf
Hitler hatte den Zweiten Weltkrieg heraufbeschworen.
Auf einem überfüllten Schiff kehrten Katia und ihr
Tommy nach Amerika zurück. Diesmal ohne Hoffnung
auf eine rasche Wiederkehr in ihre europäische Heimat.

NACH ZWEIEINHALBJÄHRIGEM AUFENTHALT
in Princeton, bei dem Albert Einstein, Max Reinhardt,
Bruno Walter, Hermann Broch, Franz Werfel und seine
Frau Alma zu ihren Gästen gezählt hatten, übersiedelte
das nicht mehr ganz junge, durch gemeinsames Erleben
und Leid zusammengeschweißte Ehepaar in das sonni-
ge Kalifornien. Wieder trug Katia fast die gesamte Bürde
des Domizilwechsels.
Sie bezogen zunächst ein hübsches, geräumiges Miet-
haus in Pacific Palisades (Amalfi Drive 740), das Thomas jedoch nur als provisorischen Wohnsitz betrachtete. Der »hartnäckige Villenbesitzer«, wie Hermann
Kesten ihn nannte, fühlte sich nur in einem eigenen
Haus wohl. »Das Haus baue ich mir nun also selbst«,
schrieb er seiner Gönnerin Agnes E. Meyer, obwohl
seine Eigenmittel beschränkt waren, »sodass man bei
der Einrichtung sich jeden Stuhl genau ansehen muss –
nicht ob er einem gefällt, sondern ob er auch nicht zu
sehr ins Geld läuft.« Aber der Hausbau sei in seinen Ge-
wohnheiten, Bedürfnissen, Ansprüchen, dem natürlichen

Stil seines Lebens begründet, erklärte er mit gewohnter Selbstherrlichkeit.

Die nötigen Vorarbeiten, die Behördenwege, die Besprechungen mit den Handwerkern, dem Architekten etc. überließ er Katia und Erika. Am 5. Februar 1942 zogen sie in das repräsentative Wohnhaus ein (San Remo Drive 1550), das ganz auf die Bedürfnisse des Hausherrn abgestellt war und seinen Vorstellungen entsprach. Er hatte eine abgeschlossene Zimmerflucht für sich, das Arbeitszimmer bezeichnete er als das Schönste seines Lebens. »Die Schönheit um unser Haus herum, mit dem Blick auf den Ozean sollten Sie sehen«, schrieb er an Hermann Hesse, »den Garten mit den Palmen, Öl-, Pfeffer-, Citronen- und Eukalyptus-Bäumen, den wuchernden Blumen…«

Auch Katia war zufrieden. Sie hatte allerdings Probleme mit dem Hauspersonal, das sie häufig wechselte. Sie fand zu den Dienstboten nicht den in Amerika üblichen Ton, war misstrauisch und gebieterisch. Den Gemahl fuhr sie täglich im Auto zu dem etwa zehn Minuten entfernten Strand, wo er auf Spaziergängen seinen Gedanken nachhing, während sie die Gelegenheit zum Baden nutzte. Neben seiner literarischen Tätigkeit – er beendete Anfang Jänner 1943 den letzten Band der *Joseph*-Tetralogie und beschäftigte sich gedanklich bereits mit dem nächsten Werk, dem *Doktor Faustus* –, beobachtete er mit wacher Aufmerksamkeit das wechselvolle Kriegsgeschehen. »Mit dem Joseph«, schrieb er in sein Tagebuch, »bin ich früher fertig geworden, als die Welt mit dem Fascismus.«

Die militärische Wende zeichnete sich bei Stalingrad allerdings bereits ab. Der »Wanderprediger der Demokratie«, als den er sich gelegentlich in seinen Briefen bezeichnete, reiste nach wie vor, von Katia begleitet,

*Katia und Thomas Mann auf ihrer Terrasse in
Kalifornien (o. J.)*

kreuz und quer durch die Staaten und erklärte den Leuten auf dem Land und in den Kleinstädten, die über die politischen Verhältnisse in Europa wenig informiert waren, in wohlgesetzten Worten, die Erika vom Deutschen ins Englische übertragen hatte, den Sinn des Krieges gegen die Nazi-Diktatur. Erika begleitete ihn auch oft auf diesen Reisen und leistete ihm am Ende des Vortrages, wenn die Zuhörer Fragen stellten, die spontan beantwortet werden mussten, wertvolle Dolmetscher-Dienste (er beherrschte zwar das Englische, konnte es aber nicht frei von der Leber weg sprechen).

Thomas Mann setzte seine ganzen politischen Hoffnungen auf Präsident Franklin D. Roosevelt, den er anlässlich seines Besuches im Weißen Haus kennen gelernt hatte und den er sehr bewunderte. Am 23. Juni 1944 gemeinsam mit der Gattin amerikanischer Staatsbürger geworden, setzte er sich in diesem Jahr für Roosevelts dritte Wiederwahl ein und war glücklich darüber, dass sie gelang. Der Tod des Präsidenten am 12. April 1945 erschütterte ihn tief. Er drückte der Witwe telegrafisch sein tiefstes Mitgefühl aus und hielt bei der Trauerfeier im Rathaus von Santa Monica eine kurze Rede. In seinem Tagebuch notierte er: »Eine Epoche endet. Es wird nicht mehr das Amerika sein, in das wir kamen. Die offizielle Freudwilligkeit wird fehlen.« Wie Recht er doch mit dieser Bemerkung haben sollte!

DIE NACHRICHT VOM Ende des Zweiten Weltkrieges löste bei den Manns keineswegs Hochstimmung aus. Immerhin feierten sie den Sieg der Alliierten mit einer Flasche französischen Champagners. Der sensible Dichter war nicht in bester körperlicher Verfassung, fühlte sich müde und niedergeschlagen. Eine gründliche Untersuchung, zu der ihn Katia natürlich begleitete, zeigte ein zufriedenstellendes Ergebnis. Herz und Blutdruck, so wurde festgestellt, seien in Ordnung.

An eine Rückkehr nach Deutschland verschwendete keiner von beiden auch nur einen Gedanken. In einem Brief an Walter von Molo erklärte Thomas Mann die Gründe. Er hebe keinen Stein auf, gegen niemanden, aber Deutschland sei ihm in all diesen Jahren doch recht fremd geworden. Er fürchte sich vor den Trümmern – den steinernen wie den menschlichen. Es sei ein beängstigendes Land. Aber es bleibe trotz allem ein Land voll gewaltiger Werte, das auf die Tüchtigkeit seiner Menschen wie auch auf die Hilfe der Welt zählen könne und dem, sei nur erst das Schwerste vorüber, ein neues, an Leistungen und Ansehen reiches Leben vorbehalten sei.

Die Reaktion auf den in einigen Blättern veröffentlichten Brief blieb nicht aus. Man brandmarkte Thomas Mann als Feigling, der sich dem deutschen Schicksal entzogen habe. Es war der Beginn einer Kontroverse zwischen ihm und den Schriftstellern, die in Deutschland geblieben waren, sich in die »innere Emigration« begeben hatten. Sie zog sich über Jahre hin. Katia hat dabei besänftigend auf ihn eingewirkt und einigen allzu scharfen Formulierungen die Spitze genommen.

Thomas Mann verabscheute und bekämpfte Hitler-Deutschland, die kriminelle Entgleisung der deutschen Geschichte im Nationalsozialismus. Er und seine Familie hatten nur die Wahl gehabt, in der Emigration mit seiner Autorität und der Macht des Wortes gegen das verbrecherische Regime anzukämpfen oder in einem Konzentrationslager erbarmungslos ausgelöscht zu werden.

Sein *Doktor Faustus* machte gute Fortschritte. Der Roman wurde, wie er in einem Brief an einen Freund betonte, sein »wildestes Buch«, das ihm alles abverlangte. »Dass ich ernstlich krank wurde mittendrin«, schrieb er an den Schriftsteller Hans Reisiger, »war kein Zufall, es war das Buch, das mich verzehrte.« Und er erklärte gleich auch, warum: Weil es sich mit dem deutschen Charakter und Schicksal beschäftigte, weil es viel Unheimlich-Autobiographisches enthielt. Das arge Leben Adrian Leverkühns sei nicht nur ein Symbol für das Verderben Deutschlands, die Krisis der Epoche, die Krisis der Kunst etc., sondern auch eine versetzte, verschobene, verzerrte dämonische Wiedergabe und Bloßstellung seines eigenen Lebens.

Die Krankheit, von der er sprach, war ernster Natur. Katia veranlasste und organisierte einen Krankenhausaufenthalt im »Billings Hospital« in Chicago, wo ihm eine Rippe und zwei Drittel der krebsbefallenen Lunge entfernt wurden. Katia und Erika, die aus Deutschland herbeigeeilt war, ließen ihn nicht aus den Augen. Bald nach der Rekonvaleszenz nahm er die Arbeit am *Doktor Faustus* wieder auf, wobei ihm Erika zur Seite stand, die seine »greisenhafte Geschwätzigkeit« korrigierte, während Katia für die nötige Arbeitsruhe sorgte. Kaum hatte er das umfangreiche Manuskript fertig gestellt, begann er mit den Vorbereitungen für einen Nietzsche-Essay, den er im Juni 1947 in London und später in Zürich zum Vortrag brachte. Deutschland besuchte das Ehepaar Mann auf dieser ersten Europareise nicht. Erst zwei Jahre später, im Goethe-Jahr, betrat es nach sechzehn Jahren wieder den Boden des Heimatlandes. Thomas und Katia hatten sich nach langen Überlegungen und eingehenden Beratungen letztendlich dazu entschlossen.

Die Reise, die sie zunächst nach England führte, wo Thomas das Ehrendoktorat der Universität Oxford erhielt, wurde vom Tod ihres Sohnes Klaus überschattet. Klaus hatte sich durch die Einnahme einer Überdosis Schlaftabletten in Cannes das Leben genommen. Der

Vater war untröstlich, die Mutter zutiefst betroffen. Man beschloss, das vorgesehene Vortragsprogramm nicht abzusagen. Nach Stockholm und Kopenhagen war Zürich an der Reihe. Dann traten Thomas und Katia Mann im Auto (einem Buick) eines befreundeten Schweizer Industriellen die Fahrt durch Deutschland an. Vor Antritt der Reise am Morgen des 23. Juli 1949 notierte er: »Gefühl, als ob es in den Krieg ginge.« Er empfand die Rückkehr als ein »gespenstisches Abenteuer«. Sie hatte trotz aller Anfeindungen, denen er auch ausgesetzt war, den Charakter eines Staatsbesuches und nahm zuweilen triumphartige Züge an. Wann ist je zuvor und nachher ein Dichter in deutschen Landen so bejubelt und gefeiert worden? Die Presse riss sich um ihn, in allen Städten, die er besuchte, gab es Ehrungen, Empfänge, Festakte, Bankette.

Der große Schriftsteller hielt nicht nur in der ehrwürdigen, geschichtsträchtigen Paulskirche in Frankfurt am Main einen Vortrag, sondern auch in der damals in der Ostzone liegenden Goethe-Stadt Weimar. »Ich kenne keine Zonen. Mein Besuch gilt Deutschland selbst, Deutschland als Ganzem, und keinem Besatzungsgebiet«, argumentierte er. Es war eine ehrenwerte Haltung, die aber mit der politischen Entwicklung nicht im Einklang stand. Aus den beiden deutschen Besatzungszonen waren zwei Staatswesen entstanden. Katia bezweifelte im Nachhinein, ob es »richtig gewesen sei, nach Weimar zu reisen«. Die Reise habe »der dortigen Propaganda als überaus fetter Bissen gedient«.

Das Nachbeben war gewaltig. Thomas Mann wurde von der westdeutschen wie der amerikanischen Presse heftig attackiert. Das verärgerte ihn, veranlasste ihn zu scharfen Erwiderungen. Insgesamt war er aber mit seiner Deutschland-Reise zufrieden.

WIEDER IN DEN USA zurück, geriet Thomas Mann in das Visier der antikommunistischen Verfolgungshysterie, die untrennbar mit dem Namen des Senators Joseph McCarthy verbunden ist. Persönlichkeiten des öffentlichen Lebens, Intellektuelle und Kulturschaffende – aber nicht nur sie – wurden bespitzelt, kommunistischer Umtriebe verdächtigt, zu Verhören vorgeladen und, wenn sie Emigranten waren, des Landes verwiesen. Über Thomas Mann wurde vom FBI (dem amerikanischen Bundeskriminalamt) ein Dossier angelegt, sein jährlicher Vortrag in der »Library of Congress« abgesagt. Er war darüber (mit Recht) empört. Er erwog, dem »Gangsterland« (wie er die USA in seinem Tagebuch nannte) den Rücken zu kehren. Katia riet von diesem übereilten Schritt ab. Es sei vernünftiger, meinte sie, auf der Europa-Reise, die bevorstand, die weitere Entwicklung abzuwarten.

Der Vortrag zum Thema *Meine Zeit*, den er in diesem Jahr (1950) in Stockholm und Paris hielt, wurde freundlich aufgenommen. Anschließend feierte er offiziell und im Familienkreis – die Kinder waren angereist – seinen 75. Geburtstag. Es gab zahlreiche Ehrungen und Telegramme sonder Zahl. Eine Glückwunschadresse aus westdeutschen Regierungskreisen war nicht darunter. Dieses kleingeistige, unverständliche Versäumnis schmerzte ihn tief.

Die Festtagsfreude hielt auch aus familiären Gründen nicht lange an. Am Tag nach den Festlichkeiten teilte ihm Katia mit, dass sie sich einer gynäkologischen Operation unterziehen müsse. Sie hatte den Eingriff so lange hinausgezögert, damit er seinen Ehrentag seelisch unbelastet begehen konnte. Die Operation verlief gut, aber in der Heilungsphase gab es Komplikationen. Der besorgte Gatte stattete der Ehefrau, die einige Wochen im

Krankenhaus bleiben musste, fast jeden Nachmittag einen Besuch ab. Nach Katias Entlassung und in den Wochen danach waren sich die Ehepartner unschlüssig, ob sie in die Vereinigten Staaten zurückkehren sollten. Inzwischen war der Koreakrieg ausgebrochen und sie befürchteten, einer eventuellen Verschärfung der anti-kommunistischen Hysterie zum Opfer zu fallen. Die Befürchtungen erwiesen sich als grundlos. Amerika empfing sie mit freundlichen Gesten. Als der Dichter bald danach naiver- und unnötigerweise einen Aufruf zu einem »Volksreferendum für den Frieden« unterzeich-nete, dessen Organisatoren – was er nicht durchschau-te – mit dem Kommunismus sympathisierten, sah er sich wieder heftigen Presseangriffen ausgesetzt, gegen die er sich zur Wehr setzen musste. Das kostete ihn nicht nur Zeit, sondern verlangte auch einen erhebli-chen Aufwand an Kraft und Energie.

Unterdessen war Katia vollauf mit Familienangele-genheiten beschäftigt. Sie reiste nach Chicago, um die brüchig gewordene Ehe der jüngsten Tochter zu retten, die Drogensucht Erikas kostete sie schlaflose Nächte. Dazu gesellten sich finanzielle Probleme. Die Honorar-einkünfte des Gatten gingen zurück, die Löhne der Dienstmädchen stiegen, Renovierungsarbeiten am Haus wurden nötig. All das trug dazu bei, den Gedanken an eine Rückkehr nach Europa, dem sie zunächst ableh-nend gegenüberstand, zumindest ins Auge zu fassen. Thomas hatte die innere Ablösung von Amerika bereits vollzogen.

DER ZEITPUNKT DES endgültigen Abschieds rückte näher und näher. Am 24. Juni 1952 verließ das Ehepaar Mann das Land, das ihm so lange Asyl gewährt hatte. Das Haus in Pacific Palisades war noch nicht verkauft, ein neues noch nicht gefunden. Thomas wollte sein Leben in der Schweiz, nicht in Deutschland beschließen. Für Katia, die am Ende ihres siebenten Lebensjahrzehntes stand, war der neuerliche Ortswechsel natürlich wieder mit vielen Wegen, Mühen und Sorgen verbunden. Gemeinsam mit Erika fand sie nach einigem Suchen ein Mietshaus in Erlenbach hinter Küsnacht. Die Behörden erteilten anstandslos die Aufenthaltsgenehmigung. Bevor sie das Haus bezogen, hielt der greise Schriftsteller vor der Salzburger Festspielgemeinde einen Vortrag über das Thema *Der Künstler und die Gesellschaft*, kurte in Badgastein, würdigte in Frankfurt am Main Gerhart Hauptmanns Werk zu dessen neunzigstem Geburtstag und wirbelte in Wien bei einer Pressekonferenz, bei der man ihm heikle Fragen zur Weltpolitik stellte, wieder einmal politischen Staub auf. Das Ganze endete mit Manns kluger Einsicht, dass sich die westlichen Journalisten lediglich um Schlagzeilen bemühten und die Kommunisten von der Idee besessen seien, seinen Namen für Propagandazwecke zu benutzen. Das Erlenbacher Haus wurde mit Leihmöbeln ausgestattet und am Heiligen Abend provisorisch bezogen. Alle nötigen Vorkehrungen und Verrichtungen besorgten Katia und Erika. Auch als Mitte Januar die Möbel aus Kalifornien eintrafen, kümmerten sie sich um die vielen Dinge, die mit der Einrichtung des Hauses verbunden waren, während er in einem Hotel in der Nähe sein gewohntes Leben weiterführte. Er schrieb jetzt an der Erzählung *Die Betrogene*, die er dann im März 1953 abschloss.

Das neue Domizil behagte ihm wenig, es hielt dem Vergleich mit den früheren Wohnsitzen nicht stand. Das Arbeitszimmer war zu klein, er fühlte sich räumlich beengt und zudem von körperlichen Beschwerden bedrängt. Er fand nur nach der Einnahme von schweren Schlafmitteln die notwendige Nachtruhe, sein Verdauungsapparat funktionierte schlecht, Erkältungen plagten ihn, die geistige Spannkraft ließ empfindlich nach. Katia musste immer wieder Krankenschwester spielen.

Trotz all dieser Wehwehchen, die zum Teil bereits chronisch, zum Teil altersbedingt waren, nahm er die Arbeit am *Krull* wieder auf, die er vor vielen Jahren begonnen und immer wieder zurückgestellt hatte. Ohne Arbeit konnte er nicht sein. Sie war sein Lebenselexier. Ein Besuch in Rom mit Katia, der auch eine Audienz bei Papst Pius XII. mit einschloss, beeindruckte ihn tief. Reisen nach London, Hamburg und Lübeck mit der Ehefrau schlossen sich an. In seiner Geburtsstadt verweilte er nur kurz. Ertrug er die Erinnerungen nicht, die in der vom Krieg arg mitgenommenen Stadt notwendigerweise damit verbunden waren?

Bald nach ihrer Rückkehr beging Katia ihren siebzigsten Geburtstag, der gebührend gefeiert wurde. Ausnahmsweise stand nun sie einmal im Mittelpunkt. Unter den Gratulanten waren nicht nur die Familienmitglieder, auch die Öffentlichkeit stellte sich mit Huldigungen ein. In einigen Schweizer Blättern erschienen Gedenkartikel, Mitglieder des Züricher Symphonieorchesters brachten ihr ein Ständchen dar, ein Chor sang Volkslieder. Beim Festessen hielt ihr weltbekannter Ehemann eine Rede. Er rühmte ihre Verdienste beim Zustandekommen seines Werkes, die Geduld, die sie dem Fortschritt seiner »schrecklichen Romane« entgegengebracht habe, und würdigte ihre Rolle als Mutter und Gattin. »Das starke Herz dieser Frau, das Herz eines ganzen Menschen, schlug nie zu verschieden«, führte er aus. »Sie war Mutter so ganz wie sie Gattin war und um nichts überwog e i n e Liebessorge die a n d e r e.« »Die

Nachwelt, hat sie ein gutes Wort für mich, ihr zugleich wird es gelten«, sagte er abschließend und: »Solange Menschen meiner gedenken, wird ihrer gedacht sein.« Man hat ihm auch diesen Satz als narzistischen Eigendünkel ausgelegt, aber ich möchte doch annehmen, dass er nicht so gemeint war. Er wusste, was er der Lebensgefährtin verdankte, er schloss sie in seinen Nachruhm mit ein, wenn sie es sich schon versagte, zeitlebens aus seinem Schatten zu treten.

Das Alter plagte Katia noch nicht. Sie war weiter unermüdlich tätig. Ihr vordringlichstes Bemühen in jenen Tagen galt dem Kauf oder dem Neubau eines Hauses. Sie sah sich im ganzen Land um und besichtigte mit Erika etliche Objekte. Schließlich fand sie in Kilchberg auf der anderen Seite des Zürichsees das Haus, das ihr gefiel und das auch Thomas sogleich zusagte: an einem steilen Hang gelegen, geräumig und großzügig gebaut, mit dem Auto etwa eine Viertelstunde von der Züricher Altstadt entfernt, bot es von der Terrasse des Arbeitszimmers und der Bibliothek aus einen prachtvollen Blick über den See. Es war das fünfte Domizil des Ehepaares und, wie der Hausherr richtig empfand und voraussagte, seine definitiv letzte Adresse. Bevor sie es bezogen, reisten Katia und Thomas nach Taormina. Aus der geplanten Erholung wurde freilich nichts. Das Wetter war miserabel, den Schriftsteller ereilte eine Grippe. Ein paar Wochen später wurde der Einzug in das neue Haus feierlich vollzogen. Den Umzug hatten (wer sonst?) Katia und Erika gemanagt.

Bald nahm Thomas Mann wieder die Arbeit voll in Anspruch, obwohl sie ihm zunehmend schwerer fiel und langsamer von der Hand ging denn je. Er wog stets jedes Wort ab, strich, korrigierte, schrieb um. Die Korrekturfahnen zum *Krull* waren zu lesen, er hatte der

Einladung nicht widerstehen können, bei den Feiern anlässlich des 150. Todestages von Friedrich von Schiller in Stuttgart und danach auch in Weimar die Festrede zu halten. Zweiundzwanzig Maschinschreibseiten sollten es sein, hundertzwanzig wurden es. Erika wurde die heikle, mühsame Aufgabe zuteil, das Manuskript zu kürzen.

Mitte Januar 1955 brachen Katia und Thomas zu einem Erholungsaufenthalt nach Graubünden auf. Kaum angekommen, wurde der Dichter in Arosa von einer Virusinfektion auf das Krankenbett geworfen. Hatte er sich zu sehr verausgabt, seine Kräfte überspannt? Nach einer radikalen Penicillinkur brachte man ihn in das Kantonsspital nach Chur. Katia war wie immer bei ihm. Er überstand die schwere Krankheit. Er genas. Aber sein letztes Lebensjahr war angebrochen.

Am 11. Februar feierte das Ehepaar Mann im kleinen Familienkreis goldene Hochzeit. Die Lebensgemeinschaft mit Katia war die Grundlage seiner dichterischen Existenz. Die Gattin hütete das Haus, verwaltete den Besitz und die Finanzen, stellte die Beziehungen zur Außenwelt her, zu Freunden und Verlegern, betreute das Werk.

Die Schiller-Rede am 8. Mai 1955 im Stuttgarter Stadttheater war ein voller Erfolg, der sich eine knappe Woche später im Weimarer Nationaltheater wiederholte. Die Universität Jena verlieh ihm das Ehrendoktorat (das wievielte war es denn eigentlich?), wenig später wurde ihm beim Besuch Lübecks die Ehrenbürgerschaft verliehen. Veranstaltung reihte sich an Veranstaltung, Fest an Fest. Schon nahte der achtzigste Geburtstag. Am 1. Juni schrieb er in sein Tagebuch: »Mein Monat ist da. Meine Jahreszeit ist es schon längst. Die Festlichkeiten will ich bestehen.«

Er be- und überstand sie alle: die würdige Feier, die die Gemeinde Kilchberg veranstaltete, die Festveranstaltung im Züricher Schauspielhaus, bei der sein alter und verehrter Freund Bruno Walter Mozarts *Kleine Nachtmusik* dirigierte, die zahlreichen Empfänge, die große Gratulationscour im eigenen Haus, zu der sich Delegationen aus West und Ost einfanden. Der Jubilar wurde mit Ehrungen und Geschenken überhäuft, Glückwunschtelegramme aus aller Welt trafen ein.

Nach dem anstrengenden, kräfteraubenden Geburtstagstrubel forderten Geist und Körper ihren Tribut. Übermüdung und Mattigkeit überwältigten ihn. Auch Katia fühlte sich ausgelaugt. Nach etwa drei Wochen brach das Ehepaar in die Niederlande auf. Thomas brachte an der Amsterdamer Universität die Schiller-Rede zum Vortrag. Anschließend ging es zu einem Erholungsurlaub in den Badeort Noordwijk aan Zee, der nur durch einen Empfang bei Königin Juliana unterbrochen wurde. Ein Hofknicks konnte zur Erleichterung Katias unterbleiben, man unterhielt sich in einer durchaus gemütlichen, zwanglosen Atmosphäre. Thomas Mann fühlte sich wohl und entspannt. Er schrieb und beantwortete Briefe, verfasste kurze Artikel und ging jeden Tag am Meer spazieren. Am 18. Juli klagte er über einen ziehenden Schmerz im linken Bein, dem er jedoch keine Bedeutung beimaß. Er hielt ihn für Rheumatismus. Als sich nach zwei Tagen der Schmerz verstärkt bemerkbar machte, rief Katia, rasch entschlossen, einen Arzt herbei. Dieser verordnete wegen des stark angeschwollenen Beines absolute Bettruhe. Die Diagnose, die er nicht zu stellen wagte, gab ein Spezialist aus Leyden ab. Sie war unerfreulich und lautete auf Thrombose. Dem Patienten wurde auf Anraten Katias der Befund nicht mitgeteilt. Er leide an einer Venenentzündung, teilte man ihm mit.

Katia Mann (vermutlich 1955)

Am 23. Juli wurde Thomas Mann per Flugambulanz in das Züricher Kantonsspital gebracht. Nach der Behandlung mit essigsaurer Tonerde ging die Schwellung des Beines zurück, Antibiotika bewirkten eine Besserung des Allgemeinzustandes, wenngleich der Patient über Schluckbeschwerden und darüber klagte, dass er nicht aufstehen, keinen Schritt tun könne. Er hörte Musik, schrieb hoffnungsvolle Briefe und las Bücher. Zuletzt beschäftigte ihn die Mozartbiographie Albert Einsteins.

Katia, die unermüdlich Sorgende, war ständig um ihn, saß täglich neun Stunden an seinem Krankenbett, versorgte ihn mit allem, was er brauchte und sich wünschte.

Drei Wochen bangen Hoffens und Wartens vergingen. Am 11. August vormittags schienen ihm ein paar Schritte den Korridor entlang ein wenig Erleichterung zu verschaffen. Noch tags zuvor hatte er in seinem letzten Brief, der an Lavinia Mazzuchetti gerichtet war, davon gesprochen, dass die Hoffnung auf eine Rückkehr zum normalen Dasein näher rücke. Am Nachmittag kam es zu einem Rückfall, in der Nacht erfolgte der totale Zusammenbruch. Die Ärzte kämpften vergeblich gegen den Kräfteverfall. Bluttransfusionen und Sauerstoffinhalationen blieben ohne Wirkung. Nach der Verabreichung von Morphium schlief er ein. Er erwachte nicht mehr. Zehn Minuten nach acht Uhr am Abend des 12. August 1955 hörte das Herz des großen deutschen Schriftstellers zu schlagen auf. Die Ehefrau, die allein mit ihm im Zimmer war und an seinem Bett saß, bemerkte es nicht. Der Tod, der ihm gnädig gewesen war, hatte sie überlistet. Die Obduktion des Leichnams ergab als Todesursache Arterienverkalkung.

KATIA MANN HAT ihren berühmten Ehemann um ein Vierteljahrhundert überlebt. An die geänderten Lebensumstände im Haus in Kilchberg musste sie sich erst langsam gewöhnen. Die streng geregelte Tagesordnung fiel nun weg, sie konnte frei über ihre Zeit verfügen, ihren eigenen Wünschen und Neigungen nachgehen. Sie musste sich niemandem unterordnen. Die Herrin des Hauses war nun sie, und sie nahm diese Stellung auch voll in Anspruch, wie ihre Tochter Erika berichtet. Katia blieb der Mittelpunkt der Familie. Töchter und Söhne fanden sich mit ihren Kindern zu Weihnachten, an runden Geburtstagen oder anderen Familienfesten in Kilchberg ein. Erika wohnte nun bei ihr, Golo bezog 1959 Quartier. Mit Erika, die nicht nur wegen ihrer Drogen- und Alkoholabhängigkeit schwierig war, kam sie nicht immer zurecht. Gemeinsam ordneten sie allerdings den Nachlass des Verstorbenen, dessen offizielle Repräsentation sie einer Stiftung übertrugen. Dem Andenken und Werk ihres Ehemannes fühlte sich Katia selbstredend vordringlich verpflichtet, von Erika dabei tatkräftig unterstützt. Die schreibgewandte, energische Tochter veröffentlichte bereits 1956 ein Buch über das letzte Lebensjahr des Vaters, überwachte die Verfilmung seiner Werke, gestaltete Rundfunksendungen über ihn und gab eine Auswahl seiner Briefe heraus. Katia wird ihr dabei wohl mit erinnerungsträchtigen Rückblicken zur Seite gestanden sein. Sie selbst lehnte es kategorisch ab, schriftstellerisch an die Öffentlichkeit zu treten. »Ich habe tatsächlich mein ganzes, allzu langes Leben immer im strikt Privaten gehalten«, erklärte sie. »Nie bin ich hervorgetreten, ich fand, das ziemte sich nicht. Ich sollte immer meine Erinnerungen schreiben. Dazu sag ich: in dieser Familie muss es einen Menschen geben, der nicht schreibt.«

Diesen Standpunkt revidierte sie erst im hohen Alter, als sie sich dazu bereit fand, ihre Erinnerungen in Form von Interviews darzulegen, die dann mit ihrer Zustimmung in Buchform veröffentlicht wurden.

Das Zusammenleben mit Erika gestaltete sich auch deshalb schwierig und schwieriger, weil die eigenwillige Tochter nach einer Hüftoperation im Jahre 1964 an den Rollstuhl gefesselt war. Fünf Jahre später, am 27. August 1969, ist sie an einem Gehirntumor verstorben. Einige Jahre später musste die Mutter auch noch den Tod des jüngsten Sohnes Michael verkraften, der sich, achtundfünfzigjährig, am Silvesterabend 1976 in Kalifornien mit einer Mischung aus Alkohol und Schlaftabletten das Leben nahm.

Ihre Lebenszähigkeit war sprichwörtlich, ihre körperliche und geistige Fitness bis ins hohe Alter erstaunlich. Sie kaufte Lebensmittel ein, kümmerte sich um den Haushalt, machte mit einer Lehrerin Gymnastik, unternahm Spaziergänge, Ausflüge und Reisen, suchte im Sommer Abkühlung im hauseigenen Swimming-Pool oder im See und chauffierte wie eh und je mit einer nicht unbedenklichen Waghalsigkeit das Auto. Die Kilchberger sprachen vom »Mann'schen Geisterauto«, weil man die zierliche Dame hinter dem Lenkrad kaum ausnehmen konnte. Im Alter von neunzig Jahren fuhr sie zur Uraufführung von Benjamin Brittens Oper *Tod in Venedig*, als deren Vorlage das gleichnamige Werk von Thomas Mann diente, nach England.

Hochgebildet und geistig interessiert, las sie viel und beschäftigte sich auch mit zeitgenössischer Literatur, deren literarische Qualität ihrer Meinung nach an das Werk des Ehemanns allerdings nicht heranreichte. Ihr Urteil war von resoluter, treffsicherer Entschiedenheit. Katia Mann war bis über ihr neunzigstes Lebensjahr hinaus hellwach, aufgeschlossen, agil, von rüstiger Vitalität. Sie lachte gern, versprühte Humor und unterhielt ihre Gäste und Besucher, die sie freundlich bewirtete, mit Anekdoten aus ihrem reichen Erinnerungsschatz, die sie in ihrer tiefen, dunklen Stimme mit schalkhafter Heiterkeit servierte. Die würdevolle Höflichkeit, die sie ausstrahlte, schuf Atmosphäre, die Gesprächs- und Auskunftsbereitschaft der alten Dame »mit dem schneeweißen Haar und den brombeerschwarzen Augen« erzielte dankbare Resonanz. Ihr lebhafter Mutterwitz war beeindruckend.

Von ihrem Sohn Golo und einer Haushälterin betreut und umsorgt, zeigte sie bis zuletzt Interesse am Weltgeschehen. An den Feiern zum hundertsten Geburtstag Thomas Manns im Jahre 1975 nahm die Zweiundneunzigjährige regen Anteil. Dann wurde es um sie stiller, die Welt verlor sie zunehmend aus den Augen. Sonst wäre es nicht zu erklären, dass die renommierte »Neue Zürcher Zeitung« vier Tage benötigte, um ihren Lesern und damit einer größeren Öffentlichkeit ihren Tod mitzuteilen. Katia Mann, »die Selbstloseste unter der Sonne, die im Grund nur zu sich selbst passte«, wie ihre Tochter Monika anmerkte, starb am 25. April 1980 in ihrem Haus in Kilchberg. Ihr Leichnam wurde nach einer würdigen, musikumrahmten Trauerfeier nach protestantischem Ritus, an der unter anderem auch der Bürgermeister von Lübeck teilnahm, an der Seite ihres Mannes und ihrer Tochter auf dem Friedhof von Kilchberg beigesetzt. Der Schauspieler und Regisseur Gert Westphal las die Rede vor, die Thomas Mann zu ihrem siebzigsten Geburtstag gehalten hatte, der geistliche Trost: »Bis in euer Alter bin ich derselbe und bis ihr grau werdet, trage ich euch«, war dem Buch Jesaja entnommen. Er hätte nicht überzeugender gewählt sein können.

LITERATURAUSWAHL

Constanze Mozart:

Bankl, Hans: Viele Wege führten in die Ewigkeit. Schicksal und Ende
    außergewöhnlicher Menschen. Wolfgang Amadé
    Mozart (1756–1791). Wien 1992, S. 9–69
Bauer, Wilhelm A./Deutsch, Erich Otto (Hg.): Mozart. Briefe und Auf-
    zeichnungen. 7 Bde. Kassel/Basel 1962–1975
Carr, Francis: Mozart und Constanze. Stuttgart 1986
Hennenberg, Fritz: Wolfgang Amadeus Mozart. Mit Selbstzeugnissen
    und Bilddokumenten. Reinbek bei Hamburg 1999⁵
Hildesheimer, Wolfgang: Mozart. Frankfurt am Main 1977
Landon, H. C. Robbins: Mozart. Die Wiener Jahre 1781–1791. München
    1990
Ogris, Werner: Mozart im Familien- und Erbrecht seiner Zeit.
    Wien–Köln–Weimar 1999.
Schenk, Erich: Mozart. Eine Biographie. Wien–München 1975
Schwerin, Erna: Constanze Mozart. Woman and Wife of a Genius. New
    York 1981

Christiane Goethe-Vulpius:

Boyle, Nicholas: Der Dichter in seiner Zeit. Band I 1749–1790, Band II
    1791–1803, München 1999
Damm, Sigrid: Christiane und Goethe. Eine Recherche. Frankfurt am
    Main und Leipzig 1998
Damm, Sigrid (Hg.): Behalte mich lieb! Christianes und Goethes Ehe-
    briefe. Frankfurt am Main und Leipzig 1998
Eissler, Kurt R.: Goethe. Eine psychoanalytische Studie 1775–1786.
    2 Bde. München 1987

Friedenthal, Richard: Goethe. Sein Leben und seine Zeit. München
1982[9]
Klauß, Jochen: Charlotte v. Stein. Die Frau in Goethes Nähe. Zürich
1995
Parth, Wolfgang W.: Goethes Christiane. Ein Lebensbild. München 1980
Pruys, Karl Hugo: Die Liebkosungen des Tigers. Eine erotische Goethe-
Biografie. Berlin 1997

Cosima Wagner:

Du Moulin, Eckart/Graf, Richard: Cosima Wagner. Ein Lebens- und
Charakterbild. Berlin 1929
Giroud, Françoise: Cosima Wagner. Mit Macht und Liebe. Eine Biogra-
phie. München 1999[3]
Helm, Everett: Franz Liszt. Mit Selbstzeugnissen und Bilddokumenten.
Reinbek bei Hamburg 1998[13]
Köhler, Joachim: Friedrich Nietzsche und Cosima Wagner. Die Schule
der Unterwerfung. Reinbek bei Hamburg 1998
Mayer, Hans: Richard Wagner. Herausgegeben von Wolfgang Hofer.
Frankfurt am Main 1998
Mayer, Hans: Richard Wagner. Mit Selbstzeugnissen und Bilddokumen-
ten. Reinbek bei Hamburg 2000[28]
Skelton, Geoffrey: Richard und Cosima Wagner. Biographie einer Ehe.
München 1995

Mileva Einstein:

Fölsing, Albrecht: Albert Einstein. Eine Biographie. Frankfurt am Main
1999
Hermann, Armin: Einstein. Der Weltweise und sein Jahrhundert. Eine
Biographie. München 1998[2]
Renn, Jürgen/Schulmann, Robert (Hg.): Albert Einstein – Mileva Marić.
Am Sonntag küss' ich dich mündlich. Die Liebesbrie-
fe 1897–1903. München 1998
Stephan, Inge: Das Leben der Mileva Marić-Einstein. In: Das Schicksal
der begabten Frau. Im Schatten berühmter Männer, S.
91–107. Stuttgart 2000
Trbuhović-Gjurić, Desanka: Im Schatten Einsteins. Das tragische Leben
der Mileva Einstein-Marić. Bern 1983

Alma Mahler-Werfel:

Berger, Hilde: Ob es Hass ist, solche Liebe? Oskar Kokoschka und Alma
Mahler. Wien 1999
Blaukopf, Herta (Hg.): Gustav Mahler. Briefe. Wien 1996
Giroud, Françoise: Alma Mahler oder die Kunst geliebt zu werden.
Wien/Darmstadt 1989

Jungk, Peter Stephan: Franz Werfel. Eine Lebensgeschichte. Frankfurt
	am Main 1992
Kokoschka, Oskar: Mein Leben. München 1971
Mahler-Werfel, Alma: Mein Leben. Frankfurt am Main 1989
Mahler-Werfel, Alma: Gustav Mahler. Erinnerungen und Briefe.
	Amsterdam 1949
Schreiber, Wolfgang: Guster Mahler. Reinbek bei Hamburg 1990
Torberg, Friedrich: Wien oder der Unterschied. München 1998

Katia Mann:

Harpprecht, Klaus: Thomas Mann. Eine Biographie. 2. Bde. Reinbek bei
	Hamburg 1996
Kurzke, Hermann: Thomas Mann: Das Leben als Kunstwerk. Eine Bio-
	graphie. München 1999
Mann, Erika: Mein Vater der Zauberer. Reinbek bei Hamburg 1998
Mann, Katia: Meine ungeschriebenen Memoiren. Hg. von Elisabeth
	Plessen und Michael Mann. Frankfurt am Main 2000
Mann, Klaus: Der Wendepunkt. Reinbek bei Hamburg 1984
Mann, Thomas: Tagebücher. 10 Bde. 1–5 hg. von Peter de Mendelssohn,
	6–10 von Inge Jens. Frankfurt am Main 1979–1995
Mann, Thomas: Briefe I 1889–1936, II 1937–1947, III 1948–1955 und
	Nachlese. Hg. von Erika Mann. Frankfurt am Main
	1992–1996
Mendelssohn, Peter de: Der Zauberer – das Leben des deutschen Schrift-
	stellers Thomas Mann 1875–1933. 3 Bde. Frankfurt
	am Main 1997
Naumann, Uwe: Klaus Mann. Reinbek bei Hamburg 1998
Prater, Donald A.: Thomas Mann. Deutscher und Weltbürger. München
	1998
Reich-Ranicki, Marcel: Thomas Mann und die Seinen. Frankfurt am
	Main 1998[7]
Schröter, Klaus: Heinrich Mann. Reinbek bei Hamburg 1993[16]
Wysling, Hans/Schmidlin Yvonne (Hg.): Thomas Mann. Ein Leben in
	Bildern. Frankfurt am Main 1997

PERSONENREGISTER

BILDNACHWEIS

© 2001 Franz Deuticke Verlagsgesellschaft m. b. H., Wien–Frankfurt/M.
Alle Rechte vorbehalten.

www.deuticke.at

Fotomechanische Wiedergabe bzw. Vervielfältigung, Abdruck, Verbreitung durch Funk, Film oder Fernsehen sowie Speicherung auf Ton- oder Datenträger, auch auszugsweise, nur mit Genehmigung des Verlags.

Gestaltung, Produktion: typic®/wolf

Umschlaggestaltung: Studio Hollinger

Umschlagfoto: Katia Mann, 1905 © bildarchiv preußischer kulturbesitz, Berlin, 2001

Druck: Wiener Verlag, Himberg

Printed in Austria

ISBN 3-216-30610-0